POSTES, TÉLÉGRAPHES, TÉLÉPHONES

8ᵈ F
21475

DEPOT LEG.
SAÔNE & LOIRE
11 509
V.910

GUIDE-MEMENTO

DE LA

VÉRIFICATION DES BUREAUX

PAR

PAUL FAUQUE

DIRECTEUR DES POSTES ET DES TÉLÉGRAPHES
BREVETÉ DE L'ÉCOLE PROFESSIONNELLE SUPÉRIEURE
OFFICIER DE L'INSTRUCTION PUBLIQUE

I0040280

OUVRAGE HONORÉ D'UNE SOUSCRIPTION DE L'ADMINISTRATION

TROISIÈME ÉDITION

1910

PROTAT FRÈRES, IMPRIMEURS

MACON

GUIDE-MEMENTO

DE LA

VÉRIFICATION DES BUREAUX

8 F

21475

Prix de l'ouvrage broché rendu franco......... **2** francs.

Toutes les demandes doivent être adressées à l'auteur.

POSTES, TÉLÉGRAPHES, TÉLÉPHONES

GUIDE-MEMENTO

DE LA

VÉRIFICATION DES BUREAUX

PAR

Paul FAUQUE

DIRECTEUR DES POSTES ET DES TÉLÉGRAPHES
BREVETÉ DE L'ÉCOLE PROFESSIONNELLE SUPÉRIEURE
OFFICIER DE L'INSTRUCTION PUBLIQUE

OUVRAGE HONORÉ D'UNE SOUSCRIPTION DE L'ADMINISTRATION

TROISIÈME ÉDITION

1910

PROTAT FRÈRES, IMPRIMEURS
MACON

AVANT-PROPOS

En raison des profondes modifications apportées, ces temps der-
niers, à nos diverses instructions, et pour répondre aux demandes
qui nous parvenaient fréquemment, il nous a paru opportun de
publier aujourd'hui une nouvelle édition du **Guide-Memento de la**
vérification des bureaux.

Dire une fois de plus, en quoi consiste notre modeste ouvrage,
nous paraît superflu.

La faveur marquée avec laquelle les deux éditions précédentes
ont été accueillies, montre suffisamment qu'il répond à un besoin
réel.

Revue, corrigée et augmentée, cette 3e édition est en harmonie
complète avec les règlements actuels.

Comme ses devancières, elle constituera pour les inspecteurs, les
receveurs, les agents de tous grades et les facteurs-receveurs, une
instruction générale réduite et commode à consulter, comprenant
l'ensemble des services (Poste — Télégraphe — Téléphone —
Caisse d'épargne).

A tous ces titres, notre **Guide-Memento** *est d'une utilité pratique*
incontestable, non seulement pour le personnel de contrôle mais
aussi et surtout pour celui d'exécution désireux de fournir un ser-
vice à l'abri de toute critique.

P. FAUQUE.

Août 1910.

NOTA

Les articles cités, dont les numéros ne sont suivis d'aucune indication sont ceux de l'instruction générale.

L'indicatif « T » se rapporte à l'instruction nº 500-35 sur le service télégraphique; celui « C. N. E. » à l'instruction générale sur le service de la Caisse nationale d'épargne; celui « 0 » à l'instruction nº 500-78 sur le service téléphonique.

RÈGLEMENT

SUR LE SERVICE DE L'INSPECTION

Les inspecteurs de l'exploitation postale effectuent la vérification de tous les établissements de poste de leur département.

Ils vérifient également les services télégraphique et téléphonique des bureaux fusionnés d'ordre secondaire, c'est-à-dire pourvus d'un service télégraphique municipal, et les bureaux télégraphiques municipaux établis dans une commune déjà pourvue d'un bureau de poste.

Dans les bureaux fusionnés d'ordre principal où les services électriques sont assurés par moins de cinq agents de l'État (commis ou dames), ils vérifient, au cours d'un même déplacement, l'ensemble des services (poste, télégraphe et téléphone); toutefois, pour ceux de ces bureaux qui doivent être visités deux fois au point de vue postal, les inspecteurs peuvent, au moment de l'une de ces deux vérifications, se contenter d'inspecter sommairement les services électriques ou même se dispenser de les vérifier.

Dans les bureaux mixtes principaux où les services télégraphique et téléphonique comptent un effectif d'au moins cinq agents, ils s'assurent seulement de la régularité des écritures ayant trait aux recettes et aux dépenses de ces services, afin d'être à même d'établir exactement la situation des caisses.

Les inspecteurs vérifient tous les bureaux composés, au moins deux fois chaque année.

Les bureaux simples de 1re et de 2e classe sont vérifiés également deux fois par an; mais l'une des vérifications peut n'être que sommaire si le contrôle permanent exercé à la Direction sur ces bureaux donne lieu de reconnaître que le service y est exécuté d'une manière satisfaisante.

Les bureaux simples de 3e classe et les établissements de facteur-receveur peuvent n'être l'objet que d'une vérification annuelle.

Mais les bureaux de toutes les catégories dont le service nécessite une surveillance spéciale, doivent être vérifiés aussi souvent que le permettent les crédits pour les déplacements des inspecteurs.

La recette principale du département doit être vérifiée, une

P. FAUQUE. — *Guide-Memento.*   1

fois par trimestre. Deux de ces inspections doivent être générales, c'est-à-dire porter sur toutes les branches du service ; elles donnent lieu à l'établissement d'un bulletin n° 808. Les deux autres ne sont complètes qu'en ce qui concerne la vérification de la caisse, y compris l'examen de tous les registres de comptabilité, ainsi que des pièces de recettes et de dépenses.

Dans les succursales de C. N. E. fonctionnant au chef-lieu du département, le service du caissier et celui du teneur du double des comptes courants sont vérifiés une fois chaque année.

Les entrepôts des gares et les bureaux-gares sont l'objet, deux fois par an, en hiver et en été, d'une vérification complète des inspecteurs ; en outre, ces agents supérieurs doivent saisir toutes les occasions de s'assurer, en cours de tournée, que les prescriptions réglementaires ayant pour but de sauvegarder la sécurité des dépêches sont ponctuellement observées tant par les agents et les sous-agents que par les courriers d'entreprise.

Les recettes auxiliaires sont soumises également aux vérifications des inspecteurs ; toutefois, la vérification annuelle des recettes auxiliaires rurales n'est pas obligatoire, mais les inspecteurs doivent profiter de toutes les missions qui les appellent dans la commune où est établie une recette auxiliaire ou dans une commune voisine, pour vérifier le service de ce bureau.

Pendant les saisons estivales et hivernales, les inspecteurs doivent se rendre, au moins une fois, dans chacune des stations de leur département pour juger de la manière dont le service est effectué.

· Il est interdit de vérifier plus de deux bureaux en trois jours, y compris le voyage ; toutefois, cette durée peut être réduite, pour les recettes de faible importance et pour les établissements de facteur-receveur.

— Avant de partir en vérification, l'inspecteur doit se munir des formules suivantes :

Rapport de vérification n° 913 ;

Exemplaire-type de la direction à donner aux correspondances ;

Bulletins n° 808 de la distribution à domicile ;

Relevé n° 201 pour le service de la Caisse d'épargne ;

Feuilles signalétiques n° 921, à établir, en triple expédition, pour chaque facteur local ou rural, lors de la première vérification annuelle des bureaux. Une expédition est laissée au bureau pour le dossier de recette. Les deux autres sont destinées l'une à la direction du personnel, l'autre au dossier de la direction départementale.

Pour la vérification des recettes auxiliaires, se munir de formules n° 602.

— Les inspecteurs de l'ordre électrique vérifient l'ensemble du service dans les bureaux principaux télégraphiques ou téléphoniques non fusionnés ainsi que le service électrique (télégraphe et téléphone) des bureaux fusionnés dans lesquels au moins cinq agents de l'État (commis ou dames) sont affectés à l'exécution de ces services. Ils vérifient également les bureaux municipaux télégraphiques ou téléphoniques situés dans les localités non pourvues d'un bureau de poste.

Dans les bureaux qui possèdent le service postal, leur vérification ne porte que sur l'exécution du service électrique. Dans ceux exclusivement électriques, elle s'étend à la caisse et aux écritures.

Les centres télégraphiques ou téléphoniques régionaux ou départementaux sont vérifiés quatre fois par an.

Dans les bureaux fusionnés, les services électriques comportant un effectif de plus de cinq agents (commis ou dames) sont vérifiés deux fois par an et ceux comportant un effectif de cinq agents une fois par an,

Le directeur départemental apprécie avec quelle fréquence les autres bureaux télégraphiques secondaires non fusionnés doivent être vérifiés. Ces bureaux peuvent n'être vérifiés qu'une fois tous les deux ou trois ans et sans qu'un minimum de temps soit fixé pour leur vérification. Ceux de ces bureaux dont la comptabilité est comprise dans celle d'un bureau d'attache ne doivent même être vérifiés qu'exceptionnellement.

Les inspecteurs de l'ordre électrique vérifient au moins une fois, chaque année, les bureaux télégraphiques des gares importantes (notamment des gares de bifurcation, de frontière ou du chef-lieu du département).

— Les inspecteurs relèvent à la Direction, avant leur départ, les éléments de contrôle nécessaires à leur vérification, sur la formule n° 915 qui servira à l'établissement du rapport constatant les résultats de la vérification.

Le visa du directeur et le timbre à date sont apposés sur la formule n° 915 avant le départ de l'agent vérificateur.

Si un inspecteur n'est pas connu du titulaire d'un bureau, il doit, avant de pénétrer dans les locaux réservés au service, justifier de sa qualité par la production de sa commission ou d'un ordre de service revêtu du cachet de la Direction.

A son arrivée dans un bureau, l'inspecteur appose sur le livre de caisse n° 1103 ou sur le registre n° 1264 ou 1391, s'il s'agit d'un établissement de facteur-receveur ou d'un bureau exclusivement télégraphique, un visa mentionnant la date et l'heure de son arrivée. Il porte pareille mention au moment de son départ.

Il appose, en outre, son visa sur tous les registres en usage dans l'établissement vérifié.

L'inspecteur du service postal établit, en double expédition, un bulletin n° 808 de la distribution à domicile, qu'il adresse, le jour même, au directeur.

Les inspecteurs rendent compte de leurs vérifications par un rapport n° 915 spécial à chaque établissement vérifié. Ce rapport doit indiquer exactement le temps consacré à la vérification (heure du commencement et de la fin de la vérification) et être frappé du timbre à date du bureau au moment de l'arrivée de l'inspecteur et au moment de son départ.

Les constatations relatives aux opérations de caisse d'épargne faites depuis la dernière journée dont l'inspecteur a relevé le résultat au carnet n° 7 de la Direction, sont relatées sur un tableau n° 201 annexé au rapport de vérification.

L'inspecteur communique son rapport à l'agent vérifié, si possible, avant son départ du bureau et, dans tous les cas, trois jours au plus après sa rentrée à la Direction.

L'agent vérifié dresse copie du rapport sur une formule en blanc que l'inspecteur lui remet en même temps que l'original. Il renvoie à l'inspecteur, dans un délai maximum de cinq jours, l'original et la copie, après avoir fourni ses justifications dans les colonnes à ce réservées.

En répondant, dans la troisième colonne du rapport, aux justifications fournies par l'agent vérifié, l'inspecteur termine, mais seulement sur l'original destiné au directeur, par une appréciation sommaire sur le degré d'intelligence, d'aptitude, d'instruction et de tenue de cet agent.

Les rapports de vérification des établissements de facteur-receveur sont communiqués aux receveurs des bureaux d'attache qui les renvoient au directeur dans un délai de trois jours.

Les rapports de vérification des recettes auxiliaires sont établis sur un bordereau n° 602. Si le gérant est en même temps receveur buraliste, il est établi, pour le service des Contributions indirectes, une situation n° 86 D du numéraire en caisse.

Si dans le cours d'une vérification, l'inspecteur a fait une observation critique présentant un intérêt urgent, soit au point de vue des agents et sous-agents, soit à celui de l'organisation du service, il consigne cette observation dans un rapport particulier qu'il adresse immédiatement au directeur.

— Chaque inspecteur établit, au commencement du mois, un bordereau récapitulatif n° 1118 des vérifications qu'il a exercées pendant le mois précédent.

— A moins d'en être expressément chargé par le directeur, l'inspecteur doit s'abstenir de provoquer l'opinion du public ou des autorités sur la conduite ou la gestion des agents ; si des renseignements lui sont donnés spontanément, il les reçoit et les transmet au directeur, soit verbalement, soit par lettre spéciale, à moins que la gravité de ces renseignements ne nécessite un éclaircissement immédiat.

La même réserve est à observer pour les questions de service ; si des mesures sont demandées ou critiquées, l'inspecteur en prend note, en évitant, avec soin, ce qui pourrait engager la décision à intervenir.

— L'inspecteur doit s'assurer par des visites inopinées aux bureaux du chef-lieu du département et des autres villes où il est de passage, si les receveurs sont présents à leur bureau aux heures où le service est le plus tendu et si, en cas d'absence, ils ont donné des instructions au commis principal ou au commis responsable. L'inspecteur informe le directeur du résultat de sa visite.

CHAPITRE Ier

Caisse et écritures.

— En arrivant dans un bureau, se faire remettre le livre de caisse n° 1103, le sommier des recettes n° 1101, le sommier des dépenses n° 1102 et voir si ces registres sont à jour, c'est-à-dire si les opérations de la journée précédant celle de la vérification y ont été inscrites (art. 2154).

— Si la vérification ne commence pas avant le début de la journée, voir immédiatement les divers registres auxiliaires et prendre note des opérations de recette et de dépense effectuées depuis l'ouverture, de manière à pouvoir comprendre ces opérations dans la situation définitive de la caisse et des écritures.

— Si le receveur annonce un remboursement de Caisse d'épargne, voir si l'autorisation de remboursement est acquittée et timbrée, et si l'opération est inscrite sur le registre des remboursements n° 99. Si ces formalités n'ont pas été remplies, il y a lieu de s'assurer que le remboursement a bien été effectué. (*Circulaire de la Caisse d'épargne n° 112 du 20 novembre 1898.*)

— Voir également si les mandats et les bons de poste présentés comme payés sont acquittés, frappés du timbre à date et inscrits sur le registre n° 1442 (art. 1174-1175).

— Demander ensuite : 1° la caisse principale ; 2° la caisse des recouvrements ; 3° la caisse de la remise sur la vente des timbres-poste et des tickets téléphoniques.

— La caisse des recouvrements contient le montant des valeurs recouvrées dont la conversion en mandats n'a pas encore été effectuée (art. 1560-2025).

Nous recommandons, à ce sujet, de réclamer le registre n° 1489, en arrivant, et de ne le rendre qu'après avoir établi la situation de la caisse des recouvrements.

— La caisse de la remise doit contenir le 1 °/₀ de la valeur des timbres-poste, tickets téléphoniques, cartes pneumatiques, timbres de quittance et feuilles de papier timbré à 60 centimes existant au bureau (art. 2025-165-192).

— Pour éviter toute contestation ultérieure, il est prudent de demander aux receveurs, après qu'ils ont remis leur numéraire, s'ils ont bien tout présenté, s'il ne reste plus aucune valeur nulle part, et de laisser le numéraire étalé sur la table, jusqu'à ce que la situation définitive de la caisse ait été arrêtée.

— La caisse ne doit contenir que des billets et des monnaies ayant cours légal en France.

Les comptables doivent accepter : sans limitation de quantité, les pièces *nationales* d'or et d'argent et les pièces de cinq francs de l'union monétaire ; jusqu'à concurrence de cent francs, les pièces divisionnaires de ces derniers pays ; seulement comme appoint de la pièce de cinq francs, la monnaie de bronze ou de nickel.

Les comptables doivent être en mesure de rendre l'appoint au guichet.

Le trafic sur le change est interdit (art. 2022).

— Si le bureau présente des mandats de dépenses publiques, payés à des personnes étrangères au service (art. 2062), en compter le montant, au même titre que le numéraire (art. 2063), mais en ayant soin de le mentionner à part, sous la rubrique « *Mandats de dépenses publiques étrangers au service* ».

A ce sujet, il est bon de recommander aux receveurs d'inscrire, en une somme séparée, sur le livre de caisse, dans la colonne affectée à l'inscription du numéraire, le montant des mandats dont il s'agit. Cela pour éviter que le numéraire ne paraisse parfois excéder la réserve autorisée.

— Ces mandats doivent être frappés du timbre à date, le jour du paiement, et revêtus de la mention « *Payé par le receveur des Postes et des Télégraphes de...* » (art. 2063).

— Après avoir reconnu le numéraire, se faire remettre successivement toutes les autres valeurs composant l'encaisse. — *Timbres-poste et chiffres taxes (y compris ceux avancés aux facteurs). — Tickets téléphoniques. — Objets taxés en instance. — Timbres de quittance et feuilles de papier timbré à 60 centimes. — Vignettes et bulletins de colis postaux. — Formules de procuration n° 776 revêtues d'un timbre mobile de 60 centimes. — Timbres mobiles à appliquer sur les valeurs à recouvrer originaires de Monaco, du Levant et du Maroc. — Avances autorisées dont font partie les non-valeurs postales, télégraphiques et téléphoniques, et le montant de l'état F* (art. 2024).

— Le montant des objets taxés en instance doit être inscrit à part, sur le livre de caisse, dans la colonne *ad hoc*.

— Si des établissements de facteur-receveur dépendent de la recette vérifiée, compter, parmi les avances autorisées, le montant des avances existant dans ces établissements d'après les indications du dernier extrait journalier n° 1264 *bis* (art. 2390).

— Le récépissé n° 1114 *bis* de l'avance initiale faite à chaque établissement de facteur-receveur doit pouvoir être représenté par le bureau d'attache (art. 2388).

— Si des recettes auxiliaires sont rattachées au bureau vérifié, ajouter au numéraire présenté celui existant, la veille au soir, dans ces recettes ; le montant de ce numéraire figure sur les extraits de livre de caisse n° 1106 *bis* (art. 2416).

Il est bon de remarquer que l'avance de 300 francs faite, le jour de l'ouverture, aux gérants des recettes auxiliaires, n'est pas fixe et qu'elle ne doit pas, dès lors, être complétée à cette somme quand elle descend au-dessous de 300 francs (art. 2415).

— Il y a également lieu de comprendre dans le numéraire les sommes confiées aux facteurs pour le payement des mandats-cartes à domicile. Consulter à cet effet le registre n° 1425.

— La situation de caisse doit être faite, chaque jour, par les receveurs. S'il existe des sous-caisses, leur montant doit être intégralement réuni à la caisse principale, à la clôture des opérations, et vérifié contradictoirement (art. 2023).

— Aucun crédit ne peut être fait sur les fonds de la caisse. La caisse ne doit contenir que des fonds appartenant au Trésor.

En cours de journée, elle doit se trouver intégralement dans le bureau et être présentée à la première réquisition. Il y a déficit si un comptable ne peut, à ce moment, présenter tous les fonds devant se trouver en caisse, quand bien même il apporterait plus tard ceux qui lui manquaient (art. 2025).

— Les receveurs doivent enfermer dans un coffre-fort ou emporter, le soir, dans leurs appartements particuliers, les fonds et les valeurs composant leur encaisse. En cas de vol, ils ne peuvent être déchargés que s'ils peuvent justifier que la pièce où les fonds étaient déposés était sous la garde d'une personne sûre ou, s'il s'agit d'une pièce d'un rez-de-chaussée, que cette pièce était grillée solidement, enfin que le vol est l'effet d'une force majeure (art. 2026).

— Le maximum de la réserve en numéraire est fixé, le 15 janvier de chaque année, par le directeur départemental, à l'aide d'une formule n° 1351 qu'il convient de faire coller au verso de la couverture du livre de caisse.

Ce maximum ne peut être inférieur à 1.000 francs dans les recettes composées et de chef-lieu d'arrondissement, ni à 500 francs dans les autres bureaux.

Le minimum de cette réserve n'est pas inférieur à la moitié du chiffre fixé par le maximum, ni à 400 francs.

Sauf le cas de dépenses avisées, un versement est obligatoire quand la réserve dépasse le maximum autorisé, de 500 francs dans les recettes composées et de chef-lieu d'arrondissement, de 100 francs dans les autres bureaux.

Le versement effectué, l'encaisse ne doit pas dépasser le maximum autorisé d'une somme supérieure à celle indiquée au précédent alinéa.

Si le montant de la réserve descend de 100 francs au moins, au-dessous du chiffre fixé pour le minimum, il doit être fait une demande de fonds de subvention qui ne doit comprendre que des sommes de 100 francs ou multiples de 100 francs.

Dans les bureaux des chefs-lieux de département ou d'arrondissement, la réserve est aussi voisine que possible du maximum, en raison des fonds de subvention à fournir.

Des fonds peuvent être conservés au delà de la réserve réglementaire, pour des dépenses avisées. Dans ce cas, les pièces de dépense doivent être décrites sommairement dans la dernière colonne du livre de caisse (art. 2032).

— Quand des fonds sont conservés en prévision de remboursements de caisse d'épargne, les receveurs doivent indiquer : pour les remboursements autorisés, le numéro et la date d'arrivée de l'autorisation, le numéro du livret et le montant du remboursement à effectuer; pour les remboursements demandés, mais non encore autorisés, la date de la demande, le nom du déposant, le numéro du livret et le montant de la demande (art. 291-292-293 C. N. E.).

— Dans les bureaux importants, les receveurs font une avance en numéraire au guichet chargé du service des payements.

Il convient de tenir la main à ce que cette avance ne soit pas exagérée et d'empêcher surtout que les receveurs, comme quelques-uns ont une tendance à le faire dans un but de commodité personnelle, laissent au guichet tout le numéraire existant à leur bureau.

— S'assurer, par l'examen des extraits n° 1106 bis, que les gérants des recettes auxiliaires ne conservent pas, en fin de journée, une réserve en numéraire supérieure à 300 francs, maximum autorisé (art. 2410).

Versements. — Fonds de subvention.

— Caisses auxquelles les versements sont effectués (art. 2029).

— Quotité des versements. — Multiples de 100 francs, pas inférieurs à 100 francs dans les recettes simples et à 500 francs dans les recettes composées et de chef-lieu d'arrondissement.

Les pièces de dépenses publiques étrangères au service peuvent constituer isolément un versement, sans qu'il soit utile d'y ajouter le numéraire nécessaire pour parfaire la différence entre leur montant et une somme ronde de 100 francs.

Les versements comprennent donc :

1° Le numéraire (somme ronde de 100 francs);

2° Les pièces de dépenses publiques (dont le montant s'ajoute à celui des espèces) (art. 2030).

— Chaque versement est accompagné d'un bordereau détaillé des espèces qui le composent. Ce bordereau est détaché d'un registre à souches n° 1120 (art. 2031).

— Les versements doivent, autant que possible, être expédiés dans les dépêches circulant de jour (art. 2038). — Les paquets qui les contiennent sont soumis à la formalité du chargement en franchise (art. 382 et 482).

— Les versements inscrits en dépense au sommier nº 1102 sont justifiés par la production des récépissés (art. 2034).

— Toutes les formules des registres des demandes de fonds de subvention nº 1114 doivent être griffées, dès la réception du registre. Un seul registre doit être en service, dans chaque bureau (art. 2046).

— Bordereaux justificatifs des demandes de fonds de subvention. Forme des demandes (art. 2045-2046).

— Les fonds reçus réellement ou fictivement sont portés en recette, dans les colonnes correspondantes du sommier nº 1101.

— Vérifier si les souches du registre nº 1114 sont frappées du timbre à date et s'il y est fait mention de la somme demandée.

Situation de la caisse.

— Les valeurs composant l'encaisse étant reconnues et totalisées, arrêter la situation à l'aide du dernier accusé de crédit et des totaux de l'avant-dernière colonne de chaque sommier. Ces totaux, qui comprennent un mois et une fraction de mois ou simplement une fraction de mois, selon que la vérification a lieu avant ou après la rentrée de l'accusé de crédit, doivent être soigneusement vérifiés. Le contrôle ultérieur consiste, en effet, non seulement à s'assurer que les recettes et les dépenses annoncées par les registres auxiliaires sont inscrites, chaque jour, dans les colonnes correspondantes des sommiers, mais encore que les totaux journaliers inscrits dans la dernière colonne de chacun de ces registres sont exacts.

— La situation ainsi établie n'est que provisoire. Il convient de ne l'arrêter, à la première page du rapport de vérification, qu'après avoir procédé à la vérification complète des écritures. Il existe, assez souvent, en effet, des erreurs qui font varier la situation et au sujet desquelles, si on arrêtait celle-ci en premier lieu, il faudrait donner, dans le cours du rapport, des explications parfois fort longues.

— Quand la situation définitive fait ressortir une différence en plus ou en moins supérieure à 10 francs, il convient, à notre avis, de demander des explications sur p. v. nº 532.

— Après avoir arrêté, d'une façon provisoire, la situation de la caisse principale, il convient, avant de passer au pointage des recettes et des dépenses, de procéder à la vérification de la caisse des recouvrements d'après les indications qui sont données plus loin, au chapitre « Recouvrements ».

Livre de caisse et sommiers.

— Vérifier si les inscriptions faites sur les sommiers sont en harmonie avec les éléments de contrôle pris à la Direction, sur la formule du rapport de vérification.

— Les chiffres portés sur le livre de caisse doivent être en concordance parfaite avec ceux des deux sommiers (art. 2151 quinquiés.

— Interdiction des ratures et des surcharges. Toute erreur doit être rectifiée par une inscription spéciale indiquant le motif de la rectification (art. 2152).

— Inscription journalière des recettes sur le sommier n° 1101 (art. 2154).

— Sur le sommier n° 1102, chaque enregistrement est précédé d'un numéro d'ordre dont la série va du 1er janvier au 31 décembre ou à la fin de la gestion, en cas de mutation, et qui recommence au n° 1 pour le nouveau comptable (art. 2155).
Exception est faite pour les rectifications qui sont enregistrées sans numéro (art. 2152).

— Établissement de la situation journalière de la caisse. Détail des valeurs composant l'excédent des recettes sur les dépenses (art. 2158).
Les bureaux dont dépendent des établissements secondaires ne doivent arrêter leurs écritures, en fin de quinzaine et de mois, qu'après réception de la dépêche qui contient le détail des opérations effectuées, par ces établissements secondaires, pendant la dernière journée de la quinzaine ou du mois (art. 2157).

— S'assurer à l'aide du registre n° 1264 tenu pour chaque établissement de facteur-receveur, que le bureau d'attache a pris en charge les opérations signalées par ces établissements. Procéder de même, à l'aide des extraits journaliers n° 1106 bis, pour les opérations faites par les recettes auxiliaires.

— Vérifier, par une épreuve portant sur quelques journées, si le total des valeurs indiquées comme composant l'encaisse concorde bien avec l'excédent des recettes.

— Déduction, en fin de mois, sur le livre de caisse et sur le sommier des recettes, des non-valeurs postales, télégraphiques et téléphoniques (art. 2158).

— En fin de mois, sur le livre de caisse, il doit être réservé une journée en blanc pour l'inscription éventuelle et pour ordre, à l'encre rouge, des rectifications prescrites par l'accusé de crédit (art. 2159).

— Les rectifications prescrites par le bordereau mensuel sont inscrites effectivement, sur le livre de caisse, le jour même de la réception de ce bordereau. Les motifs en sont indiqués à l'encre rouge (art. 2159-2280).

— Les colonnes des sommiers doivent être additionnées au bas de chaque page et à la fin de chaque quinzaine. A la fin du mois, les totaux antérieurs sont reportés au-dessous des totaux mensuels, avec un intervalle de quelques lignes en blanc. Les totaux généraux, d'abord portés au crayon, ne doivent être passés à l'encre qu'à la rentrée du bordereau mensuel (art. 2160).

— Inscription sur les sommiers, des rectifications prescrites par l'accusé de crédit (art. 2161-2280).

Dépenses publiques.

Les sommes brutes portées sur les mandats de dépenses publiques sont inscrites au fur et à mesure du paiement des mandats, sur le sommier n° 1102. Chaque mandat est inscrit séparément et revêtu du numéro d'ordre sous lequel il est enregistré au sommier (art. 2232).

— Les retenues pour le service des pensions civiles doivent être détaillées sur le sommier des dépenses, dans la colonne du détail des opérations, en regard des mandats auxquels elles se rapportent. Elles sont totalisées, en fin de journée, dans cette colonne et inscrites, en une seule somme, au sommier des recettes n° 1101 (art. 2209).

CHAPITRE II

Produit de la taxe des correspondances postales.

— Dépouillement de la taxe des lettres n° 1261 (art. 2164).

— Montant brut des figurines reçues à inscrire au registre n° 1341 et au dépouillement n° 1261 (art. 2165-152).

— La récapitulation du dépouillement n° 1261 ne doit être servie qu'à la rentrée du bordereau mensuel correspondant (art. 2176).

— Les forcements en recette sont inscrits, le jour de la réception de l'arrêté (art. 2170).

— La remise de 1 °/₀, les dégrèvements et les non-valeurs (rebuts-réexpéditions-détaxes) sont inscrits, au jour le jour, sur le dépouillement n° 1261 (art. 2171-2172).

Le montant des lettres taxées versées en rebut et celui des lettres taxées réexpédiées sont relevés sur l'état n° 1253 auquel doivent être annexés : pour les rebuts, les étiquettes n° 837 renvoyées par l'Administration ; pour les objets réexpédiés, les feuilles n° 1254 (art. 2291).

Le montant des détaxes et réductions de taxes est inscrit sur l'état n° 1269 auquel sont jointes les pièces justificatives (art. 2292).

— Inscription, en fin de journée, au sommier des recettes, du produit brut de la taxe des lettres de la journée. Les non-valeurs figurent au livre de caisse, parmi les avances autorisées (art. 2173).

— Totalisation des colonnes du dépouillement n° 1261, en fin de quinzaine et en fin de mois (art. 2174).

— Déduction, en fin de mois, des non-valeurs du produit brut, sur le dépouillement n° 1261 et sur le sommier des recettes. Dans les recettes principales, cette déduction est effectuée dès la répartition des figurines expédiées aux receveurs du département (art. 2175).

— S'assurer que la statistique des chargements, qui figure à la dernière page du registre n° 1341, est régulièrement servie (art. 2164).

— Établir sur le p. v. de vérification, à l'aide du livre n° 1261, un tableau de comparaison des produits sans contrôle et des non-valeurs admises depuis le 1er janvier jusqu'au jour de la vérification, avec les produits de même nature et les non-valeurs constatés pendant la même période des deux années précédentes (art. 6478).

Affranchissement en numéraire.

— N'est admis, en principe, que dans les recettes composées. Ne l'est, dans les recettes simples, qu'en cas de nécessité absolue et avec l'autorisation expresse de l'Administration (art. 327 bis).

— Les timbres servant à l'affranchissement en numéraire doivent être conservés en lieu sûr et dans un meuble fermant à clef (art. 327).

— Le dépôt est subordonné aux conditions suivantes. Les imprimés (sauf les journaux qui peuvent être déposés en nombre quelconque) doivent être au nombre minimum de 1.000. Les bandes ou enveloppes doivent être présentées à l'affranchissement, avant confection des envois. Au moment du dépôt, les objets doivent être groupés et enliassés par départements (art. 328).

— Les bandes ou enveloppes classées par catégories et en

paquets de 100, sont accompagnées d'un bordereau n° 1289 à établir par le déposant (art. 328 *bis*).

— Le timbrage doit être effectué le plus tôt possible. Le délai maximum accordé à chaque bureau pour ce travail est fixé par le directeur (art. 328 *ter*).

— La perception des taxes a lieu au moment où les bandes ou enveloppes sont rendues aux expéditeurs. La recette est inscrite au registre n° 1288. Le numéro d'inscription à ce registre est porté dans le cadre *ad hoc* du bordereau n° 1289 et la recette est immédiatement constatée sur l'état mensuel n° 1260. Ces bordereaux doivent être visés par le receveur ou un commis principal délégué (art. 328 *quater*). — L'inspecteur doit les vérifier et les rapprocher du registre n° 1288.

— Les totaux journaliers du registre n° 1288 sont reportés, en fin de journée, sur le dépouillement n° 1261 (art. 2167).

Timbres-poste. — Chiffres-taxes.
Livrets d'identité.

— L'approvisionnement en timbres-poste ne peut descendre au-dessous du minimum notifié par le directeur, sur la formule n° 1351, ni dépasser le double de ce minimum, sauf du 15 décembre au 15 janvier. — Pour les timbres-poste, ce minimum est égal au 1/13 de la vente effectuée pendant l'année précédente. — Pour les chiffres-taxes, il est de 40 fr. dans les recettes composées effectuant un service de distribution et de 20 fr. pour les recettes simples et les recettes composées n'ayant pas de service de distribution (art. 140).

— L'approvisionnement doit porter sur toutes les catégories de valeurs existantes, exception faite, le cas échéant, pour les timbres à 5 francs dont la vente est limitée aux bureaux composés et à quelques bureaux simples autorisés (art. 6463).

— Tous les guichets indistinctement participent à la vente des timbres-poste (art. 139).

— Les chiffres-taxes ne peuvent être vendus neufs au public (art. 131).

— Sauf besoins imprévus, il ne doit être établi qu'une seule demande de timbres-poste par mois (art. 140-142).

— Dans les bureaux importants, les receveurs font une avance en timbres-poste au guichet des affranchissements, qui approvisionne, lui-même, les autres guichets.
Certains font une avance spéciale à chacun des deux agents attachés au guichet des affranchissements. D'autres, au contraire, ne font qu'une seule avance que les agents se remettent mutuellement quand ils se remplacent.

Nous recommandons le second mode de procéder car il donne la certitude que la sous-caisse des affranchissements est vérifiée chaque jour.

Le montant de l'avance journalière doit correspondre, à peu près, au produit de la vente pendant deux journées.

Il est bon de prescrire, aussi bien aux receveurs qu'aux agents qui ont une sous-caisse de timbres-poste, de tenir un cahier sur lequel ils indiquent, chaque soir, le détail des timbres-poste existant dans leur caisse.

— Figurines retirées pour cause de détérioration. Sont envoyées à la Direction accompagnées d'un relevé établi en triple expédition (art. 153).

— Les cartes postales, cartes-lettres, etc....., échangées par le public, sont frappées du timbre à date, au moment même de l'échange ; elles sont envoyées, chaque mois, à la Direction, pour dégrèvement. Dans le cours du mois de leur présence au bureau, leur valeur est comptée comme numéraire (art. 326).

— Pour être admises à l'échange, les formules, même déchirées, accidentellement, doivent être rendues dans leur entier. — Toutefois, les cartes pneumatiques fermées et les cartes-lettres peuvent être échangées quand bien même il ne serait présenté que la première partie de la carte, portant le timbre (B. M. janvier 1900).

— L'avance en timbres-poste et en chiffres-taxes faite aux établissements de facteur-receveur est déterminée par le directeur ; elle n'est complétée que sur la demande des facteurs-receveurs (art. 155-156-2388 ter).

— L'avance fixe en timbres-poste faite aux gérants des bureaux télégraphiques ou téléphoniques, étrangers à l'Administration, est déterminée par le directeur (art. 157). Le produit de la vente journalière est versé, chaque soir, au bureau d'attache qui envoie, le lendemain, une valeur équivalente en timbres-poste (art. 158).

L'avance de 5 francs en chiffres-taxes faite aux gérants des recettes auxiliaires chargées exceptionnellement d'un service de distribution doit être reconstituée, tous les jours, par le bureau d'attache (art. 160-164 bis).

— Personnes préposées à la vente des timbres-poste en dehors du bureau (art. 139).

— Approvisionnement minimum en timbres-poste. Est de 10 francs pour les entreposeurs et les facteurs de ville, de 5 francs pour les gardiens d'entrepôt et les autres facteurs, y compris 5 timbres de quittance à 10 centimes. Cet approvisionnement est avancé par les receveurs aux facteurs de ville, locaux et ruraux ; il est complété chaque jour.

Les facteurs de ville, locaux et ruraux reçoivent également une avance de 5 chiffres-taxes à 20 centimes et de 5 chiffres-taxes à

10 centimes, qui est complétée quand des chiffres-taxes sont employés.

Dans l'intervalle des tournées, les facteurs gardent en leur possession, sous leur propre responsabilité, les timbres-poste, chiffres-taxes et timbres de quittance dont l'avance leur est faite (art. 161).

— Chaque bureau doit posséder la nomenclature des débitants auxiliaires qu'il est chargé d'approvisionner (art. 162).

— Les débitants s'approvisionnent au guichet du bureau qui leur est désigné, à l'aide d'un carnet n° 591 que le receveur signe et frappe du timbre à date. La commande est détaillée sur un bulletin n° 590 qui est conservé au bureau (art. 163).

— Les débitants des communes rurales s'approvisionnent, par l'intermédiaire des facteurs ruraux, à l'aide d'un carnet n° 592 (art. 164).

— La remise de 1 % faite aux préposés chargés de la vente est prélevée sur la caisse spéciale de la remise (art. 165).

Dans les bureaux composés et dans les bureaux simples importants, l'agent chargé de la vente aux débitants prélève cette remise sur les fonds de sa sous-caisse. Il convient de veiller à ce que ces avances soient remboursées, en fin de journée, par le receveur.

— La remise sur la vente des timbres-poste et le produit des abonnements aux boîtes de commerce sont attribués, à parts égales, à tous les agents effectuant des opérations postales, y compris les agents des guichets télégraphiques chargés de la vente des timbres-poste.

Sont exclus du partage, les agents affectés au service télégraphique ou téléphonique, s'ils ne participent pas au service postal ou s'ils n'y prennent part que très accidentellement.

Ces dispositions sont applicables aux agents détachés temporairement dans les bureaux, sauf en ce qui concerne ceux de la brigade roulante de Paris, qui effectuent les remplacements dans les bureaux de la capitale.

Les agents en congé ne perdent pas leurs droits aux remises.

Dans les recettes simples comportant des agents titulaires et des frais d'aide, le receveur doit toucher, en dehors de sa moitié réglementaire, une fraction de l'autre moitié, équivalente au nombre d'agents que son abonnement de frais d'aide représente dans le travail du bureau. Un abonnement de 100 fr. correspond au travail d'un aide pendant une heure par jour (B. M. mars 1901, page 93).

— La vente journalière des timbres-poste et des chiffres-taxes est inscrite sur le carnet n° 1344. Pour les cartes et enveloppes pneumatiques, il est fait usage du carnet n° 1345. — Ces carnets sont clos le 31 décembre de chaque année et envoyés, au plus tard, le 2 janvier, à la Direction qui les renvoie ensuite aux bureaux où ils sont conservés pendant trois ans (art. 166).

— Livrets d'identité (art. 132). — Ils sont délivrés par les bureaux composés et par les bureaux simples des chefs-lieux d'arrondissement (art. 139). — Opérations y relatives (art. 168 à 185).

Coupons-réponse.

— Au moment de leur remise au public contre paiement de 0 fr. 30, ils sont frappés d'une empreinte très lisible du timbre à date, dans le cadre *ad hoc* à gauche du recto (art. 167 *bis*).

— Les coupons-réponse d'origine étrangère ou d'origine française sont, après vérification et échange contre un timbre-poste de 0 fr. 25 ou du numéraire, frappés d'une empreinte très lisible du timbre à date, dans le cadre *ad hoc* à droite du recto. — Ils sont conservés comme valeurs en caisse, jusqu'à la fin du mois. A ce moment, ils sont envoyés à la Direction, accompagnés d'un relevé en double expédition. Après retour du relevé visé par le directeur, la somme correspondante est passée en écritures à l'art. 11 des non-valeurs du produit des correspondances postales. Le relevé visé est joint au compte mensuel n° 1271 (art. 167 *ter*). — Les coupons-réponse peuvent être échangés pendant un temps indéterminé (art. 167 *quater*).

Timbres de quittance et feuilles de papier timbré.

— Les receveurs résidant dans les localités possédant un bureau d'enregistrement s'approvisionnent directement, à l'aide d'un carnet spécial, coté et parafé. Les autres adressent leurs demandes à leurs collègues, en les accompagnant d'une demande de fonds de subvention, d'une somme égale au montant net des timbres demandés (art. 187-188).

— Le minimum de l'approvisionnement est fixé par le directeur (art. 191).

— Les facteurs doivent être porteurs de 5 timbres de quittance dont l'avance leur est faite (art. 189).

— Les bureaux approvisionnent, avec remise, les recettes auxiliaires et les débitants de tabacs, à l'exception de ceux, résidant dans les communes sièges de bureaux de l'enregistrement, qui s'approvisionnent directement (art. 189).

— Les receveurs et facteurs-receveurs qui exercent leurs fonctions dans des localités ne possédant ni bureau d'enregistrement ni distribution auxiliaire de papier timbré sont tenus, en outre, de vendre au public, à l'exclusion des officiers ministériels, des feuilles de papier à 0 fr. 60 c. (art. 186).

— Il est pris note, chaque soir, sur le carnet n° 1344, du montant des timbres de quittance et des feuilles de papier timbré vendus dans la journée (art. 191).

— Il est fait par les receveurs aux facteurs-receveurs relevant de leur bureau, une avance en timbres de quittance dont la quotité est fixée par le directeur et, le cas échéant, de 20 feuilles de papier timbré à 0 fr. 60 c. (art. 190).

— Les timbres de quittance détériorés peuvent être remplacés par les receveurs de l'enregistrement, une fois par an, en novembre (art. 193).

— Chaque bureau doit posséder au moins trois formules de procuration n° 776, revêtues d'un timbre mobile de 60 centimes (art. 693), ainsi qu'un approvisionnement de timbres mobiles à appliquer sur les valeurs à recouvrer originaires de Monaco, du Levant et du Maroc (art. 1550).

CHAPITRE III

TARIFS

SERVICE INTÉRIEUR, FRANCO-COLONIAL ET INTERCOLONIAL

Lettres et Papiers d'affaires.

— Jusqu'à 20 gr., 0 fr. 10 cent. ; de 20 à 50 gr., 0 fr. 15 cent. ; de 50 à 100 gr., 0 fr. 20 cent. et ainsi de suite, en ajoutant 5 cent. par 50 gr. ou fraction de 50 gr. excédant (art. 252-253).
Poids maximum : 1 kilog.
Dimensions maxima : 45 centim. sur chaque côté. Sous forme de rouleau : longueur 75 centim.; diamètre 10 centim. (art. 257 bis).
Tous les objets sont admis à circuler au tarif ci-dessus, à l'exception des matières ou objets dangereux ou salissants ainsi que des marchandises soumises à des droits de douane, de régie ou d'octroi, ou prohibées.
Par exception, jusqu'au poids maximum de 20 gr., les papiers d'affaires sont taxés à 5 centimes quand ils sont expédiés sous bande ou sous enveloppe ouverte (art. 268-271).

— Les objets non affranchis ou insuffisamment affranchis sont taxés au double de l'insuffisance totale ou partielle de l'affranchissement (art. 257).

— Nomenclature des objets entrant dans la catégorie des papiers d'affaires (art. 269).

— Mentions autorisées sur les factures, bordereaux d'expédition, relevés de comptes ou de factures (art. 270).

P. FAUQUE. — *Guide-Memento.* 2

Cartes postales.

— Carte postale simple : 0 fr. 10 cent.; avec réponse payée : 0 fr. 20 c. (art. 258).

— Elles doivent circuler à découvert, c'est-à-dire sans bande ni enveloppe (art. 260).

— Cartes postales fabriquées par l'industrie privée.
Dimensions maxima : 14 centim. en long., 9 centim. en larg.
Dimensions minima : 10 centim. en long., 7 centim. en larg.

— Interdiction de joindre, de coller ou d'attacher aux cartes postales, des objets quelconques (art. 262).

— Les cartes postales de fabrication privée, expédiées sans affranchissement, sont passibles d'une taxe double, soit 0 fr. 20 c. (art. 265) . — Celles insuffisamment affranchies sont passibles d'une taxe égale au double de l'insuffisance (art. 266).

— Sont considérées comme lettres insuffisamment affranchies, les cartes postales ne remplissant pas les conditions réglementaires, ainsi que celles à destination des pays étrangers à l'Union postale, qui n'acceptent pas cette catégorie de correspondances (art. 267).

— Emploi de la seconde partie d'une carte avec réponse payée (art. 264).

— Les cartes postales illustrées ou non, portant le titre « Carte postale » sont admises à circuler, soit à découvert, soit sous enveloppe ouverte, au tarif des imprimés (minimum 5 centimes par 100 gr.). Elles peuvent contenir les réclames, annonces, etc..... admises sur les imprimés et porter en outre une inscription manuscrite composée de 5 mots quelconques.
Quand deux ou plusieurs cartes sont placées sous la même enveloppe, l'inscription manuscrite de 5 mots ne peut exister que sur une carte seulement (art. 291 bis).

— Les cartes illustrées ou non ne sont pas admises au tarif des imprimés sous bande (art. 291).

— Les cartes qui ne satisfont pas aux conditions ci-dessus sont surtaxées au double de l'insuffisance d'affranchissement.

Imprimés.

(a) Journaux et écrits périodiques.

— 0 fr. 02 c. par exemplaire jusqu'à 50 gr., avec augmentation de 0 fr. 01 c. par 25 gr. ou fraction de 25 gr. excédant.
Pour les journaux routés et ceux expédiés « hors sac » les taxes

à appliquer sont de 0 fr. 01 c. par exemplaire jusqu'à 50 gr. et de 0 fr. 01 c. par 25 gr. ou fraction de 25 gr. excédant.

Moitié des prix ci-dessus, quand ils circulent dant le département de publication ou dans les départements limitrophes (art. 279).

— Le lieu de publication est celui où le journal est imprimé (art. 280).

— Ne sont considérés comme périodiques, que les journaux, publications, etc., paraissant au moins une fois par mois et dont la fin ne peut être prévue d'avance (art. 274).

— Définition des suppléments. Taxe (art. 281-282-283).

— Suppléments consacrés, pour moitié au moins de leur surface, à la reproduction des débats des Chambres, des documents officiels, etc..... de comptes rendus des débats législatifs. — Sont exemptés du droit de poste quand ils accompagnent la feuille principale (art. 284-285).

— Les journaux de date ancienne et les journaux étrangers circulant à l'intérieur sont affranchis aux mêmes tarifs que les journaux français de date récente (art. 274 quater).

— Les journaux expédiés isolément ou en nombre doivent être placés sous bande mobile, sous enveloppe ouverte ou retenus par une ficelle, etc..... (art. 288).

(b) *Imprimés non périodiques.*

Expédition sous bande. — 2 centimes jusqu'à 15 gr. ; 3 centimes de 15 à 50 gr. ; 5 centimes de 50 gr. à 100 gr. ; 5 centimes par 100 gr. ou fraction de 100 gr. excédant.

Les bandes mobiles doivent laisser la surface des imprimés à découvert d'au moins un centimètre de chaque côté de la bande.

Par exception les bandes timbrées vendues par l'Administration peuvent recouvrir entièrement les imprimés.

Expédition sous enveloppe non fermée ou sur carte à découvert. 5 centimes par 100 gr. ou fraction de 100 gr. (art. 290).

Poids maximum : 3 kilog.

Dimension maxima : 45 centim. sur chaque côté. Sous forme de rouleau : longueur, 75 centim. ; diamètre, 10 centim. (art. 309).

— Affranchissement facultatif. En cas d'insuffisance, taxe égale au double de l'insuffisance (art. 312).

— Mentions manuscrites autorisées sur les imprimés (art. 292).

— Est autorisée, moyennant une taxe supplémentaire de 0 fr. 10 c., l'addition, sur les imprimés, d'annotations ayant le caractère de correspondance (art. 314).

— Sont exceptionnellement admis à circuler sous bande mobile, au tarif de 1 centime jusqu'à 5 gr. :

1° Les avis et lettres de convocation des sociétés ou associations qui ne font pas acte de commerce ;

2° Les avertissements et avis envoyés aux contribuables par les percepteurs des contributions directes et les receveurs spéciaux des communes et des établissements de bienfaisance (art. 290 *bis*).

— Les avis concernant les recouvrements des sommes dues à l'État, aux départements, aux communes et aux associations syndicales autorisées par l'État peuvent être pliés en forme de lettre sans perdre le bénéfice du tarif de 1 centime (art. 290 *bis*, 290 *quater*).

— Les circulaires électorales imprimées et les bulletins de vote imprimés paient 1 centime par 25 gr. ou fraction de 25 gr., que l'expédition ait lieu, sous bande, sous enveloppe ouverte ou sur carte à découvert (art. 290 *ter*).

— Dans les relations franco-coloniales ou intercoloniales, la taxe des imprimés autres que les journaux ou écrits périodiques est de 5 cent. par 50 gr. quel que soit le mode d'envoi (art. 295).

Échantillons.

— 5 centimes par 50 gr. ou fraction de 50 gr. (art. 301).

Poids maximum : 500 gr.

Dimensions maxima : 30 centim. dans les trois sens, à l'exception des échantillons d'étoffes collés sur carton dont les dimensions peuvent atteindre 45 centim., et des envois confectionnés en paquets, dont la longueur peut atteindre 45 centim., sous la réserve que les deux autres dimensions ne dépassent pas 15 centim. (art. 302).

— Paquets scellés au moyen de bandes ou de cachets de garantie sont admis exceptionnellement comme échantillons (art. 305).

— Affranchissement facultatif. Taxe égale au double de l'insuffisance (art. 311-312).

— Est autorisée, moyennant une taxe supplémentaire de 0 fr. 10 c., l'addition, sur les échantillons, d'annotations ayant le caractère de correspondance (art. 314).

Lettres.

— Jusqu'à 20 gr., 0 fr. 25 c. ; 15 centimes par 20 gr. ou fraction de 20 gr. excédant (art. 254).

— Les lettres non affranchies ou insuffisamment affranchies sont taxées au double de l'insuffisance totale ou partielle d'affranchissement (art. 257).

— Les lettres affranchies, non ou insuffisamment affranchies, expédiées aux militaires ou marins français présents sous les drapeaux, à l'étranger, ainsi que celles adressées en France, aux colonies, par ces mêmes militaires ou marins, bénéficient de la taxe métropolitaine lorsqu'elles sont déposées au départ ou reçues à l'arrivée, dans un service postal métropolitain ou colonial (art. 256).

Cartes postales.

— Même réglementation et mêmes taxes que dans le service intérieur. Toutefois, pour pouvoir être expédiées au tarif de 5 centimes, les cartes postales, illustrées ou non, ne peuvent contenir, en dehors du nom de l'expéditeur, que cinq mots ayant un caractère impersonnel.

Papiers d'affaires.

— 0 fr. 05 c. par 50 gr. ou fraction de 50 gr. excédant, avec minimum de 0 fr. 25 c. par envoi (art. 271).

Poids maximum : 2 kilog.
Dimensions maxima : 45 centim. sur chacune des dimensions. Sous forme de rouleau : long.: 75 centim., diamètre, 10 centim. (art. 309).

— Affranchissement obligatoire au moins en partie pour les pays de l'Union postale — obligatoire en entier pour les pays étrangers à l'Union. — En cas d'insuffisance d'affranchissement dans les deux premiers cas, surtaxe égale au double de l'insuffisance (art. 311-312).

Imprimés périodiques ou non.

— 0 fr. 05 c. par 50 gr. ou fraction de 50 gr. excédant (art. 295).
— Affranchissement obligatoire au moins en partie pour les pays de l'Union postale — obligatoire en entier pour les pays étrangers à l'Union. — En cas d'insuffisance d'affranchissement dans le premier cas, surtaxe égale au double de l'insuffisance (art. 311-312).

Poids maximum : 2 kilog.
Dimensions maxima : comme dans le service intérieur (art. 309).

Échantillons.

— 0 fr. 05 c. par 50 gr. *avec minimum de 0 fr. 10 c. par objet*, pour les pays de l'Union ou assimilés à l'Union.
— Affranchissement obligatoire au moins en partie pour les pays de l'Union postale — obligatoire en entier pour les pays étrangers à l'Union. — En cas d'insuffisance d'affranchissement

dans le premier cas, surtaxe égale au double de l'insuffisance (art. 311-312).

— Poids maximum : 350 gr. ; 15 gr. pour les échantillons de graines de ver à soie.

Dimensions maxima : Longueur, 30 centim. : largeur, 20 centim. ; hauteur, 10 centim. Si les paquets ont la forme de rouleaux, longueur, 30 centim.; diamètre 15 centim. (art. 302).

CHAPITRE IV

ARTICLES D'ARGENT

Mandats et Bons de poste.

COMPTABILITÉ-MATIÈRES. — COMPTABILITÉ JOURNALIÈRE.

—**Mandats français**. — N° 1401, mandats ordinaires. — — N° 1402, bons de poste. — N° 1406 *bis*, enregistrement des mandats-cartes. — N° 1403, mandats télégraphiques de départ. — N° 1410, mandats télégraphiques d'arrivée.

— **Mandats internationaux**. — N° 1405 mandats-cartes. — N° 1404 mandats avec avis d'émission. — N° 1408 mandats d'abonnement aux journaux. — N° 1403 *bis* mandats télégraphiques de départ. — N° 1410 *bis* mandats télégraphiques d'arrivée.

— Les registes N°s 1401, 1402 et 1405 sont mis en emploi suivant l'ordre des numéros de série (art. 195).

— Il est interdit d'emprunter des registres de mandats ou de bons de poste et d'employer la voie télégraphique pour transmettre les demandes qui n'ont pas été formées en temps utile (art. 199).

— Les formules de mandats et de bons de poste destinées tant au bureau qu'à ses recettes auxiliaires doivent être frappées des timbres horizontaux du bureau, dès la réception des registres (art. 204).

Les registres pour les facteurs-receveurs sont envoyés à ces derniers qui les griffent et les renvoient au bureau d'attache chargé de les conserver.

Ceux pour les recettes auxiliaires sont conservés par le bureau d'attache qui les envoie au fur et à mesure des besoins (art. 205).

— Les registres de mandats et de bons de poste ainsi que les carnets n° 1413, non entamés, sont conservés en lieu sûr et dans un meuble fermant à clef. Les registres et carnets entamés sont traités de la même manière, en dehors des heures de vacation (art. 206).

— Registre n° 1540 de la comptabilité-matière des formules de mandats n°s 1401, 1402 et 1403 (art. 210-211).

— En fin de quinzaine, état n° 1541 dont les indications doivent être en concordance avec celles du registre n° 1540 et des états de quinzaine n° 1421 et n° 1422 (art. 212).

Vérifier si les indications fournies par les diverses parties du registre n° 1540 concordent avec celles (éléments de contrôle) relevées à la Direction et si le nombre des formules n°s 1401, 1402 et 1403, existant au bureau est conforme à ces indications.

— Les totaux journaliers de chaque registre de mandats sont réunis au verso de la souche du dernier mandat émis de la journée : sur le registre n° 1401, pour les mandats français et les bons de poste ; sur le registre n° 1403, pour les mandats internationaux.

À ces totaux sont ajoutés les chiffres des opérations effectuées dans les établissements secondaires ressortissant au bureau.

Les totaux généraux fournis par ces deux récapitulations sont reportés, en fin de journée, dans les colonnes respectives du sommier des recettes (art. 2177).

Vérifier, par pointage, l'exactitude des additions et des reports sur le sommier.

— Les comptes n° 1421 (mandats français et bons de poste émis), n° 1422 (mandats internationaux émis), n° 1427 (mandats français et bons de poste payés), n° 1428 (mandats internationaux payés) doivent être tenus, au jour le jour.

Ils doivent être établis hors de la vue du public et, autant que possible, par des agents n'ayant pas participé aux opérations des guichets.

Les mandats n° 1401 du service intérieur sont inscrits à l'état n° 1421, le jour de leur émission ; les mandats-cartes, les mandats télégraphiques et les bons de poste y sont portés, par catégorie, à la fin de chaque quinzaine, à la suite des mandats n° 1401. L'inscription des mandats d'abonnement est précédée de la lettre « A ». Celle des mandats de protêts, de la lettre « P ».

Pour les mandats internationaux, ce sont les mandats-cartes n° 1405 qui sont inscrits le jour de leur émission; les autres y sont portés par catégorie, en fin de quinzaine (art. 2307, 2308).

— Les mandats français payés, ainsi que les autorisations de payement, sont séparés par exercice et inscrits, le jour même du payement, à l'état n° 1427. Toutefois les mandats télégraphiques sont portés, sous leur titre en fin de quinzaine à la suite des autres mandats (art. 2307).

— L'inscription des mandats de recouvrement est précédée, en marge, sur les comptes n°s 1421 et 1422, de la mention à l'encre rouge « R » ou « Remb. » suivant qu'il s'agit de valeurs recouvrées ou d'envois contre remboursement (art. 2308).

— Les bons de poste payés par le bureau et les établissements secondaires qui en dépendent sont classés par année d'émission et par catégorie de valeur, puis inscrits, en nombre, en fin de quinzaine, au tableau 2 de l'état n° 1427 (art. 2309).

— Les totaux journaliers doivent être cumulés entre eux, sur les souches des registres, par quinzaine. En fin de mois, les totaux de la première quinzaine doivent être cumulés avec ceux de la deuxième quinzaine (art. 2178).

Mandats français n° 1401.

— Leur montant est illimité. Maximum de 500 francs pour les colonies et de 1.000 francs pour les bureaux français à l'étranger (art. 1146).

— Droit à percevoir : 5 centimes par 5 francs ou fraction de 5 francs, jusqu'à 20 francs — 25 centimes de 20 fr. 01 à 50 francs. — 50 centimes de 50 fr. 01 à 100 francs — 75 centimes de 100 fr. 01 à 300 francs — 1 franc de 300 fr. 01 à 500 francs. Au-dessus de 500 francs, 25 centimes par 500 francs ou fraction de 500 francs.
Pour les mandats à destination des colonies françaises, le minimum est de 25 centimes.
Dans les relations entre la France, l'Algérie, les colonies françaises, les bureaux français du Maroc et de Tripoli de Barbarie, d'une part, et les autres bureaux français à l'étranger, d'autre part, ainsi que dans les relations de ces derniers bureaux entre eux, le droit à percevoir est de 0 fr. 25 c. par 50 francs ou fraction de 50 francs.
Ce droit est acquis au Trésor après la remise du mandat au déposant (art. 1149).

— Les mandats ordinaires émis en France, en Algérie et dans les bureaux français à l'étranger, à destination de la Tunisie, sont établis sur formule n° 1401. Ils sont soumis aux mêmes règles et aux mêmes droits que ceux du régime intérieur (art. 1166 *bis*).

— Exemption du droit sur les mandats de 50 francs et au-dessous adressés aux militaires et marins en campagne (art. 1150).

— Rédaction des mandats. La somme à payer, francs et centimes, est indiquée en toutes lettres. — La partie non employée aux filets est barrée par un fort trait de plume. — L'indication manuscrite du mois d'émission doit être portée en toutes lettres (art. 1152).

— Il ne peut être adressé des mandats sous des initiales (art. 1154).

— Découpage des chiffres latéraux. Indication des centimes. Timbrage du mandat et de la déclaration de versement.
Pour les mandats dont le montant excède 300 francs, tous les chiffres latéraux sont laissés adhérents au mandat et le montant

est reproduit, en chiffres, sur le côté gauche du titre. Il est pris note, à la souche, de l'heure d'émission du titre (art. 1157).

Vérifier, pour chaque mandat, si la somme représentée par les chiffres latéraux découpés concorde bien avec celle portée sur la souche.

— Interdiction de surcharger ou de raturer un mandat et d'y rattacher des chiffres latéraux détachés par erreur (1158).

— Formules annulées, à barrer en croix, sont jointes, en fin de quinzaine, à l'état n° 1541. Les motifs de l'annulation sont indiqués sur la formule et sur la souche (art. 1159).

— Pour les mandats au-dessus de 300 francs, *à destination de la France, de l'Algérie, de la Tunisie et des bureaux français à l'étranger*, il est établi un avis d'émission détaché d'un carnet à souche n° 1413 (art. 1160-1161-204). L'avis est expédié sous une enveloppe n° 1439. Note est prise sur la souche correspondante du carnet, de la dépêche dans laquelle il a été expédié.
Cet avis est daté, frappé du timbre à date et signé par le receveur qui y mentionne l'heure d'émission du mandat auquel il se réfère, et, avant de l'expédier, le rapproche du registre à souche n° 1401 (art. 1160).

— Pour les mandats excédant 2.000 francs, le bureau d'origine envoie immédiatement à sa direction départementale, un duplicata de l'avis de versement établi au verso d'une formule n° 1438 qu'il insère dans une enveloppe n° 1439. — De son côté, dès la réception de l'avis de versement, le receveur du bureau destinataire envoie à la direction du département du bureau d'origine, sous enveloppe n° 1439, un duplicata de cet avis de versement également établi sur une formule n° 1438 (verso).
Mention doit être faite sur la souche du carnet n° 1413, de la date d'établissement et d'envoi de l'avis n° 1438 ainsi que de l'acheminement donné à cet avis (art. 1160).

— Toutes les formules du carnet n° 1413 existant au bureau doivent être frappées, au préalable, des timbres horizontaux du bureau (art. 204).

— Interdiction de délivrer un deuxième duplicata d'avis de versement sans autorisation de l'Administration (art. 1206).

— Demande d'avis de payement. Apposition sur le mandat d'un timbre-poste de 10 centimes annulé par une empreinte du timbre AR. Le timbre AR est également appliqué sur la souche (art. 1164).

— Demande d'avis de payement formulée postérieurement au dépôt des fonds (art. 1164 *bis*).

— A la réception, l'avis de payement n° 1414 est inséré dans une enveloppe n° 819, à l'adresse du déposant. Il est distribué sans taxe. Mention de la date d'envoi est faite sur la souche (art. 1196).

— Délais de validité. — Mandats périmés. — Visa pour date (art. 1167-1168).

Demande sur feuille timbrée à 60 centimes (art. 1200). Une seule demande suffit pour plusieurs mandats périmés présentés en même temps. — Remise au déposant d'un récépissé détaché du carnet à souche n° 1432 (art. 1198).

— Justification d'identité des bénéficiaires. Mention des pièces présentées à porter au dos des mandats payés. Si le bénéficiaire est connu, cette mention est remplacée par le mot « *Connu* ». Les enveloppes des lettres ordinaires distribuées poste restante ne sont pas admises, qu'elles aient ou non contenu les titres présentés au payement (art. 1171-1172-1176).

— Payement en présence de deux témoins ou sur la production d'un certificat d'identité délivré par le maire ou le commissaire de police et attestant que le bénéficiaire ne sait ou ne peut signer (art. 1178).

— Mandats préalablement acquittés par les bénéficiaires peuvent être payés à un tiers porteur, s'ils sont revêtus d'un timbre de mairie ou de police ou d'une griffe commerciale et aussi si le tiers porteur présente une pièce authentique au nom du bénéficiaire (art. 1179).

— Le payement des mandats peut avoir lieu, entre les mains de fondés de pouvoir, en vertu de procurations ou d'extraits de procurations établis sur formules n° 776 revêtues d'un timbre mobile de 60 centimes (art. 1181).

— Les mandats adressés sous une raison sociale peuvent être payés entre les mains d'une personne ; mais celle-ci doit justifier, au préalable, de sa qualité et de ses titres, par la production d'un acte authentique ou de notoriété (art. 1185).

— Lieu et date de payement à porter par les bénéficiaires. Apposition du timbre à date, au moment même du payement. Indication de l'adresse des bénéficiaires au verso du titre (art. 1174).

— Inscription immédiate sur le registre n° 1442. — En cas d'affluence du public, cette inscription peut être limitée à l'indication du numéro et du montant du titre payé (art. 1175).

— Le montant des mandats et des bons de poste payés par les établissements secondaires relevant du bureau est inscrit en une seule ligne, sur le registre n° 1442, et cumulé, en fin de journée, au sommier des dépenses, avec le montant des mandats payés par le bureau (art. 2233).

Vérifier l'exactitude des inscriptions sur le registre n° 1442, des additions journalières et des reports sur le sommier des dépenses.

— Les totaux journaliers du registre n° 1442 sont cumulés,

chaque jour, jusqu'à la fin de la quinzaine, et les totaux des deux quinzaines doivent être cumulés, à la fin du mois (art. 2236).

— Insuffisance de fonds en caisse pour le payement des mandats. — Il doit en être demandé immédiatement (art. 1177).

— Les mandats de pécule des condamnés libérés ne sont payables que par le bureau indiqué sur le titre (art. 1187).

— Bordereaux n° 1443 pour l'inscription des mandats à payer, présentés en nombre. — Leur enregistrement sur le registre n° 1442. — Mention du nombre des titres payés doit être faite sur le registre. — Mention sur le bordereau, du numéro sous lequel il est inscrit au registre (art. 1193).

— Payement d'un mandat avec avis de payement. — Mention de la date de l'envoi de l'avis n° 1414 est faite dans la dernière colonne du registre n° 1442 (art. 1195).

— Irrégularités qui empêchent le payement des mandats (art. 1197). — Régularisation des mandats irréguliers (art. 1202-1203-1204-1209, etc.).

— Interdiction de payer un mandat irrégulier, d'après une formule n° 1438 ou n° 1441 envoyée, d'office, par le bureau d'émission (art. 1208).

— Payement de la somme la plus faible. — Manière de procéder pour l'inscription, dans les écritures, du payement complémentaire (art. 1217-1218).

— L'absence du timbre à date sur un mandat originaire des colonies ou d'un bureau français à l'étranger n'est pas une cause de non-payement si l'enveloppe de la lettre d'envoi est présentée. On porte alors, au verso du titre, la mention « *Payé sur le vu de la lettre d'envoi timbrée de..... le.....* » (art. 1220).

— Remboursement entre les mains de l'expéditeur (art. 1226).

— Autorisations de payement remplaçant les mandats perdus ou détériorés. Elles sont délivrées par l'Administration, sur réclamation formulée sur feuille timbrée à 60 centimes (art. 1228).

— Les mandats adressés aux militaires et marins ne peuvent être payés qu'aux vaguemestres qui doivent y inscrire le numéro matricule des bénéficiaires (art. 1235).
Ceux adressés aux militaires et marins isolés ou rentrant dans leur foyer peuvent être payés directement aux bénéficiaires qui doivent présenter leur livret militaire ainsi qu'une feuille de route ou une permission (art. 1172).
Pour ces derniers, il est bon de s'assurer, par mesure de précaution, que le numéro matricule de leurs effets est le même que celui qui figure sur le livret présenté.

Mandats-cartes français

— Les formules de mandats-cartes sont remises gratuitement au public, jusqu'à concurrence de 50. Au-dessus de ce nombre, elles sont vendues 30 centimes le cent. Elles ne doivent pas être frappées des timbres horizontaux du bureau, au moment de leur remise au public (art. 1249).

— Rédaction des mandats par l'expéditeur ou par le préposé, si l'expéditeur le désire (art. 1250).

— Perception de la taxe de factage par l'apposition, sur le titre, d'un timbre-poste de 10 centimes à annuler avec le timbre à date (art. 1252),

— Application des timbres horizontaux et du timbre à date. Enregistrement au carnet nº 1406 *bis*. Mention de l'heure d'émission si le mandat excède 300 francs. Remise du récépissé au déposant (art. 1253-1254-1255).
Le mandat est transmis à découvert (art. 1259).

— En cas d'erreur dans l'enregistrement, l'inscription est annulée et le récépissé est joint, en fin de quinzaine, à l'état des mandats émis (art. 1253).

— Pour les mandats-cartes au-dessus de 300 francs, avis de versement nº 1413 qui est épinglé au mandat et expédié avec lui, dans une enveloppe nº 1439. L'heure d'émission du mandat est indiquée sur l'avis nº 1413 (art. 1256-1259).

— Les mandats-cartes adressés ou réexpédiés « *Poste restante* » sont chargés d'office et enregistrés au registre nº 510 (art. 441-1259).

— Mandat-carte adressé « *Poste restante* » parvenant avec les correspondances ordinaires (art. 1270).

— Mandat-carte recommandé. — Droit supplémentaire de 25 centimes. — Il est soumis aux mêmes formalités qu'une lettre recommandée. Si son montant excède 300 francs, l'avis nº 1413 s'y rapportant est épinglé au mandat et expédié avec lui dans une enveloppe nº 1439 (art. 1257-1259).

— Tout mandat-carte trouvé à la boîte est envoyé à l'Administration centrale (articles d'argent), accompagné d'une formule nº 1437 donnant les explications nécessaires (art. 1262).

— Les mandats-cartes sont payables à domicile, sauf ceux adressés « *Poste restante* » ou à des militaires ou des civils desservis par un vaguemestre (art. 1267).

— A leur réception, les mandats-cartes sont frappés du timbre à date, au verso (art. 1268).

— Irrégularités qui en empêchent le payement (art. 1270).
Absence de l'avis nº 1413 pour ceux au-dessus de 300 francs. Un avis nº 1441 est adressé au bureau d'émission (art. 1271).

— Les mandats à payer à domicile sont inscrits sur le registre n° 1425 et au verso d'un bordereau n° 1491 spécial à chaque facteur (art. 1275-1276).

— Les facteurs donnent décharge sur le registre n° 1425, des mandats-cartes et des sommes dont ils prennent livraison (art. 1277).

— Les mandats-cartes recommandés sont, en outre, inscrits sur le carnet n° 759 du facteur chargé d'en payer le montant (art. 1278).

— Les destinataires portent eux-mêmes, sur les mandats, le lieu et la date du payement ; le coupon leur est remis (art. 1279).

— Payement à un bénéficiaire illettré (art. 1282).

— En cas de non-payement, les motifs en sont indiqués, par le facteur, sur son bordereau n° 1491 (art. 1285).

— A sa rentrée au bureau, chaque facteur remet son bordereau n° 1420 et rend compte des mandats qui lui ont été confiés (art. 1287).

— Le receveur indique les résultats de la présentation dans les colonnes *ad hoc* du registre n° 1425 et appose sa signature en regard de chaque inscription (art. 1288).

— Les mandats payés sont immédiatement frappés du timbre à date.
Ils sont totalisés, par journée, sur le registre n° 1425 et inscrits en bloc, en fin de journée, sur le registre n° 1442, avec la mention « *Mandats-cartes payés à domicile* » (art. 1290).

— Il ne doit pas être fait plus de deux présentations à domicile. La seconde présentation donne lieu à une nouvelle inscription au registre n° 1425 ainsi que sur un bordereau n° 1491.

— Comment doivent être traités les mandats impayés (art. 1291).

— La suite donnée en cas de non-payement doit être indiquée dans la dernière colonne du registre n° 1425 (art. 1292).

— Les mandats-cartes qui doivent être payés au guichet, après avoir été présentés deux fois à domicile, donnent lieu à l'établissement d'une lettre d'avis n° 1431.
Il est également établi une lettre d'avis n° 1431 pour tout mandat-carte adressé « *Poste restante* » (art. 1294-1295).

— Le payement au guichet d'un mandat déjà présenté à domicile n'a lieu que sur la production de la lettre d'avis n° 1431 et après les justifications ordinaires (art. 1296).

— Les mandats-cartes adressés « *Poste restante* » ne peuvent être payés que sur justification d'identité (art. 1299).

— Après payement, les lettres d'avis n° 1431 sont classées dans les archives du bureau (art. 1298).

— Le bénéficiaire d'un mandat-carte à encaisser au guichet peut donner procuration, à l'aide de la lettre d'avis n° 1431 qui, dans ce cas, est jointe au mandat (art. 1300).

Mandats d'abonnement aux journaux français.

— Le carnet n° 1516 qui indique les conditions des abonnements aux journaux doit être tenu au courant des rectifications (art. 1310).

— Les mandats sont établis sur des formules n° 1401 auxquelles est épinglée une fiche n° 1407. Cette fiche doit, autant que possible, être remplie par l'expéditeur. — En sus du droit ordinaire, il est perçu un droit fixe de 10 centimes.

La mention « *Abonnement* » est inscrite, en caractères très apparents, sur le mandat et sur la souche (art. 1312).

— Transmission des mandats sous enveloppe n° 1415 (art. 1313).

Mandats télégraphiques français.

— Seuls les bureaux qui figurent à la nomenclature télégraphique avec le signe ⊠ ou le signé ▱ peuvent émettre et recevoir des mandats télégraphiques (art. 1322).

— Maximum des mandats télégraphiques: 5.000 francs pour les bureaux ⊠ ; 100 francs pour les bureaux ▱ (art. 1323).

— Les dispositions concernant l'émission des mandats télégraphiques français sont applicables à l'émission de ceux à destination de la Tunisie ; mais à la réception, ils sont traités comme mandats télégraphiques internationaux d'arrivée (art. 1321-1510).

— Le bulletin de dépôt n° 1411, à remplir par l'expéditeur, est annexé à la souche correspondante du registre n° 1403.

Si l'expéditeur refuse ou ne sait pas écrire, l'agent rédige quand même le mandat et mentionne sur la souche le motif du non-établissement du bulletin n° 1411 (art. 215-245 T).

— Communication particulière à l'adresse du bénéficiaire, écrite par l'expéditeur, sur le bulletin n° 1411 (art. 218 T). Elle est reproduite sur le mandat par l'agent du guichet (art. 233 T).

— Indications éventuelles autorisées (art. 219 T).

— Demandes d'avis de payement par la poste et par le télégraphe. Les mots « *avis de payement* » écrits après le nom du bureau destinataire sont taxés 10 centimes. — La mention « *télégraphier payement* » est également taxée et il est perçu le prix d'un accusé de réception (art. 220-221 T).

— Différents droits à percevoir (art. 239 T).

— Annulation avant transmission (art. 228 T).

— Retrait après transmission (art. 227-229-230 T).

— Télégramme mandat accepté à tort (art. 231 T).

— Compte des mots. — Tous les mots compris dans la partie encadrée d'un filet rectangulaire sont soumis à la taxe. Les nombres en lettres servant à exprimer le montant de la somme versée doivent être groupés en une seule expression. Ne doivent pas être taxés les mots *à* et *n°* qui existent sur les formules d'un tirage ancien (art. 238 T).

— S'il s'agit d'un destinataire masculin, le mot « *Monsieur* » peut être omis. Si la destinataire est du sexe féminin, le nom est précédé obligatoirement de « *Madame* » ou « *Mademoiselle* », sauf le cas où cette indication fait double emploi avec celle d'une qualité, d'un titre, d'une fonction permettant de déterminer clairement la personnalité de l'ayant droit (art. 237 T).

— Rédaction du mandat d'après les indications du bulletin n° 1411. — Le montant du mandat et le droit postal sont seuls enregistrés à la souche du registre n° 1403 et sur le récépissé remis au déposant. — Le mandat doit être signé lisiblement par l'agent qui l'établit (art. 223-240 T).

— Il est fait recette des taxes télégraphiques et accessoires sur le journal A 1. Le détail de ces taxes est rappelé au bas du mandat-minute (art. 241-242 T).

— Abréviations admises dans la rédaction des mandats (art. 224 T).

— Interdiction de raturer et de surcharger aucune des pièces du registre n° 1403 (art. 225 T).
En cas d'erreur, la souche, le mandat et la déclaration de versement sont barrés en croix et rattachés au registre (art. 226 T).

— Avis d'émission n° 1413 à extraire d'un carnet à souche dont toutes les formules doivent, au préalable, être frappées des timbres horizontaux (art. 204 I. G).
Ils sont expédiés, par le plus prochain courrier, sous enveloppe n° 1453 (art. 232-233 T).
Vérifier, à l'aide d'un pointage, si cette dernière obligation est remplie et s'il est pris note, sur les souches, des dépêches dans lesquelles les avis n° 1413 sont expédiés.

— Pour les mandats télégraphiques excédant 2.000 fr., il est établi, comme pour les mandats n° 1401, un avis d'émission sur formule n° 1438 (verso) (art. 234 T).

— A l'arrivée, les mandats télégraphiques sont transcrits sur le registre n° 1410 (art. 255-256-258 T).

— Interdiction des ratures et des surcharges. Les formules annulées sont barrées en croix et laissées adhérentes au registre (art. 259 T).

— Remise du mandat au service postal contre un reçu n° 708 (art. 263 T).

Cette prescription ne nous paraît pas être applicable aux bureaux mixtes.

— L'avis d'arrivée (mod. D) est inséré dans une enveloppe n° 711 qui doit être revêtue des mentions très apparentes « *Mandat* » et « *Remettre en mains propres* ». Cette enveloppe est accompagnée d'un reçu n° 708. On y insère, le cas échéant, la communication particulière à l'adresse du destinataire, écrite sur une formule bleue ordinaire n° 701 (art. 257-264 T.).

— L'avis D doit être recommandé d'office, si la remise au destinataire doit en être effectuée par le service postal (art. 266 T).

— Les fonds nécessaires pour assurer le payement d'un mandat télégraphique doivent être demandés d'urgence, au besoin par la voie télégraphique (art. 1361).

— Justifications d'identité. — Inscription sur le registre n° 1442. Mention spéciale : « *Mandat télég.* », en regard de chaque inscription (art. 1362-1363).

Au sujet des pièces d'identité, il est bon, pour éviter les discussions qui se produisent fréquemment, de prescrire aux receveurs d'afficher, à côté du guichet, un tableau indiquant les pièces qui peuvent être présentées. Ces pièces sont désignées à l'art. 729 de l'instruction générale.

— Payement facultatif à domicile (art. 274 *bis* T).

— Notification d'avis de payement par la poste (art. 277 T), par le télégraphe (art. 275-276 T).

— Les avis d'émission n° 1413 non parvenus dans le délai normal — deux jours d'un bureau de France — cinq jours d'un bureau d'Algérie — donnent lieu à l'établissement d'une réclamation sur formule n° 1440 (art. 280 T).

— A la réception d'un mandat excédant 2.000 fr., il est envoyé sous enveloppe n° 1439, au directeur du département du bureau d'origine, un avis sur formule n° 1438 (art. 278 T).

— Délais de validité : 5 jours dans le service intérieur; un mois dans les relations franco-coloniales ; 10 jours pour les mandats adressés à des militaires des corps d'armée d'Algérie et de Tunisie (art. 281 T).

— Réexpédition des mandats télégraphiques par la voie postale et par la voie télégraphique (art. 285 à 286 T).

— Les mandats qui n'ont pas pu être payés pour une cause quelconque sont, à l'expiration du délai de validité, renvoyés au bureau d'origine.

Ils sont transmis, sous recommandation d'office, accompagnés de l'avis D, de l'avis d'émission et d'une fiche indiquant les motifs de non-payement (art. 1368).

— Les mandats ainsi renvoyés sont remboursés aux expéditeurs, contre remise de la déclaration de versement et après justification d'identité. Ils sont considérés comme des mandats ordinaires pour les délais de validité (art. 1373).

— Les mandats non réclamés sont renvoyés à l'Administration, huit jours avant l'expiration du délai de validité (art. 1374 *bis*).

Mandats-cartes internationaux n° 1405.

— Pays pour lesquels il en est fait usage (art. 1399). — Maximum (art. 1400).

— Monnaie en laquelle ils sont établis (art. 1401). — Tables de conversion (art. 1402).

— Droit de commission (art. 1403).

— Indication à la souche du montant en monnaie étrangère (art. 1404).

— Mention, sur la souche et sur le mandat, de l'adresse complète du destinataire. — Interdiction des ratures et des surcharges sur la souche et sur le mandat (art. 1404).

— Les formules annulées sont barrées en croix et jointes, en fin de quinzaine, à l'état n° 1541. Mention en est faite, sur la souche, avec indication du motif de l'annulation (art. 1405).

— Avis de payement. Apposition sur le mandat d'un timbre-poste de 10 centimes qui est annulé par la mention « *Avis de payement* » (art. 1407).
Par analogie avec les mandats français, cette mention est également appliquée sur la souche où une mention est portée, à la réception de l'avis.

— Mention, qui doit être signée, est faite, sur la souche, de la dépêche dans laquelle le mandat est expédié (art. 1412).

— Timbrage à l'arrivée (art. 1268).

— Irrégularités qui empêchent le payement (art. 1423).

— Le payement à domicile s'effectue dans les mêmes conditions que celui des mandats-cartes français (art. 1427). Il donne lieu à la perception de la taxe de factage de 10 centimes (art. 1433). Cette perception est constatée par l'apposition, par le facteur-payeur, à l'angle gauche supérieur du mandat, d'un timbre-poste de 10 cent. qui est annulé par une empreinte du timbre à date, à la rentrée au bureau. La perception de cette taxe est mentionnée dans la colonne *ad hoc* du registre n° 1425 (art. 1435).

— Sur les bordereaux n° 1420 remis aux facteurs, les mandats-cartes internationaux doivent être séparés des mandats-cartes français (art. 1434).

— Le coupon doit être remis au destinataire (art. 1436).

P. Fauque. — *Guide-Memento.*   3

— Tout mandat dont le destinataire est inconnu, parti sans adresse, ou en cas de refus, doit être renvoyé immédiatement au bureau d'origine (art. 1437).

— Le payement direct au guichet « *Poste restante* » ou à un vaguemestre, ne donne pas lieu à la perception de la taxe de factage. Cette taxe n'est perçue que pour les mandats qui, après avoir été présentés à domicile, sont payés au guichet (art. 1447).

— Réexpédition en cas de changement de résidence du destinataire (art. 1438 à 1446).

— Mention de la réexpédition est faite sur le répertoire de la correspondance partante (art. 1442).

— Inscription des mandats internationaux payés dans les colonnes ad hoc du registre n° 1442. Au-dessous du nom du bureau d'origine doit figurer celui de l'office (art. 1449).

— Délais de validité (art. 1429).

— Les mandats-cartes internationaux qui n'ont pu être payés dans les délais de validité sont transmis à l'Administration centrale (articles d'argent) avec une formule n° 1437.
Un avis de la présence du mandat au bureau est toutefois adressé au bénéficiaire, à la fin de l'avant-dernier mois du délai de validité ; mention de la remise de cet avis est faite, à la troisième page de la formule n° 1437 (art. 1431).

Mandats internationaux avec avis d'émission n° 1404.

— Pays pour lesquels il est fait emploi de ce mandat (art. 1459-1460). — Maximum (art. 1462). — Monnaie en laquelle ils sont établis (art. 1461). — Droit de commission (art. 1463).

— Mention sur la souche et sur l'avis d'émission, des noms et prénoms de l'envoyeur et du destinataire, ainsi que de l'adresse complète de ce dernier (art. 1465-1466).

— Les formules annulées sont jointes, en fin de quinzaine, à l'état des mandats internationaux émis n° 1422 ; le motif de l'annulation est indiqué à la souche correspondante (art. 1468).

— Les avis d'émission sont expédiés sous enveloppe n° 1417.
Mention, à la souche du registre n° 1404, de la dépêche dans laquelle l'avis est expédié (art. 1469).

— Avis de payement admis seulement avec la Grande-Bretagne, le Canada et l'île de Malte. — Mêmes dispositions que pour les mandats n° 1401 (art. 1471).

— Les avis d'émission provenant de l'étranger doivent être frappés du timbre à date à leur arrivée (art. 1475).

— Délais de validité (art. 1476). — Justifications d'identité des porteurs (art. 1480).

— Irrégularités qui font surseoir au payement des mandats n° 1404 (art. 1481).

— Les avis d'émission sont joints aux mandats payés. — Ceux-ci sont inscrits au registre n° 1442, dans la forme prescrite pour les mandats-cartes internationaux (art. 1486).

— L'office tunisien n'établit d'avis d'émission que pour les mandats au-dessus de 300 francs (art. 1474).

Mandats d'abonnements internationaux.

(Articles 1489 à 1499.)

Mandats télégraphiques internationaux.

— Bureaux pour lesquels ils peuvent être émis (art. 1501).

— Maximum (art. 1502). — Différents droits à percevoir (art. 1508).

— Monnaie en laquelle ils sont établis. Comme pour les mandats internationaux ordinaires (art. 1509).

— Avis d'émission n° 1413 extraits d'un carnet à souche, à griffer à l'avance (art. 204).
Ils sont transmis aux bureaux payeurs sous enveloppe n° 1417. Ceux relatifs à des mandats à destination de la Grande-Bretagne sont adressés au « Chief money order office », à Londres (art. 233 T).

— A l'arrivée, ils sont transcrits sur le registre n° 1410 bis. — Quand un mandat originaire de Tunisie excède 1.000 francs, tous les chiffres latéraux sont laissés adhérents à la souche ; le montant du mandat est indiqué, en toutes lettres, en marge de la formule (art. 1510).

— Ils peuvent être réexpédiés, par la poste, dans les mêmes conditions que les mandats français. Si la réexpédition est faite sur l'étranger, toutes les pièces sont transmises sous enveloppe n° 1416 recommandée d'office (art. 1510 bis).

— Sauf dans les relations avec la Grande-Bretagne, ils peuvent aussi être réexpédiés par la voie télégraphique. Cette réexpédition ne doit, en aucun cas, avoir lieu avant l'arrivée de l'avis d'émission (art. 1510 ter).

— Les mandats télégraphiques internationaux sont valables pendant les mêmes délais que les mandats postaux de même origine.
Toutefois, pour ceux originaires de Tunisie, les délais de garde sont les mêmes que pour ceux du service intérieur (art. 1512).

— Les mandats refusés et ceux dont les destinataires sont inconnus ou partis sans laisser d'adresse, sont renvoyés immédiatement au bureau d'origine, sous recommandation d'office.

Ceux périmés sont transmis, sous recommandation d'office, à l'Administration centrale (3e division, 3e bureau) (art. 1512 *bis*).

— Toutes les autres dispositions relatives au service des mandats télégraphiques français sont applicables aux mandats télégraphiques internationaux, tant de départ que d'arrivée (art. 1503). Toutefois, dans les relations internationales, l'avis de payement n'est admis qu'avec la Grande-Bretagne, le Canada et l'île de Malte.

Bons de poste.

— Le montant d'un bon de poste peut varier de 1 à 20 francs et comporter des centimes sans fraction de demi-décime (art. 1376).

— Droit : 0 fr. 05 jusqu'à 10 francs; 0 fr. 10 c., de 10 fr. 05 à 20 francs (art. 1377).

— La valeur du bon doit être inscrite en toutes lettres sur le bon (art. 1378).

— Demande d'avis de payement. Application sur le bon, d'un timbre de 10 centimes oblitéré par le timbre « *AR* » ou par la mention « *Avis de payement* » à l'encre rouge. — Le nom de l'expéditeur est, dans ce cas, inscrit à la souche (art. 1379).

— Payement au porteur sur la simple production d'un acquit conforme au nom inscrit sur le titre (art. 1381).

— Délai de validité. 2 mois (art. 1380).

— Payement des bons périmés (art. 1385).

— Suspension de payement des bons irréguliers (art. 1386). — Régularisation des bons (art. 1387).

— Remplacement des bons par une autorisation de payement (art. 1389-1390).

— Les autorisations de payement sont valables pendant les 5 mois qui suivent l'expiration du délai de prescription du titre primitif (art. 1391).

— Les autorisations sont conservées par les bureaux. Avis de leur arrivée est donné aux bénéficiaires (art. 1392).

— Payement des autorisations (art. 1393).

— Autorisations de payement prescrites (art. 1394).

CHAPITRE V

CAISSE NATIONALE D'ÉPARGNE

Il est tenu, dans chaque Direction, un répertoire comprenant les livrets qui ont été l'objet, dans un bureau simple du département, de remboursements partiels de 400 francs et au-dessus. ainsi que des remboursements intégraux de 400 francs et au-dessus, au profit de bénéficiaires illettrés.

Une fiche n° 195 est établie pour les livrets de la série en cours dans le département.

Deux fois par an, en juin et en décembre, se faire communiquer les registres n° 99 en usage dans deux bureaux simples. depuis le 1er janvier ou le 1er juillet de l'année courante. — Rapprocher les registres et les fiches.

Le 10 juillet ou le 10 janvier, au plus tard, le résultat de l. vérification est notifié à la Direction de la Caisse national d'Épargne (1er bureau, 1re section), par note spéciale, avec indi cation des bureaux sur lesquels a porté le contrôle. (Inst⁰ⁿ n° 88

— En cours de vérification, voir, en premier lieu, si le total des premiers versements et des versements ultérieurs inscrits en recette, ainsi que celui des remboursements inscrits en dépense. concordent bien avec les chiffres (éléments de contrôle) qui on été relevés à la Direction, sur le carnet n° 7.

Détailler ensuite, par journée, sur le relevé n° 201, le nombre et le montant des premiers versements, des versements ultérieurs et des remboursements effectués et portés dans les écritures, après la dernière journée inscrite à la Direction, au moment où les éléments de contrôle ont été relevés.

Il n'y a pas lieu de décrire sur la formule n° 201, les avis d'émission de remboursement en instance au bureau, mais il convient d'examiner si chacun de ces avis émane bien de la Direction détentrice du compte courant.

On ne doit signaler sur le relevé n° 201 que les remboursements demandés, au dire du receveur, mais non encore autorisés. que ce comptable invoquerait pour conserver une encaisse supplémentaire (*Circulaire n° 112 de la Direction de la Caisse nationale d'épargne, en date du 20 novembre 1898*).

Premiers versements.

— Les sommes versées, à titre de premier versement, sont enregistrées sur le carnet à souche n° 4 (art. 120 C. N. E.) et il est remis à la partie versante un récépissé détaché de ce carnet (art. 121 C. N. E.).

Il est fait exception à cette règle quand le déposant demande un livret d'une série autre que celle du département où est effectué le premier versement. Dans ce cas, il est remis au déposant un bulletin n° 21 et il est fait recette de la somme versée à l'art. « *Fonds reçus des receveurs des postes* ». La demande de fonds correspondante, établie au nom du receveur principal du département où doit être ouvert le livret, est adressée au directeur, accompagnée des deux expéditions de la demande de livret (art. 151 *bis*, 151 *ter* C. N. E.).

— Toutes les indications figurant sur les demandes de livret doivent être reproduites sur les souches correspondantes du carnet n° 4 (art. 42 C. N. E.).

— Toutes les quittances d'un carnet n° 4 doivent être frappées des timbres horizontaux du bureau, dès la réception du carnet. Les carnets non entamés doivent être tenus sous clef (art. 129 C. N. E.).

— Le carnet n° 4 ne doit présenter aucune lacune, ni dans l'enregistrement des sommes déposées, ni dans l'ordre numérique des quittances, ni dans la pagination (art. 127 C. N. E.).

Aucun carnet ne peut être commencé avant achèvement intégral du précédent (art. 128 C. N. E.).

Voir si le carnet précédent a été intégralement rempli.

— Le carnet n° 4 est additionné par journée et les totaux journaliers sont cumulés entre eux, du commencement à la fin de chaque mois (art. 131 C. N. E.). Le total journalier est inscrit, en fin de journée, sur le sommier des recettes n° 1101 (art. 524 C.N. E.).

Inscription, en fin de journée, sur l'état mensuel n° 23, du nombre et du montant des premiers versements (art. 523 C. N. E.).

Vérifier l'exactitude des additions et du report journalier sur le sommier et sur l'état n° 23.

— Bordereau journalier n° 5 des premiers versements (art. 137 C. N. E.).

— Voir si les sommes portées aux souches sont identiques à celles inscrites sur les quittances, si les dates figurant sur les quittances sont conformes à celles portées sur les souches et si les sommes versées ont été inscrites en recette, le jour même où elles ont été reçues.

— Les quittances qui ont dû être annulées pour un motif quelconque sont annexées aux souches correspondantes du carnet n° 4, après avoir été communiquées à la Direction (art. 136 *bis* C. N. E.).

— Rectification des erreurs commises dans l'inscription des sommes versées, aux souches du carnet n° 4 (art. 133 à 135 C. N. E.).

En cas de rature ou de surcharge, demander le livret en communication pour voir si la somme portée à la souche correspond bien à celle inscrite sur le livret.

— Voir si, quand un nouveau livret parvient au bureau, son numéro est inscrit à la souche correspondante du carnet n° 4.

— Le livret est remis en échange de la quittance qui est rattachée à sa souche, après avoir été datée et signée. Si le porteur de la quittance ne sait ou ne peut signer, le receveur revêt la quittance de la mention « a déclaré ne pas savoir signer » qu'il signe (art. 154 C. N. E.).

— Examiner si les déclarations de perte n° 32, délivrées en échange de quittances perdues, et annexées aux souches du carnet n° 4, sont revêtues de la décharge des intéressés et si elles sont visées par le directeur (art. 158-159 C. N. E.).

— L'intermédiaire des facteurs pour la remise des livrets aux déposants ne peut être employé que sur la demande de ces derniers. — Mention de cette demande doit être faite sur la souche du carnet n° 4 (art. 156-157 C. N. E.).

— Tout livret non retiré dans le délai d'un mois, à compter de la date de sa réception, est renvoyé au directeur départemental avec une fiche de renvoi n° 31. Cette fiche comporte un accusé de réception que la Direction renvoie au bureau et que celui-ci annexe à la souche correspondante du carnet n° 4 pour justifier l'absence du récépissé (art. 160 C. N. E.).

Versements ultérieurs.

— Vérifier si le nombre des formules de déclaration de versement restant au bureau est conforme à celui relevé à la direction départementale (éléments de contrôle) et remplir le tableau de la situation de ces formules, que comporte le rapport de vérification n° 915.

— Enregistrement des sommes versées, au carnet à souche n° 10 (art. 168 C. N. E.).

. — Le timbre épargne, collé sur le livret, est oblitéré par une empreinte du timbre à date appliquée à l'angle inférieur gauche et portant, en partie, sur le livret. Après indication du versement, en lettres sur le livret, et en chiffres dans la colonne n° 3, le receveur date et signe (art. 170 C. N. E.).

L'actif du livret doit être dégagé après chaque opération (art. 171 C. N. E.).

— Toute erreur commise dans une indication manuscrite est réparée par une autre inscription à l'encre rouge; cette inscription doit être approuvée par une mention distincte, à l'encre rouge, qui est signée par le receveur et appuyée par une seconde empreinte de timbre à date. Les grattages, surcharges et interlignes sont rigoureusement interdits (art. 171 C. N. E.).

— Les pages des livrets sont divisées en deux cadres ; chacun d'eux doit être affecté à l'inscription d'une seule opération (art. 171 C. N. E.).

— En cas d'annulation d'une formule, le volant du carnet n° 10 est adressé à la Direction, joint au bordereau des versements ultérieurs n° 11. La cause de l'annulation est indiquée, à l'encre rouge, sur la souche correspondante du carnet n° 10 (art. 175 C. N. E.).

— Il est interdit de rattacher, d'une manière quelconque, aux déclarations de versement et aux timbres-épargne, les languettes portant les nombres en lettres et en chiffres, qui en auraient été détachées à tort (art. 176 C. N. E.).

— Le carnet des versements ultérieurs est totalisé par journée et les totaux journaliers sont cumulés entre eux, du commencement à la fin de chaque mois (art. 178 C. N. E.). Le total journalier est inscrit, en fin de journée, sur le sommier des recettes n° 1101 (art. 524 C. N. E.).
Inscription en fin de journée, sur l'état mensuel n° 23, du nombre et du montant des versements ultérieurs (art. 523 C. N. E.).
Vérifier l'exactitude des additions sur les souches et du report journalier sur le sommier des recettes et sur l'état n° 23.

— Bordereau journalier n° 11 des versements ultérieurs (art. 181-182 C. N. E.).

— S'assurer que les bandes de papier gommé qui relient les tranches du carnet n° 10 sont intactes (art. 195 C. N. E.).

— Les demandes de carnet n° 10 doivent être formées un mois avant l'épuisement présumé de l'approvisionnement ; elles sont établies pour faire face à la consommation pendant quatre mois.
S'assurer que les receveurs conservent les lettres d'envoi n° 177 qui accompagnent l'expédition des carnets (art. 192 C.N.E.).

Remboursements.

Au moment même de la remise des fonds à l'ayant droit, le remboursement est inscrit sur le carnet n° 99. — Il ne doit y avoir aucune lacune dans l'enregistrement des opérations. En cas de remboursement pour solde, le mot *intégral* est inscrit dans la colonne d'observations (art. 284 C. N. E. .

— Erreurs commises dans l'inscription des sommes. — Régularisation (art. 287 C. N. E.).

— Inscription du remboursement sur le livret. — Au-dessous, l'agent payeur appose sa signature et le timbre à date du bureau.

Le timbre à date est également apposé sur la demande et sur l'autorisation de remboursement (art. 272 C. N. E.).

— Il est fait mention, sur l'autorisation, des pièces d'identité présentées par la partie prenante. Cette indication doit être remplacée, s'il y a lieu, par le mot « *Connu* » (art. 270 C. N. E.).

— S'il s'agit d'un remboursement intégral, la partie prenante doit rendre le récépissé mod. 21 qui lui a été remis, quand elle a déposé son livret à l'appui de sa demande. Le receveur inscrit sur ce bulletin la mention « *Remboursement intégral* n°..... *effectué le* ...... ». Il signe cette mention, applique son timbre à date et rattache le bulletin à la souche correspondante (art. 275 C. N. E.).
S'en assurer en vérifiant les souches du carnet n° 21.

— Le carnet des remboursements est totalisé par journée et les totaux journaliers sont cumulés entre eux, du commencement à la fin de chaque mois (art. 285 C. N. E.).

— Le total journalier du carnet n° 99 est inscrit, en fin de journée, sur le sommier des dépenses (art. 524 C. N. E.).
Inscription, en fin de journée, sur l'état mensuel n° 24, du nombre et du montant des remboursements effectués (art. 523 C. N. E.).
Vérifier l'exactitude des additions et du report sur le sommier des dépenses et sur l'état n° 24.

— Bordereau journalier n° 17 des remboursements (art. 288 C. N. E.).

— Les demandes de remboursement intégral doivent être accompagnées du livret, en échange duquel il est délivré un reçu détaché du carnet n° 21 (art. 206 C. N. E.).

— La première partie d'une demande de remboursement doit être frappée du timbre à date, au moment de son arrivée au bureau (art. 260 C. N. E.).
C'est à partir du lendemain de cette date que court le délai de validité d'un mois, des autorisations (art. 276 C. N. E.).
A l'expiration de ce délai, la demande de remboursement doit être renvoyée à la Direction (art. 277 C. N. E.).

— Vérifier si parmi les demandes de remboursement autorisé, en instance, il ne s'en trouve pas dont le délai de validité soit expiré.

— Le receveur ne conserve-t-il pas, à tort, les demandes de remboursement autorisé (1re partie) payables par un autre bureau et qui lui sont parvenues par erreur ? (art. 260 C. N. E.).

— Est-il pris note, sur le répertoire de la correspondance partante, des demandes de remboursement autorisé, réexpédiées sur un autre bureau ? (art. 264 C. N. E.).

Bulletins d'épargne.

— Leur montant est porté en dépenses, chaque jour, sur le sommier n° 1102 (art. 527 C. N. E.).

— Ils sont détaillés, au fur et à mesure de leur dépôt, sur un bordereau mensuel n° 95 (art. 526 C. N. E.).

Dépôt des livrets.

— En échange d'un livret déposé pour être réglé ou remplacé, il est délivré au déposant un bulletin de dépôt détaché du carnet à souche n° 21 (art. 544 C. N. E.). Si plusieurs livrets sont déposés par la même personne, il n'est délivré qu'un seul bulletin (art. 544 *bis* C. N. E.).

— Si le déposant exprime le désir que son livret lui soit remis à domicile, mention en est faite sur la souche du carnet n° 21 (art. 545 C. N. E.).

— Les livrets à régler doivent être envoyés, *chaque jour*, à la succursale détentrice du compte courant, accompagnés d'un bulletin n° 157 (art. 547-548 C. N. E.).

— Les bulletins du carnet n° 21 doivent être frappés des timbres horizontaux, dès leur réception. Les carnets qui ne sont pas en service doivent être tenus sous clef (art. 35 C. N. E.).

— S'assurer que les carnets précédents sont complètement terminés et que les bulletins du carnet en cours sont employés dans l'ordre numérique.

Examiner, une à une, toutes les formules employées depuis la dernière vérification. S'attacher principalement aux points suivants : rattachement des récépissés aux souches ; indication, sans rature ni surcharge, du montant de l'actif disponible ; concordance, pour cette somme, entre la souche et le bulletin (art. 154-544 C. N. E.).

— Faire réclamer à la Succursale, par formule n° 91, tout livret non rentré dans les délais réglementaires (art. 549 C. N. E.).

— La remise d'un livret a lieu contre restitution du bulletin de dépôt sur lequel le porteur donne décharge. Ce bulletin est rattaché à la souche correspondante du carnet n° 21, sur laquelle est indiquée la date de remise du livret.

Si le porteur ne sait pas signer, le receveur porte la mention, qu'il fait suivre de sa signature, « a *déclaré ne pas savoir signer* » (art. 550 C. N. E.).

— Tout livret non retiré dans le délai d'un mois, à compter de la date de sa rentrée au bureau, doit être renvoyé à la Direction, avec une fiche de renvoi n° 31. L'accusé de réception envoyé par la Direction est annexé à la souche du carnet n° 21 pour justifier l'absence du bulletin de dépôt (art. 551 C. N. E.).

Le contrôle de cette obligation peut être facilement effectué, l'art. 549 (C. N. E.) prescrivant aux receveurs de mentionner, à la souche du carnet n° 21, la date de rentrée du livret.

— Quand un livret est présenté pour un versement ultérieur ou pour un remboursement, le receveur doit s'assurer si les intérêts échus au 31 décembre précédent y sont inscrits et, dans la négative, inviter le titulaire à déposer son livret pour que cette formalité soit remplie. Ces dispositions ne sont pas applicables du 16 décembre au 28 février (art. 541 C. N. E.).

Il a soin de faire connaître au titulaire que, quoique dessaisi de son livret, il peut effectuer des remboursements, sur la simple présentation du bulletin de dépôt n° 21 (art. 542 C. N. E.).

— L'inspecteur doit transmettre à la Direction, les livrets en dépôt sur lesquels les intérêts au 31 décembre précédent ne seraient pas inscrits ainsi que ceux dont le délai de garde réglementaire est dépassé (art. 539 C. N. E.).

— Quand un remboursement est effectué entre les mains d'un déposant dont le livret est en dépôt, le receveur mentionne l'opération, au recto et en travers du bulletin de dépôt, ainsi qu'au verso de la souche correspondante du carnet n° 21 (art. 281 C. N. E.).

Au moment de la rentrée du livret et avant de le remettre à son titulaire, le receveur y inscrit le remboursement effectué, dans la forme ordinaire (art. 282 C. N. E.).

— Il est interdit aux receveurs et agents d'être détenteurs de livrets appartenant à des tiers (art. 24 C. N. E.).

— Si des livrets ont été conservés indûment, vérifier, *au point de vue des sommes et des dates, l'exactitude des opérations qui y ont été inscrites postérieurement au dernier règlement des intérêts, au moyen des indications fournies par les carnets n°s 4-10-99.*

En cas d'irrégularité grave (inscription omise, grattage et surcharge, lacération du livret, opérations effectuées lorsque le titulaire devait être dessaisi de son livret.....), se mettre *immédiatement* en rapport avec le titulaire et lui demander l'avoir net de son titre ainsi que la date et le montant des opérations entachées d'irrégularité. Si le titulaire ne réside pas dans l'agglomération de la localité siège du bureau, apprécier, suivant la nature de l'irrégularité et la situation du service, s'il y a nécessité de provoquer l'envoi sur place d'un brigadier-facteur ou si l'enquête pourra être reprise utilement à la Direction.

Archives.

— Elles ne doivent pas être confondues avec celles du service postal et télégraphique (art. 21 C. N. E.).

S'assurer que les documents qui doivent y être conservés pendant 30 ans, carnets n°s 4-10-21-99, y sont classés.

Dispositions particulières aux bureaux dont relèvent des établissements de facteur-receveur.

(Les articles cités ci-après sont ceux de l'instruction spéciale n° 87 concernant la participation des facteurs-receveurs au service de la Caisse d'épargne.)

— Le receveur tient un relevé n° 77 pour chacun des établissements de facteur-receveur relevant de son bureau (art. 117).

Il y enregistre : à gauche, dès leur réception, les bordereaux n° 51 qu'il reçoit du facteur-receveur ; à droite, au moment de leur envoi, les bordereaux n° 76 qu'il adresse au facteur-receveur.

Chaque facteur-receveur tient, de son côté, un relevé n° 77 identique.

— En fin de mois, les colonnes du relevé n° 77 sont totalisées. Au-dessous des totaux mensuels, sont reportés les totaux antérieurs depuis le commencement de l'année.

Le facteur-receveur communique son relevé n° 77 au receveur qui le compare avec le sien et le lui renvoie ensuite revêtu de son visa (art. 118).

— Le facteur-receveur accompagne, obligatoirement, tout envoi de fonds ou de pièces, d'un bordereau n° 51 sur lequel il décrit : dans le tableau I, les premiers versements et les versements ultérieurs ; dans le tableau II, les autorisations de remboursement à payer ; dans le tableau III, les récépissés n° 50 retirés des mains des déposants et les livrets qui n'ont pu être remis (art. 69-70-74).

— De son côté, le receveur accompagne tout envoi de fonds ou de pièces, d'un bordereau n° 76 sur lequel il décrit, d'une part, les sommes destinées à des remboursements, d'autre part, les livrets à remettre aux déposants, après inscription d'un premier versement ou d'un versement ultérieur (art. 110-111).

— Les bordereaux n° 51, de même que les bordereaux n° 76, sont numérotés suivant une série commençant le 1er janvier et finissant le 31 décembre de chaque année (art. 75-112).

— Vérifier si les opérations décrites sur les bordereaux n° 51 sont enregistrées au relevé n° 77. Quand ces bordereaux ne mentionnent aucun versement de fonds, des guillemets doivent être portés sur le relevé, en regard du numéro correspondant (art. 117).

PREMIERS VERSEMENTS

— Le receveur en passe écritures au carnet n° 4 dans la forme ordinaire. Il laisse adhérente à la souche, la quittance sur laquelle il porte les mots : « *Par le facteur-receveur de............* » La demande de livret est datée et timbrée du jour de l'enregistrement au carnet n° 4 (art. 105).

— A la réception du livret de la Direction, le receveur l'adresse au facteur-receveur, accompagné d'un bordereau n° 76 sur lequel il le décrit. Ce bordereau est enregistré sur le relevé n° 77 (art. 110).

— Après remise du livret au déposant, le facteur-receveur adresse au bureau d'attache le récépissé n° 50 accompagné d'un bordereau n° 51. Ce bordereau est enregistré, à l'arrivée, sur le relevé n° 77 (art. 58 et 80).

VERSEMENTS ULTÉRIEURS

— Le receveur constate le versement, dans la forme ordinaire, sur le livret communiqué. Il porte sur la souche du carnet n° 10, la mention « *Par le facteur-receveur de.....* » — L'opération est datée, sur le livret, du jour de l'enregistrement au carnet n° 10 (art. 106).

— Le livret est renvoyé au facteur-receveur, accompagné d'un bordereau n° 76 qui est enregistré au relevé n° 77 (art. 110).

— Après remise du livret au déposant, le facteur-receveur adresse au bureau d'attache le récépissé n° 50, accompagné d'un bordereau n° 51. Ce bordereau est enregistré sur le relevé n° 77 (art. 58 et 80).

REMBOURSEMENTS

— Après vérification de la validité de l'acquit porté sur l'autorisation de remboursement, le receveur, s'il a les fonds nécessaires, inscrit le remboursement, dans la forme ordinaire, sur le livret communiqué ou sur la quittance n° 21 communiquée aux lieu et place, si le livret est en dépôt, et il en passe écritures sur le carnet n° 99.

Il mentionne, dans la colonne d'observations de ce carnet, les pièces d'identité indiquées sur l'autorisation de remboursement et il y porte la mention « *Par le facteur-receveur de........* » (art. 107).

— Le receveur, si son encaisse est insuffisante, doit se procurer immédiatement les fonds nécessaires pour effectuer le remboursement. Il fait connaître la cause du retard au facteur-receveur, par le plus prochain courrier, et l'avise en même temps, si possible, de la date présumée du payement (art. 108 et 109).

— Le receveur transmet au facteur-receveur le montant du remboursement à effectuer, avec le livret ou le bulletin n° 21 sur lequel il a inscrit ce remboursement; il accompagne cet envoi d'un bordereau n° 76 qu'il enregistre sur son relevé n° 77 (art. 110).

Quand le remboursement a été inscrit sur un bulletin de dépôt n° 21, le receveur invite le facteur-receveur à lui communiquer le livret correspondant, le jour même de sa rentrée, pour que le remboursement puisse y être inscrit.

— Après remise à la partie prenante, du livret ou du bulletin n° 21, le facteur-receveur adresse au bureau d'attache le récépissé n° 50 accompagné d'un bordereau n° 51. Le receveur enregistre ce bordereau sur son relevé n° 77 (art. 58-80).

DIVERS

— Les fonds à envoyer sont soumis à la formalité du chargement en franchise.

L'envoi de ces chargements, de même que celui des pièces, est signalé par la mention « *Caisse d'épargne* » portée sur la feuille d'avis.

— Le receveur conserve dans ses archives les récépissés n° 50, après les avoir classés dans l'ordre de leurs numéros. Il doit réclamer au facteur-receveur ceux qui ont plus de huit jours de date (art. 115).

— Vérifier si les récépissés n° 50, existant dans les archives du bureau, se suivent sans interruption, s'ils sont bien revêtus de l'accusé de réception du déposant et si les versements de fonds pour lesquels ils ont été délivrés ont bien été déclarés immédiatement par le facteur-receveur.

— Vérifier également, à l'aide des bordereaux n° 51, si les sommes versées par le facteur-receveur ont été prises en charge, le jour même, par le receveur.

— Le receveur conserve, pendant un mois, les livrets que le facteur-receveur n'a pu remettre et que celui-ci lui envoie après un délai de garde de huit jours. A l'expiration du délai réglementaire d'un mois de garde dans son bureau, il les adresse à la Direction, accompagnés d'une fiche n° 31 (art. 116).

— Il conserve, dans ses archives, les décomptes trimestriels n° 129 des remises payées au facteur-receveur. Ces décomptes sont revêtus d'un timbre de quittance de 10 centimes si la somme dépasse 10 francs (art. 119).

— Les carnets n° 21 et n° 50 épuisés sont conservés par les facteurs-receveurs pendant un mois. Passé ce délai, ils sont envoyés au bureau d'attache qui les conserve pendant 30 ans.

Les bordereaux d'envoi n°s 51 et 76 et les relevés n° 77 sont conservés pendant 5 ans (art. 120).

CHAPITRE VI

Recettes diverses et accidentelles.

— Leur nature (art. 2180). — Elles sont effectuées sur un ordre du directeur ou d'après un titre de perception (art. 2181).

— Il est remis aux parties versantes, des quittances détachées du registre à souche n° 1108, sur lesquelles il doit être apposé un timbre mobile de 25 centimes quand la somme versée excède 10 francs, sauf lorsque la partie versante est une administration publique (art. 2182).

Le montant des recettes est reporté, en fin de journée, dans la colonne *ad hoc* du sommier n° 1101 (art. 2181).

— Les déclarations de versement n° 1108 *bis* à établir en double expédition, sauf celles relatives au recouvrement d'amendes, sont adressées à la Direction, jointes à l'ordre ou au titre de perception prescrivant la recette (art. 2183).

— Quand il s'agit de sommes versées pour l'achat de documents de service, le receveur effectue la recette, d'office; il adresse les deux expéditions de la déclaration de versement à la Direction qui lui en renvoie une avec un ordre d'encaissement n° 1206, pour être mise, avec cet ordre, à l'appui de sa comptabilité mensuelle.

Il est fait recette des sommes versées, sur le sommier n° 1101 :

1° à l'article : « *Recettes diverses et accidentelles. Postes* », pour les documents postaux ;

2° à l'article : « *Recettes diverses et accidentelles. Télégraphes* », pour les documents télégraphiques ;

3° à l'article : « *Recettes diverses et accidentelles. Téléphones* », pour les documents du service téléphonique.

Pour ces derniers, la déclaration n° 1108 *bis* est établie en une seule expédition ; l'encaissement est certifié sur la formule n° 1206 qui est envoyée à la Direction, pour être annexée, en fin de mois, à l'état n° 1392-82 (art. 92).

Abonnements au Journal officiel, édition des communes.

— Le montant des abonnements est transmis à l'administration du Journal, quai Voltaire, 31, Paris, 7e, soit par mandat n° 1401, soit par mandat-carte ; les frais de transmission des fonds sont, dans tous les cas, à la charge des abonnés (art. 1318).

Caisse des retraites pour la vieillesse

(Articles 1708 à 1852).

— Les opérations effectuées dans nos bureaux, pour le compte de la Caisse des retraites pour la vieillesse, sont assez rares.

Aussi nous bornons-nous à renvoyer aux articles de l'instruction générale et à dire seulement quelques mots des conditions dans lesquelles les receveurs se chargent en recette des sommes versées par les déposants.

— Les versements sont inscrits sur un registre à souche n° 12 (art. 1779) et donnent lieu à la délivrance d'une quittance provisoire détachée de ce registre à souche (art. 1780).

— S'il s'agit d'un premier versement, le déposant doit souscrire une déclaration modèle n° 1, en se conformant aux règles tracées aux articles 1750 à 1754 ; il produit son acte de naissance et, s'il y a lieu, les autres pièces justificatives indiquées aux articles 1755 à 1770 (art. 1747).

— La déclaration et les pièces produites sont adressées, sous recommandation d'office, le jour même ou au plus tard le lendemain, à la Caisse des dépôts et consignations, pour l'établissement du livret. Elles sont accompagnées d'un bordereau n° 10. La seconde expédition du bordereau n° 10 est envoyée à la Direction (art. 2271).

— S'il s'agit d'un versement subséquent, le receveur inscrit ce versement sur le livret dans les cases à ce réservées. Il indique le lieu et la date du versement et porte la somme versée : en toutes lettres, devant le mot *francs*, dans la colonne 3 ; en chiffres, dans la colonne 4, et appose sa signature.

L'inscription du versement est complétée par la mention de l'entrée en jouissance de la rente (art. 1792).

— Le livret ainsi que les pièces produites, s'il y en a, sont transmis, le jour même ou au plus tard le lendemain, à la Caisse des dépôts et consignations, pour le contrôle et la mention de la rente (art. 1794).

Cet envoi est accompagné d'un bordereau n° 10 dont un duplicata est adressé au directeur départemental (art. 2271).

Bien entendu s'il est effectué, dans la même journée, des premiers versements et des versements subséquents, il n'est établi qu'un bordereau n° 10.

— Si le versement subséquent est effectué sur un livret dont le titulaire est momentanément dessaisi, le receveur joint au bordereau journalier une fiche de remplacement indiquant le nom du déposant, le numéro du livret et le motif de l'absence (art. 1795).

— Qu'il s'agisse d'un premier versement ou d'un versement subséquent, la Caisse des dépôts et consignations adresse le livret au receveur, dix jours après le versement. — Le déposant, au moment où il le retire, en donne reçu au dos de la quittance qui est jointe à la souche correspondante du registre n° 12 (art. 1801).

Le receveur prend note, sur la souche de ce registre, dans la colonne à ce destinée, de la date à laquelle la remise du livret a été effectuée (art. 1802).

— Le total des versements est reporté, en fin de journée, dans la colonne *ad hoc* du sommier des recettes (art. 2215).

— A la fin du mois, les receveurs relèvent sur un état mensuel n° 11, détaillés par journée, le nombre et le montant des premiers versements et des versements subséquents (art. 2319).

Caisses d'assurances en cas de décès ou d'accidents.

(Articles 1853 à 1910.)

— Voir le registre à souche (art. 1885) et s'assurer que le total journalier est reporté sur le sommier n° 1101 (art. 2214).

Avances à charge de recouvrement ou de régularisation.
Recouvrements ou régularisations d'avances.

(Articles 2253 et 2229.)

CHAPITRE VII

CHARGEMENTS

De la recommandation.

— Droit fixe : dans le service intérieur et dans le service franco-colonial, 25 centimes pour les lettres et 10 centimes pour les objets affranchis à prix réduit ; dans le service international, 25 centimes pour tous les objets (art. 360 à 365).

Lettres de valeurs déclarées.

— En plus de la taxe ordinaire de la lettre, droit fixe de 25 centimes.

Dans le service intérieur (France, Algérie, Tunisie, bureaux français du Maroc et Tripoli de Barbarie) droit proportionnel de 10 centimes par 500 francs ou fraction de 500 francs déclarés.

P. FAUQUE. — *Guide-Memento.* 4

Dans le service international, droit proportionnel de 10 centimes par 300 francs pour les pays limitrophes, de 25 centimes pour les pays non limitrophes, avec addition, en cas de transport maritime, d'un droit supplémentaire de 10 centimes par 300 francs, par office participant au transport (art. 368).

(*Voir tableaux VII et VII bis du tarif international.*)

— Maximum de déclaration de valeur : 10.000 francs, sauf dans les échanges avec certains pays pour lesquels ce maximum est inférieur à 10.000 francs (art. 371).

(*Voir tableau VI du tarif international.*)

— Le montant de la déclaration est énoncé, en toutes lettres, sur l'adresse, en francs et centimes, sans rature ni surcharge même approuvée.

— Dans le régime international, le montant de la déclaration est indiqué, à la fois, en toutes lettres et en chiffres (art. 372).

— Mode de fermeture. — Au moins deux cachets en cire fine de même couleur, avec empreinte. — Les timbres-poste employés à l'affranchissement doivent être espacés ; ils ne peuvent être repliés sur les deux faces de l'enveloppe, de manière à couvrir la bordure. Si l'expéditeur d'une lettre affranchie à l'aide de timbres-poste non espacés refuse de se conformer au règlement, sa lettre est acceptée, mais elle est revêtue de la mention « *Refus de régulariser* ».

L'usage des enveloppes à bords coloriés est interdit (art. 374).

Boîtes de valeurs déclarées.

Dans le service intérieur : taxe à raison de 5 centimes par 50 grammes ; droit fixe de 25 centimes ; droit proportionnel de 10 centimes par 500 francs ou fraction de 500 francs.

Dans le service international : port de 50 centimes par pays participant au transport territorial et, en cas de transport maritime, port de 1 franc par pays participant à ce transport ; droit proportionnel comme pour les lettres de valeurs déclarées (art. 369). (*Tableau VII bis du tarif international.*)

— Le maximum de déclaration de valeur est le même que pour les lettres (art. 371).

— Conditions à remplir. — Dimensions maxima 30 cent. × 10 cent. × 10 cent. — Bois de 8 millimètres d'épaisseur au minimum. — Une feuille de papier blanc sur chaque face supérieure ou inférieure de la boîte. — Croisé de ficelle sans nœud, avec un cachet en cire fine sur chacune des quatre parois latérales (le seul nœud terminant le croisé de ficelle doit être recouvert par l'un des cachets) (art. 375).

— Indication du montant de la déclaration comme pour les lettres (art. 372).

— Poids illimité dans le service intérieur. Maximum 1 kilog. dans le service international (art. 376).

— Dans le service international, ainsi que dans les relations entre la France, l'Algérie et la Corse, d'une part, et les colonies françaises, d'autre part, chaque boîte est accompagnée d'une ou plusieurs déclarations en douane (art. 377).

— Boîtes expédiées à l'étranger, contenant des ouvrages d'or et d'argent dont les droits de garantie sont remboursés aux expéditeurs. — Elles sont déposées, scellées du cachet du bureau de garantie et accompagnées de la soumission d'expédition. Cette soumission est renvoyée au bureau de garantie après expédition de la boîte. — Sur le registre de dépôt n° 510, doivent être portés les mots « à *remettre au bureau de garantie* » (art. 378).

Chargements en franchise.

Ces chargements sont acceptés sur une réquisition écrite et signée par le fonctionnaire expéditeur. Dans ce cas, le bulletin de dépôt n° 517 n'est pas établi (art. 379).

Ils sont inscrits sur le registre de dépôt n° 510 *bis*, dans les conditions indiquées plus loin (art. 444), à l'exception de ceux qui doivent être pesés, et dont l'art. 442 de l'instruction générale donne la nomenclature.

S'assurer que les réquisitions sont revêtues du numéro de l'enregistrement de l'objet aux registres n° 510 ou n° 510 *bis*, suivant le cas (art. 435) et qu'elles sont conservées dans les archives du bureau, après avoir été frappées du timbre à date (art. 379).

A notre avis, il convient de les classer avec les fiches n° 517.

— Les groups de monnaie expédiés par les receveurs et les facteurs-receveurs sont soumis à la formalité du chargement en franchise, après avoir été enveloppés, ficelés et cachetés. Leur poids et le montant de la somme qu'ils contiennent sont indiqués sur le registre n° 510 (art. 441).

— Les chargements en franchise renfermant des timbres-poste doivent être inscrits sur le registre n° 510.

Il en est de même des avis n° 57 du service de la Caisse d'épargne concernant un compte courant dont l'actif dépasse le maximum légal et des mandats-carte français adressés poste restante (art. 441).

Dépôt des chargements.

— Il est interdit au personnel de participer à la fermeture des objets à recommander ou à charger (art. 434).

— Les adresses au crayon ne sont pas admises : il en est de même de celles sur lesquelles le nom du destinataire n'est désigné que par des initiales (art. 359).

— Dépôt des boîtes de valeur déclarée à destination de l'étranger, pour lesquelles l'expéditeur désire acquitter, au préalable, les droits non postaux (douane, essai, garantie) (art. 435 *bis*).

— Les objets présentés au guichet doivent être accompagnés d'une fiche nº 517 indiquant le nom et l'adresse de l'expéditeur.
Après affranchissement, il est apposé sur chaque objet une étiquette extraite : du carnet nº 518 si l'objet doit être inscrit au registre nº 510 ; du carnet nº 519, si l'objet est à inscrire au registre nº 510 *bis*.

Pour les valeurs déclarées, la lettre « R » de l'étiquette est détachée au ciseau. Au-dessous de cette étiquette, sur l'objet lui-même, doit être appliqué le timbre « *Chargé* ». Mention du poids est faite à l'angle gauche supérieur de l'objet.

Le numéro d'enregistrement, qui est celui de l'étiquette apposée, est reproduit sur la fiche nº 517 qui est frappée du timbre à date.

Un récépissé nº 516, frappé du timbre à date, est remis aussitôt à l'expéditeur.

Pour les objets à inscrire au registre nº 510, le récépissé mentionne la nature de l'objet, son numéro de dépôt, le nom et l'adresse de l'expéditeur. Pour les valeurs déclarées, il mentionne en outre le montant de la déclaration et le poids de l'objet.

Pour les objets à inscrire au registre nº 510 *bis*, le récépissé indique seulement la nature de l'objet et son numéro de dépôt.

L'enregistrement aux registres nº 510 et nº 510 *bis* a lieu ensuite, en dehors de la vue du public. Il y a lieu d'inscrire la date et l'heure du dépôt, les nom et adresse du destinataire, ainsi que la nature de l'objet. Pour les valeurs déclarées, inscrire, en outre, le montant de la déclaration et le poids.

Les fiches nº 517 soigneusement classées sont conservées au bureau, jusqu'à l'achèvement des registres nº 510 et nº 510 *bis* auxquels elles se rapportent. Elles sont ensuite mises aux archives, après avoir été annexées aux registres correspondants (art. 435 et 436).

— Le timbre à date du bureau doit être appliqué sur les objets, du côté de la suscription (art. 442).

— Les étiquettes gommées des carnets nº 518 et nº 519 doivent, dès leur réception, être revêtues de la petite griffe spéciale dont tous les bureaux sont munis.

— Les journaux, imprimés, échantillons et papiers d'affaires (*objets à prix réduit*) service intérieur et étranger, sont inscrits sur le registre nº 510 *bis*.

Il en est de même des objets recommandés d'office et des chargements en franchise, à l'exception de ceux dont la nomenclature est donnée aux art. 441 et 442 de l'instruction générale, chargements qui doivent être pesés, et dont font partie, notamment, les versements des receveurs (art. 444).

— Emploi de carnets n° 512 et de bordereaux n° 512 *ter* par les expéditeurs déposant en nombre des objets chargés ou recommandés (art. 437 à 440) et de carnets n° 512 *bis* et de bordereaux n° 512 *quater* par les expéditeurs déposant en nombre des objets à prix réduit recommandés (art. 445 à 447).

— L'absence d'une étiquette est signalée par p. v. n° 169; une copie de ce p. v. est annexée à l'objet qu'elle accompagne jusqu'au bureau distributeur. (*Inst*on n° 511. *B. M. décembre 1899*).

Avis de réception.

— Perception d'une taxe de 0 fr. 10 qui est également applicable aux chargements en franchise (art. 383).

— Application du timbre « AR » au recto de l'objet, sur le registre n° 510 ou n° 510 *bis*, suivant le cas, et sur le récépissé n° 516 remis à l'expéditeur (art. 436).
Une formule n° 514 sur laquelle est apposé un timbre-poste de 0 fr. 10, est réunie à l'objet, au moyen d'un croisé de ficelle ou d'une agrafe métallique (art. 449).

— S'il est demandé un accusé de réception télégraphique, le mot « *télégraphique* » est ajouté, à la suite du timbre « AR », sur l'objet, et à la suite de la mention « *Avis de réception* » sur la formule n° 514. — Il est perçu une taxe de 0 fr. 50 dont il est fait recette au journal A¹ art. 450.

— Avis de réception postal et accusé de réception télégraphique demandés postérieurement au dépôt de l'objet (art. 451 et 452).

— A la rentrée d'un avis de réception renvoyé par un bureau étranger, mention en est faite sur le registre de dépôt n° 510, en regard de l'inscription du chargement que cet avis concerne (art. 704).

Séjour des chargements au bureau.

— Pendant leur séjour au bureau, les chargements sont enfermés dans des casiers, coffres ou tiroirs, fermant à clef, spécialement affectés à cet usage et établis sur tous les points où leur utilité est démontrée (art. 453).

— La transmission des chargements d'un agent à un autre, dans les bureaux composés et dans les bureaux simples comprenant des agents, n'a lieu que contre émargement de celui qui les reçoit, soit sur le registre de dépôt, soit sur le registre n° 513, soit sur le carnet de distribution n° 759 (art. 454).

— Objets chargés ou recommandés parvenant, la nuit, dans les bureaux composés. — Après inscription au registre n° 513, ils sont inscrits sur une feuille n° 12 signée de deux agents et enfermés dans la caisse de sûreté (art. 456).

— Les registres d'inscription des chargements, ainsi que les carnets d'étiquettes non entamés doivent être tenus sous clef. Les registres entamés sont traités de la même manière en dehors des heures de vacation (art. 457).

Expédition des chargements.

— Les chargements sont inscrits sur la feuille d'expédition n° 12 et sur le talon de cette feuille, qui est à conserver dans les archives.

Les objets de valeur déclarée, les envois contre remboursement et les chargements en franchise pesés, doivent être inscrits avec tous les détails que comporte la feuille n° 12. Quand ils sont à destination de Paris, la rue et le numéro sont indiqués.

Les lettres recommandées sont inscrites en nombre dans le cadre « *Lettres recommandées* » placé en tête de la feuille n° 12.

Les objets recommandés affranchis à prix réduit, service intérieur et étranger, les chargements en franchise non pesés, les objets recommandés d'office et les recouvrements pour toutes destinations, service intérieur et étranger, en provenance du registre n° 510 *bis*, sont également inscrits en nombre dans le cadre « *Prix réduits et recouvrements* » (art. 539-541).

— Si le nombre des objets à inscrire l'exige, il est fait emploi de plusieurs feuilles n° 12. Au bas de la première, on porte la mention « *Voir deuxième feuille* » et ainsi de suite. Sur la dernière feuille, on indique le nombre total des chargements. Le nombre des feuilles n° 12 est indiqué, sur la feuille d'avis, au-dessous du timbre « *Chargé* » (art. 542).

— Vérifier, à l'aide d'un pointage portant sur un certain nombre de journées, si tous les objets inscrits aux registres n°s 510 et 510 *bis* figurent bien sur les talons des feuilles n° 12, si leur expédition a eu lieu sans retard et si leur acheminement a été effectué conformément aux prescriptions de l'indicateur de la direction à donner aux correspondances.

— Les chargements déposés au guichet, et à destination de la circonscription postale du bureau, sont inscrits, en entrée et en sortie, sur le registre n° 513, dans les mêmes conditions que ceux reçus des bureaux correspondants.

Les facteurs, chargés de les distribuer, doivent en donner décharge sur le registre n° 513 et non sur la souche correspondante du registre de dépôt n° 510 ou n° 510 *bis*, comme cela se pratique quelquefois.

— La fermeture des paquets de chargements a lieu, en principe, avec le concours de deux agents qui apposent leur signature sur la feuille n° 12 et sur le talon (art. 543).

— S'assurer que la fermeture des paquets a lieu sous papier blanc (art. 544.)

— Mode de fermeture du paquet. — Chacune des trois catégories de chargements fait l'objet d'une liasse spéciale. La feuille n° 12 est fixée de préférence sur la liasse des valeurs déclarées.

Les paquets ne renfermant que des prix réduits et des recouvrements ne sont pas cachetés; ils sont simplement enveloppés de papier et ficelés ou insérées dans un sac (art. 545-546).

— Apposition du timbre « *Chargé* » sur la feuille d'avis (art. 547).

— Objets chargés ou recommandés formant des paquets supplémentaires (art. 548).

— Dans les bureaux composés et les bureaux simples importants, les paquets chargés sont inscrits sur le registre n° 15 et remis, contre émargement à ce registre, à l'agent chargé de la fermeture des dépêches.

En insérant chaque paquet dans sa dépêche, cet agent doit énoncer, à haute voix, la destination de la dépêche et faire suivre ce nom du mot « *Chargé* ». Le receveur ou son délégué, qui assiste à la fermeture, pointe cette dépêche au registre n° 15 et signe, en regard, pour témoigner qu'il a vu insérer le paquet de chargements (art. 549).

Réception des chargements.

— Le paquet doit être détaché de la feuille d'avis, sans altérer le cachet en cire appliqué sur cette feuille (art. 632).

— Le manque d'un paquet de chargements est constaté par un p. v. n° 167. Ce paquet est réclamé, immédiatement, par avis de service (art. 633).

— L'ouverture d'un paquet de chargements doit être faite de manière à ne pas altérer les cachets. — Les objets sont immédiatement frappés du timbre à date. Dans les recettes composées et dans les bureaux simples dont le cadre comporte des agents directement rétribués par l'État, l'ouverture du paquet est faite avec le concours de deux agents (art. 634).

— La feuille n° 12 doit être signée par les agents qui ont effectué l'ouverture du paquet (art. 646).

— L'absence de la feuille n° 12 ou d'un objet inscrit sur la feuille n° 12 reçue est constatée par un p. v. n° 168 (art. 635 à 639).

— Les objets doivent être examinés, individuellement, au point de vue de leur état et de leur affranchissement. — Les chargements de valeur déclarée doivent être pesés. Si le poids ne concorde pas, à 50 centigrammes près, avec celui indiqué, le poids reconnu est mentionné, à l'encre rouge, au-dessous du poids primitif, par l'agent vérificateur qui appose sa signature (art. 640).

— Dans le service intérieur seulement. Pour les lettres de valeur déclarée, fermées sous enveloppes à bords coloriés et acceptées indûment par le bureau d'origine, voir, pour les formalités à remplir par les bureaux de passe, l'art. 640.

— Les irrégularités en matière d'objets chargés ou recommandés donnent lieu à p. v. n° 167.

Si l'irrégularité consiste dans l'absence de l'étiquette spéciale, une copie du p. v. est annexée à l'objet qu'elle accompagne jusqu'au bureau distributeur.

Quand il s'agit de non ou d'insuffisance d'affranchissement, le tableau 2 du p. v. n° 167 doit mentionner le poids de l'objet, la taxe perçue, la taxe exigible et l'indication, par catégorie, du nombre et de la valeur des timbres-poste apposés sur les objets.

Ces dispositions sont applicables aux chargements à destination de l'étranger (art. 642).

— Mention doit être faite dans la colonne 8 des feuilles n° 12 reçues : du bureau sur lequel le chargement correspondant doit être réexpédié, s'il est en passe ; du facteur ou du service du guichet qui doit le distribuer, s'il est pour le bureau (art. 682).

— Les chargements de toute nature sont alors inscrits, à l'entrée et à la sortie, sur le registre n° 513.

A l'entrée, en regard des noms des bureaux correspondants, on indique, dans les colonnes *ad hoc* : 1° le nombre des valeurs déclarées et des envois contre remboursement ; 2° le nombre des lettres recommandées ; 3° le nombre des prix réduits et des recouvrements, à destination du bureau ou en passe.

A la sortie, en regard de la désignation de chaque facteur, on porte, dans les colonnes *ad hoc*, le nombre des valeurs déclarées, des lettres recommandées, des prix réduits et des recouvrements que ce sous-agent doit distribuer. Il en est de même pour les objets à distribuer au guichet et pour ceux à réexpédier. Pour ces derniers, on indique les noms des bureaux sur lesquels ils sont dirigés.

— Après avoir été frappées du timbre à date, les feuilles n° 12 sont classées par courrier, dans l'ordre de leur inscription au registre n° 513 ; elles sont réunies par journée et enliassées par mois (art. 646).

Distribution des chargements.

— Inscription des chargements sur les carnets de distribution n° 759. Il existe un carnet pour chaque facteur et pour le guichet. Dans les recettes composées et dans les recettes simples de 1re classe, deux carnets n° 759 sont utilisés au guichet. Sur l'un sont inscrits les lettres et objets recommandés, sur l'autre les lettres et boîtes de valeur déclarée. Au moment où ces derniers objets sont réclamés, ils sont inscrits à leur tour sur le premier carnet qui doit seul être vu et émargé par le destinataire (art. 683).

— Quand un chargement comporte un avis de réception, le timbre AR est appliqué sur le carnet n° 759, en regard de l'inscription correspondante (art. 684-701).

— Émargement du registre n° 513, par les facteurs et par l'agent du guichet ou de la poste restante, pour la prise en charge des objets chargés ou recommandés à distribuer. Le nombre des objets pris en charge par chacun d'eux est indiqué en toutes lettres (art. 685).

— Les facteurs doivent placer les chargements à distribuer ainsi que le carnet n° 759, dans une poche en cuir (art. 686).

— Les destinataires émargent le carnet sur lequel ils indiquent la date et l'heure de la réception des chargements (art. 690).

— Les objets chargés et les lettres recommandées ne doivent être remis qu'aux destinataires eux-mêmes ou à leurs fondés de pouvoir régulièrement accrédités. Une procuration n'est valable que pour le bureau dans lequel elle est déposée.
Il est interdit aux agents et aux sous-agents de recevoir procuration pour obtenir la livraison des correspondances ordinaires et des chargements adressés à un tiers (art. 18 *ter*. — 693).

— En vérifiant les carnets n° 759, les inspecteurs doivent porter leur attention sur les décharges données par les destinataires, en comparant, lorsqu'il sera possible, les signatures qui auront pu y être apposées, à des dates différentes, par le même destinataire (B. M. mai 1901, page 153; août 1901, page 290).

— Objets chargés ou recommandés à distribuer par un facteur de relais (art. 687).

— Encaissement, sur le destinataire, des droits de douane et de garantie avancés par le bureau de poste d'entrée (art. 696).

— Distribution des boîtes de valeur déclarée, d'origine étrangère, qui parviennent revêtues de l'étiquette « *Franc de droits* » et accompagnées du bulletin d'affranchissement (art. 696 *bis*).

— Mention de la date de l'envoi au bureau d'origine, d'un avis de réception n° 514, doit être faite au carnet n° 759, dans le cadre réservé au visa du receveur (art. 700).

— Lorsque la demande d'avis de réception parvient au bureau destinataire postérieurement à la distribution de l'objet qu'elle concerne, le préposé de ce bureau la remplit et la renvoie après avoir apposé sur le carnet n° 759, en regard de l'inscription de l'objet, le timbre AR suivi de la mention « *demandé postérieurement le.....* » (art. 701).

— Avis de réception demandé par la voie télégraphique (art. 702-703).

—La remise d'un chargement adressé à un illettré, domicilié dans la partie agglomérée de la commune siège du bureau, ne peut avoir lieu qu'au bureau, en présence de deux témoins, ou sur la production d'un certificat du commissaire de police (art. 793).

— Si le destinataire illettré habite en dehors de la partie agglomérée ou dans une commune rurale, la remise du chargement est faite directement par le facteur, en présence du maire, du secrétaire de la mairie ou de deux témoins (art. 794).

— Les chargements adressés à une personne qui, par suite de maladie, est dans l'impossibilité de signer, peuvent être remis à un tiers muni d'une procuration sur laquelle la signature du mandant est remplacée par une attestation du maire ou du commissaire de police, constatant que l'ayant droit est dans l'impossibilité de signer (art. 793-795).

— Chargements adressés aux aveugles (art. 796).

— Quand un facteur rapporte un chargement qu'il n'a pu distribuer, par suite de l'absence momentanée du destinataire, il lui est remis, en échange, un bulletin n° 772. Il rend ce bulletin quand le chargement lui est de nouveau confié pour être remis au destinataire (art. 766).

— *Après trois présentations successives*, le chargement non livré est conservé en instance par le bureau distributeur et, dans les localités comptant plusieurs bureaux de plein exercice, par celui qui est le plus voisin du domicile du destinataire.

Au moment de la troisième présentation, le facteur remplit un avis n° 773 qu'il remet, séance tenante, et dûment cacheté, au domicile du destinataire, dans les mêmes conditions que les correspondances ordinaires. Il porte, en outre, au dos de l'objet non distribué, la mention « *Avis 773 laissé le*..... »

Si cet objet ne doit pas être classé en instance au bureau distributeur, ce dernier le transmet, le plus promptement possible, au bureau de quartier où il doit être conservé.

A l'expiration du délai de garde (art. 859), cet objet est renvoyé au bureau distributeur pour être présenté une dernière fois au destinataire. En cas de non remise, le renvoi en est fait à l'expéditeur (art. 766).

— Si le destinataire se présente au bureau, dans l'intervalle des distributions, pour retirer ce chargement, celui-ci est inscrit sur le carnet n° 759 du guichet.

— Si le chargement rendu est à distribuer par un autre facteur, il est inscrit sur le carnet n° 759 de ce facteur qui donne décharge sur le carnet n° 759 du premier facteur. S'il ne doit plus être remis en distribution, le receveur en donne définitivement décharge au facteur sur son carnet n° 759, au moment même où cet objet est rapporté au bureau (art. 767).

— Les chargements à distribuer au guichet ne peuvent être remis aux destinataires, si ceux-ci ne sont pas connus, que sur la production de pièces justificatives d'identité ou en présence de deux témoins connus au bureau. — Mention est faite, sur le carnet n° 759, de la pièce justificative présentée, du lieu où elle a été délivrée, de sa date, etc..... (art. 729).

— Si la livraison est effectuée sur la présentation d'un livret d'identité, la quittance détachée du livret et signée par le destinataire est annexée au carnet n° 759 (art. 730).

— Les chargements adressés « *poste restante* » ne peuvent être réexpédiés que « *poste restante* » (art. 845).

— Lorsqu'un chargement est dirigé sur une nouvelle destination, ou renvoyé au bureau d'origine, ou versé en rebut, mention est faite, sur le carnet n° 759, de la date et de la cause du renvoi. Cet objet est ensuite inscrit sur le carnet n° 759 de réexpédition (art. 862).

— Les procurations ou les extraits de procuration pour la remise des chargements à des fondés de pouvoir sont conservés dans les archives du bureau. Ces documents doivent être classés par ordre alphabétique des noms des mandants.

Dans les bureaux composés, l'agent du guichet doit avoir en mains un carnet de toutes les procurations. Un extrait de ce carnet, à tenir constamment au courant, est mis à la disposition des facteurs (art. 693).

— Les chargements à distribuer par des vaguemestres sont inscrits, au moment de leur livraison, sur un registre spécial.

Le vaguemestre en donne décharge, dans la forme ordinaire, sur le carnet n° 759 du guichet (art. 735).

Situation journalière des chargements.

— En fin de journée, il est établi, sur le registre n° 513, la balance de l'entrée et de la sortie des chargements reçus des bureaux correspondants.

Ne doivent être considérés comme sortis que ceux dont décharge a été donnée, sur le registre n° 513, par les agents ou les facteurs chargés d'en effectuer la réexpédition ou la distribution.

La différence entre le total des entrées et celui des sorties représente le nombre des chargements en instance, qui devra être repris, sur le registre n° 513, en tête de la journée du lendemain, sous la rubrique « *de la veille* ».

Dans les grands bureaux, la balance est faite après chaque distribution.

— Les chargements dont décharge a été donnée sur le registre n° 513 et qui, n'ayant pu être réexpédiés ou distribués, restent en instance, en fin de journée, doivent figurer dans la situation indiquée ci-dessus, sous la rubrique « *Chargements non distribués rapportés par les facteurs et mis de nouveau en distribution* ».

Les facteurs n'ont pas à donner décharge de ces chargements qui sont déjà inscrits sur leurs carnets n° 759; leur signature est remplacée par la mention « *à représenter* ».

L'inscription de ces chargements doit figurer au commencement ou à la fin des inscriptions se rapportant à chaque distribution (art. 766).

— Les bureaux composés et les bureaux simples importants établissent également la balance des chargements de départ, en rapprochant les indications du registre n° 15 de celles des registres n°s 510 et 510 *bis*, pour les chargements reçus au guichet, et du registre n° 513 pour les chargements reçus en passe des bureaux correspondants.

Cette situation peut être faite sur le registre n° 513, mais elle doit être entièrement distincte de celle de l'entrée et de la sortie des chargements reçus des bureaux correspondants.

Les bureaux simples prennent en charge, sur le registre n° 513, au même titre que ceux extraits des dépêches arrivantes, les chargements de toute nature reçus au guichet.

En fin de journée, il y a lieu d'ajouter, par nombre et par catégorie, à l'excédent des entrées sur les sorties, les autres chargements (guichet, réexpédition, etc...) en instance au bureau.

Le total ainsi obtenu représente le nombre des chargements dont le receveur doit donner décharge aux agents responsables et qu'il doit déposer la nuit dans une caisse de sûreté (art. 455).

Contrôle des chargements reçus.

— Pour vérifier si tous les chargements reçus pendant une période déterminée ont bien été ou distribués ou réexpédiés, se faire remettre les feuilles d'avis et les feuilles n° 12 reçues durant cette période. — S'assurer que les feuilles d'avis sont au complet et que, pour chaque feuille d'avis frappée du timbre « *chargé* », il est présenté la feuille n° 12 correspondante.

A l'aide des feuilles n° 12, examiner si les chargements qui y sont inscrits ont été pris en charge sur le registre n° 513, le jour même de leur réception. — Pointer en même temps, à l'aide des renseignements fournis par la colonne 8 des feuilles n° 12, les indications portées, à la sortie, sur le registre n° 513.

Voir enfin, en rapprochant les inscriptions des carnets n° 759 du guichet et de chaque facteur, des indications fournies par le registre n° 513 (sortie), si le nombre des chargements, dont décharge a été donnée chaque jour, correspond bien au nombre inscrit sur les carnets, et enfin si tous les chargements inscrits sur ces carnets ont été distribués d'une manière régulière.

Pour les chargements reçus en passe, s'assurer de leur réexpédition par l'examen des talons des feuilles n° 12 expédiées.

CHAPITRE VIII

RECOUVREMENTS

Vérification de la caisse.

— La situation des valeurs à recouvrer porte sur toutes les valeurs reçues depuis le 1er du mois pendant lequel a lieu la vérification. — Toutefois, si des valeurs reçues le mois précédent n'ont pas encore été réglées — ce dont il est nécessaire de s'assurer — on doit les comprendre dans la situation.

— Les recouvrements sont pris en charge, comme les chargements, sur le registre n° 513 (art. 645 et 1532). Toutefois, dans les bureaux où l'importance du service l'exige, il est tenu deux registres n° 513, l'un pour les chargements, l'autre pour les recouvrements. Une étiquette bien apparente est apposée sur chacun d'eux, par les bureaux intéressés, pour permettre de les distinguer (Instruction 546-B. M. de mai 1903).

— Pour établir la situation des valeurs à recouvrer, — sauf à voir ultérieurement si toutes les valeurs prises en charge sur le registre n° 513 ont bien été inscrites sur le registre n° 1489, — examiner : 1° si les mandats dont le montant figure dans la colonne 23 du registre n° 1489 ont bien été établis ; 2° si les valeurs non recouvrées, mentionnées comme renvoyées (col. 15), ainsi que celles mentionnées comme réexpédiés (col. 16), figurent bien sur le registre d'inscription n° 510 bis.

Revoir les additions des colonnes 9-15-16-24, jusqu'au bas de la dernière page sur laquelle il ne reste aucune valeur en suspens, et prendre les totaux de ces quatre colonnes. — Le total de la colonne 9 doit égaler celui des trois colonnes 15-16-24.

Établir ensuite une situation spéciale pour chaque autre page. Pour cela, consulter le receveur ou l'agent chargé du service des recouvrements, sur le sort de chaque valeur qui n'a encore été ni réglée, ni renvoyée, ni réexpédiée, se faire présenter celles qui sont en instance au bureau, et prendre note, à l'aide du bordereau récapitulatif n° 1426, de celles qui sont signalées comme étant entre les mains des facteurs, pour s'en faire rendre compte à la rentrée de ces derniers.

Réunir enfin toutes ces situations particulières, après avoir reconnu l'exactitude de chacune d'elles. On obtient ainsi la situation définitive qui, en procédant dans les conditions que nous indiquons, peut toujours être établie, avec la plus grande facilité, même dans les bureaux importants.

— Il convient de tenir la main à ce que les diverses colonnes du registre n° 1489 soient additionnées, au bas de chaque page, au fur et à mesure qu'il ne reste plus, sur cette page, aucune valeur en suspens.

Ces additions se font de mois en mois. — Au-dessous des totaux mensuels, on reporte les totaux antérieurs depuis le commencement de l'année.

Procéder de même en ce qui concerne les valeurs inscrites au registre n° 1489 *bis*.

— S'assurer que les renseignements relatifs aux chiffres-taxes employés à la taxation des valeurs impayées, relevés à la Direction, sur le dernier compte n° 1271, sont conformes aux écritures du registre n° 1489 et du carnet n° 1344.

Dépôt des valeurs à recouvrer.

— Les enveloppes n° 1488 accompagnées, chacune, d'un bordereau n° 1485, doivent être remises au public revêtues d'un timbre-poste de 25 centimes. — Il est formellement interdit de les remettre gratuitement (art. 1524 *bis*).

Tenir la main à ce que cette prescription soit observée et que chaque bureau possède un approvisionnement d'enveloppes n° 1488 affranchies.

— Les enveloppes n° 1488 non affranchies et les bordereaux n° 1485 peuvent cependant être vendus au public, à raison de : 0 fr. 40 c. le cent et de 0 fr. 20 c. les cinquante, pour les enveloppes ; de 0 fr. 20 c. le cent et de 0 fr. 10 c. les cinquante pour les bordereaux.

Il est fait recette des sommes versées, à l'article « *Recettes diverses et accidentelles* », dans les conditions indiquées par l'art. 92 de l'instruction générale (art. 1524 *bis*).

— Les valeurs à recouvrer adressées « poste restante » ne sont pas admises (art. 1516).

— Les enveloppes n° 1488 sont déposées closes ; l'expéditeur y mentionne son nom et son adresse ainsi que le nom du bureau chargé de l'encaissement des valeurs ; elles sont accompagnées d'un bulletin de dépôt n° 517. — Elles sont inscrites sur le registre n° 510 *bis* et un récépissé n° 516 est remis à l'expéditeur (art. 1524 et 1529).

— Le nombre des valeurs qui peuvent être insérées par le même créancier dans une même enveloppe est limité à cinq. Toutefois ce nombre est élevé à quinze quand aucune valeur n'excède 6 francs (art. 1526).

— Le montant de chaque valeur ou le montant total des valeurs comprises dans un même envoi ne doit pas excéder 2000 francs. Dans les relations avec les colonies, il ne peut pas dépasser 500 francs (art. 1527).

— Les expéditeurs qui déposent plus de dix enveloppes n° 1488 doivent, aux termes de l'art. 1528, les inscrire sur des bordereaux spéciaux.

Mais l'article 1530 qui prescrit de traiter, comme si elle avait été remise au guichet, toute enveloppe n° 1488 trouvée à la boîte, rend cette obligation illusoire dans bien des cas, les expéditeurs qui veulent s'y soustraire n'ayant qu'à jeter leurs enveloppes dans la boîte du bureau.

— Les enveloppes n° 1488 non affranchies ou insuffisamment affranchies, trouvées à la boîte, sont rendues aux expéditeurs ou envoyées, sous recommandation d'office, au bureau des articles d'argent, si rien n'indique le nom des expéditeurs (art. 1530).

— Bureaux participant au service des recouvrements (art. 1521).

Expédition des enveloppes.

— Les enveloppes n° 1488 — de même que les enveloppes n°s 1494 et 1500 — sont portées, en nombre, avec les prix réduits, dans le cadre à ce réservé, sur les feuilles n° 12. Quand des enveloppes de V à R sont comprises dans l'envoi, on fait suivre le nombre indiqué de la mention « *dont X... V à R* » (art. 539).

— Elles sont dirigées sur la recette principale du département, à l'exception de celles destinées aux bureaux sédentaires pour lesquels il est fait dépêche, qui sont expédiées dans ces dépêches (art. 525).

— Quand un bureau n'a pas à expédier d'autre objet chargé que des enveloppes n°s 1488-1494-1500, il enliasse ces enveloppes avec la feuille n° 12 et la feuille d'avis, sous un simple croisé de ficelle. La partie non utilisée de la feuille n° 12 est barrée en croix (art. 516).

Réception des enveloppes.

— A l'arrivée, les enveloppes n°s 1488-1500-1494 sont prises en charge, confondues avec les prix réduits, dans la col. 5 du registre n° 513. A la sortie, on inscrit dans la colonne 11 :

1° en regard de la mention « *Registre 1489* » portée dans la colonne 8, le nombre des enveloppes n°s 1488 et 1500 dont le contenu doit être détaillé sur ce registre. — Décharge de ces enveloppes est donnée par le receveur ou par un délégué ;

2° en regard de l'indication de chaque facteur ou du mot « *Guichet* », le nombre, confondu avec celui des prix réduits, des enveloppes n° 1494 à distribuer. — Décharge en est donnée par les facteurs ou par l'agent du guichet ;

3° en regard du nom de chaque bureau correspondant, le nombre, confondu avec celui des prix réduits, des enveloppes de toutes catégories reçues en passe et réexpédiées. — Décharge en est donnée par le receveur ou par un délégué.

— Les enveloppes nos 1488 et 1500 sont, à l'arrivée, frappées du timbre à date au recto, à l'angle gauche supérieur, sous le mot « *recommandé* » (art. 664).

— L'ouverture des enveloppes nos 1488 et 1500 doit être faite par deux agents, dans les bureaux composés. — Toutes les valeurs, *sans exception, même celles reçues par erreur*, sont décrites, séance tenante, sur le registre n° 1489 (art. 1354), sous un numéro d'ordre dont la série recommence au n° 1, le premier de chaque mois.

Tenir la main à ce que, à ce moment, la colonne 6 (date d'échéance des valeurs) soit régulièrement servie.

— Les enveloppes n° 1488 doivent être coupées sur les quatre bords, classées dans l'ordre de leur inscription au registre n° 1489, puis enliassées par journée et par mois. Elles sont transmises, en fin d'année, à la Direction, jointes à l'état statistique, n° 1497 (art. 1614).

— Conditions que doivent remplir les valeurs pour être mises en recouvrement (art. 1536).

— Renvoi des valeurs irrégulières et des enveloppes contenant soit plus de cinq valeurs, soit plus de quinze valeurs de 6 fr. et au-dessus, soit des valeurs dont le montant total dépasse 2.000 fr. — Note du motif du renvoi est prise dans la col. « *Observations* » du registre n° 1489 (art. 1537).

— Les valeurs payables à date fixe, qui parviennent plus de cinq jours avant la date de l'échéance, doivent être renvoyées à l'expéditeur (art. 1539-1522).

— Si la même enveloppe n° 1488 renferme des valeurs à destination du bureau indiqué sur la suscription et des valeurs à recouvrer par d'autres bureaux n'ayant jamais fait partie de la circonscription de ce bureau, ces dernières sont renvoyées immédiatement au déposant (art. 1540).

Mise en recouvrement.

— Les valeurs payables à vue sont mises en recouvrement, le jour même de leur arrivée au bureau ou le lendemain matin, si elles parviennent trop tard.

Celles payables à date fixe sont présentées à cette date. — Si la date d'échéance tombe un dimanche ou un jour de fête légale, la présentation a lieu le lendemain (art. 1547).

— La mise en recouvrement des valeurs a lieu au cours de la distribution la moins chargée de la journée ou de celle qui se prête le mieux à l'exécution du service général, en tenant compte des habitudes et des convenances locales.

La désignation de cette distribution est faite par le directeur départemental, après avis du receveur (art. 1547).

— Les reçus, quittances, factures, revêtus d'un acquit portant une date postérieure à celle de leur dépôt, sont considérés comme des valeurs payables à la date de cet acquit (art. 1548).

— Il est formellement interdit aux sous-agents d'effectuer des recouvrements, en dehors de ceux qui leur sont confiés par les receveurs. Cette interdiction s'étend aux femmes des sous-agents et aux courriers auxiliaires (art. 19).

— Les valeurs à recouvrer sont inscrites sur des bordereaux n° 1491 établis pour chacun des facteurs chargés de les encaisser.

On porte, dans la première colonne de ces bordereaux, le numéro sous lequel chaque valeur est inscrite au registre n° 1489.

Les totaux des bordereaux n° 1491 sont reportés sur un bordereau récapitulatif journalier n° 1426. Dans les bureaux peu importants, le même bordereau n° 1426 peut être utilisé pendant plusieurs jours d'un même mois; les opérations de chaque journée sont alors séparées par un trait horizontal.

Chaque facteur donne décharge, en bloc, sur ce bordereau n° 1426, des valeurs qui lui sont confiées (art. 1550).

Veiller à ce que, dans la colonne 10 du registre n° 1489, on mentionne, en regard de chaque valeur, le numéro du facteur chargé d'en effectuer le recouvrement.

— Vérifier, par un pointage, à l'aide des bordereaux journaliers n° 1491, si les valeurs sont présentées en temps utile.

Pour cela, nous recommandons de porter, au crayon, en marge du registre n° 1489 et en regard de chaque valeur, la date de présentation de cette valeur. — Un simple coup d'œil permet ainsi de voir rapidement si les valeurs ne sont pas conservées indûment, avant leur présentation.

— Les facteurs doivent, dès leur rentrée au bureau, rendre compte des valeurs qui leur ont été confiées; ils inscrivent, dans les colonnes 6 et 7 de leur bordereau n° 1491, les sommes recouvrées et le montant des valeurs non recouvrées. — En regard de chaque valeur non recouvrée, ils indiquent le motif du non-payement (art. 1557-1558).

Tenir la main à l'observation stricte de cette prescription et empêcher que les facteurs, comme ils le font fréquemment, conservent sur eux, pendant plusieurs jours, les valeurs impayées.

— Le receveur donne décharge aux facteurs, en signant les bordereaux n° 1491, et reporte sur le bordereau récapitulatif n° 1426 les indications fournies par chaque bordereau n° 1491 (art. 1558).

— Les valeurs qui n'ont pu être payées, par suite de l'absence du débiteur, au moment du passage du facteur, sont présentées une seconde fois. — Un avis n° 1490 annonçant cette seconde présentation est laissé au domicile du débiteur (art. 1553).

P. Fauque. — *Guide-Memento.*   5

— Les valeurs ainsi présentées une seconde fois sont inscrites les premières sur le bordereau n° 1491. Il en est de même pour celles à recouvrer par des facteurs de relais (art. 1554).

— Les valeurs impayées à la première présentation et qui ne doivent pas être représentées, sont conservées au bureau à la disposition du débiteur, pendant 48 heures. — Celles qui ont fait l'objet d'une seconde présentation et restent de nouveau impayées pour une cause quelconque, sont conservées pendant un délai de 24 heures. Ces valeurs sont inscrites sur un bordereau n° 1491 spécial au guichet, dont les totaux sont arrêtés, en fin de journée, pour être reportés sur le bordereau récapitulatif n° 1426.

Ces délais sont portés au double pour les valeurs en provenance du Maroc et de Tripoli de Barbarie (art. 1559).

— Les valeurs qui sont réexpédiées sur un autre bureau sont insérées dans une enveloppe n° 1500, accompagnées d'un bordereau n° 1485 ou n° 1499.

On utilise le bordereau n° 1485 établi par le déposant, quand on réexpédie toutes les valeurs composant l'envoi ; on dresse, d'office, un bordereau n° 1499 quand la réexpédition ne porte que sur une partie des valeurs composant l'envoi (art. 1562).

— Les enveloppes n° 1500 sont frappées, à l'avance, des timbres horizontaux (nom du bureau) (nom du département). Elles sont timbrées à date au moment de leur expédition.

Elles sont inscrites, à la sortie, dans la col. 28 du registre n° 1489. On indique, en regard de chaque valeur réexpédiée, le bureau sur lequel la réexpédition a lieu, la date de cette réexpédition et le numéro d'inscription au registre n° 1489. Ce dernier numéro qui fait partie d'une série annuelle est reproduit sur l'enveloppe n° 1500 (art. 1562).

— La réexpédition « *poste restante* » n'est pas admise (art. 1561).

Règlement des valeurs.

— La remise attribuée au receveur et au facteur, sur le montant de chaque valeur encaissée, est fixée à 10 cent. par 20 francs ou fraction de 20 francs, sans pouvoir dépasser 50 cent.

Cette remise doit être prélevée et payée au moment même où les facteurs remettent les fonds. — Le receveur et le facteur à qui elle est attribuée par parts égales, en donnent décharge sur le bordereau n° 1496 (art. 1566).

— En fin de mois, le total de ce bordereau est inscrit, en même temps, au sommier des recettes et au sommier des dépenses. Il est porté au livre auxiliaire n° 1108 et un récépissé n° 1108 est mis à l'appui de la recette (art. 2218-2241).

— Les valeurs de toute nature qui n'ont pas été payées, soit à présentation, soit au bureau, pendant le délai de garde réglementaire, sont passibles d'une taxe fixe de 10 cent.

Cette taxe n'est pas applicable aux valeurs qui, pour une cause quelconque, sont renvoyées aux expéditeurs avant d'être présentées aux débiteurs (art. 1567).

— La taxe de 10 cent., par valeur impayée, est prélevée, s'il est possible, sur le montant des valeurs recouvrées inscrites sur le même bordereau. La perception de ces taxes est justifiée par l'apposition, au verso du bordereau, de chiffres-taxes spéciaux qui sont oblitérés. Le cadre de l'enveloppe n° 1494 réservé à l'inscription du montant de la taxe à percevoir sur le destinataire, est annulé par deux traits de plume en croix (art. 1568-1569).

— Si le total des taxes à percevoir est supérieur au montant des sommes encaissées, ce dernier est versé dans la caisse et converti en chiffres-taxes apposés au verso du bordereau et oblitérés immédiatement. — Le surplus de la taxe à percevoir est indiqué dans le cadre *ad hoc* réservé au recto des enveloppes n° 1494. — De plus, le bureau doit appliquer une empreinte du timbre T à côté du cadre dans lequel est mentionné le montant de la taxe (art. 1570).

— On opère de la même façon quand aucune des valeurs contenues dans une enveloppe n° 1488 n'a été recouvrée (art. 1571).

— Le montant des taxes perçues ou à percevoir doit être indiqué, en regard de chaque valeur impayée, dans les colonnes à ce réservées du registre n° 1489 (art. 1570).

— Les mandats de recouvrement doivent être revêtus du mot « *Recouvrement* ». Leur montant et leur numéro sont portés dans les colonnes n°s 23 et 26 du registre n° 1489 (art. 1572).
S'assurer qu'ils sont bien établis au point de vue du montant et du droit. Ce droit est fixé comme suit :
Dans le régime intérieur (France et Algérie) ainsi que dans les colonies françaises, les bureaux français du Maroc et de Tripoli de Barbarie : droit de commission des mandats ordinaires.
Dans les relations entre la France, l'Algérie, les colonies françaises et les bureaux français du Maroc et de Tripoli de Barbarie, d'une part, et les bureaux français à l'étranger, d'autre part, ainsi que dans les relations de ces derniers bureaux entre eux :
0 fr. 25 par 50 francs ou fraction de 50 francs.
Pour les mandats à destination des colonies françaises et réciproquement, le droit ne peut pas être inférieur à 0 fr. 25.

— Dans les bureaux qui émettent un grand nombre de mandats de recouvrement, il est fait usage d'un registre spécial n° 1401 dont toutes les formules sont frappées de l'empreinte d'une griffe portant le mot « *Recouvrement* ».

L'autorisation préalable doit être demandée à l'Administration (art. 1573).

— Les déclarations de versement des mandats de recouvrement ne sont pas remplies; elles sont détruites au moment de l'émission des titres auxquels elles se rapportent (art. 1574).

— Les mandats de recouvrement, de même que les valeurs non recouvrées, accompagnés du bordereau n° 1485 ou 1499, suivant le cas, sont insérés dans des enveloppes n° 1494 envoyées aux déposants. Ces enveloppes sont frappées, à l'avance, des timbres horizontaux (nom du bureau et nom du département).

A chaque valeur non recouvrée est épinglée ou collée une fiche n° 1492 indiquant succinctement le motif du non-recouvrement.

— Dans les bureaux composés et les bureaux simples de 1re classe, les enveloppes n° 1494 sont revêtues d'une étiquette extraite d'un cahier n° 519 spécial. Dans les autres bureaux, elles sont inscrites sur le registre n° 510 bis. — Dans les deux cas, le numéro de l'étiquette rose apposée est reproduit dans la colonne 28 du registre n° 1489.

La colonne 29 « bureau de destination » n'est remplie que quand l'enveloppe est dirigée sur un bureau autre que celui dont le nom est inscrit dans la colonne 3.

Les enveloppes n° 1494 sont frappées au recto d'une empreinte très nette du timbre à date.

Si aucune taxe n'est à percevoir sur le destinataire, le cadre réservé à la mention de cette taxe sur l'enveloppe n° 1494 est annulé par deux traits de plume en croix (art. 1575).

— Il convient de vérifier si les mandats de recouvrement sont établis dans les délais réglementaires et si les sommes provenant des recouvrements ne sont pas conservées indûment pendant plusieurs jours.

Contrôle par épreuves des règlements de compte.

Au moment de la vérification trimestrielle de la recette principale du département, l'inspecteur procède à l'ouverture, par épreuves, des enveloppes n° 1494 présumées contenir des valeurs impayées. — L'acheminement des enveloppes ouvertes ne doit être retardée dans aucun cas.

L'agent vérificateur doit s'assurer :

1° que les chiffres-taxes, représentant le montant du prélèvement opéré sur les sommes encaissées, sont régulièrement apposés sur les bordereaux n°s 1485 et 1499 ;

2° que la somme en chiffres, portée dans le cadre du recto des enveloppes n° 1494, correspond bien au montant de la taxe à percevoir sur le déposant.

En cas d'omissions ou d'erreurs, l'inspecteur établit un duplicata des pièces contenant les irrégularités relevées, qu'il certifie conforme à l'original, et dresse, en outre, un p. v. n°. 169 sur lequel il relate les omissions ou les erreurs constatées.

Les enveloppes n° 1494 sont refermées conformément aux prescriptions de l'art. 483 de l'Instruction générale et revêtues de la mention suivante : « *Ouverte pour contrôle :* L'inspecteur (signature) ».

L'inspecteur dresse également un p. v. de vérification n° 915 spécial, qui est transmis à l'Administration (Direction de la Comptabilité, 2ᵉ bureau), accompagné des p. v. n° 169 et des duplicata susvisés.

Si la vérification ne donne lieu à aucun redressement, un p. v. n° 915 négatif est transmis à l'Administration.

(Inst°ⁿ n° 555. Bull. mensuel d'octobre 1903.)

Distribution des enveloppes n° 1494.

— A leur réception, comme cela a été dit plus haut, les enveloppes n° 1494 sont prises en charge, sur le registre n° 513.

Elles sont ensuite inscrites sur les carnets n° 759 sur lesquels les destinataires donnent reçu.

Les facteurs ou les agents du guichet à qui des enveloppes n° 1494 à distribuer sont remises, en donnent décharge, sur le registre n° 513.

Le receveur appose les chiffres-taxes nécessaires sur celles qui portent la mention de taxes à percevoir, pour des valeurs impayées, en évitant de recouvrir cette mention (art. 1576).

— Dans les bureaux où les enveloppes n° 1494 sont remises à une distribution spéciale, les carnets n° 759-1 sont maintenus (Inst°ⁿ n° 546. B. M. de mai 1903).

— Les enveloppes n° 1494 dont les destinataires n'ont pu être trouvés ou qui n'ont pas été réclamées poste restante, sont ouvertes, dans les conditions déterminées par l'art. 1534, par le préposé du bureau distributeur, qui compare les indications du bordereau 1485 avec l'adresse portée sur l'enveloppe.

(Voir, pour la façon de procéder, l'art. 1577).

— En cas de refus par le destinataire d'une enveloppe n° 1494 taxée, il est adressé à ce dernier un avertissement sans frais, n° 1503, soumis à la formalité de la recommandation d'office et dont la date de remise est portée au verso de l'enveloppe n° 1494.

A l'expiration du délai de trois jours fixé pour son retrait, l'enveloppe n° 1494 est transmise au bureau des articles d'argent, comme chargement réexpédié. Le receveur se dégrève du montant de la taxe, dans la forme ordinaire (art. 1580).

Situation journalière des recouvrements.

— En fin de journée, on établit, sur le registre n° 513, la balance de l'entrée et de la sortie des enveloppes n°ˢ 1488-1500-1494 reçues des bureaux correspondants, dans les mêmes conditions que celle des chargements.

D'autre part, comme pour les chargements, on fait entrer, le soir, dans la situation journalière, les enveloppes nᵒˢ 1488 enregistrées, dans la journée, au registre nᵒ 510 *bis*, ainsi que les enveloppes nᵒˢ 1494 et 1500 provenant du registre nᵒ 1489.

A l'entrée, en regard de la mention « *Reg* nᵒ 510 *bis* » portée dans la col. 2, on inscrit, en regard, dans la col. 5, les enveloppes nᵒ 1488 inscrites au registre nᵒ 510 *bis*. A l'entrée également, les enveloppes nᵒˢ 1494 et 1500 en provenance du registre nᵒ 1489, sont inscrites dans les colonnes 5 et 6. — Dans la colonne 2, en regard de ces inscriptions, on porte la référence « *R. C. du nᵒ... au nᵒ... du...* ». Ces enveloppes sont inscrites, à la sortie, dans les mêmes conditions que celles reçues des bureaux correspondants.

Dans les bureaux où le service des recouvrements et celui des chargements sont effectués par des agents différents, les enveloppes nᵒˢ 1494 et 1500 provenant du registre nᵒ 1489 sont passées à l'agent des chargements, à l'aide d'un carnet nᵒ 759 spécial. Ce dernier agent en prend charge au registre nᵒ 513 dans les conditions indiquées ci-dessus.

(Instᵒⁿ nᵒ 555. B. M. d'octobre 1908.)

Contrôle des recouvrements reçus.

— A l'aide des feuilles nᵒ 12 reçues, vérifier si les enveloppes nᵒˢ 1488-1500-1494 qui y sont inscrites ont été prises en charge sur le registre nᵒ 513, le jour même de leur réception.

S'assurer, par un pointage portant sur plusieurs journées :

1ᵒ que le nombre des enveloppes nᵒˢ 1488 et 1500 inscrites, chaque jour, au registre nᵒ 1489, correspond bien avec celui pris en charge sur le registre nᵒ 513. Il doit y avoir harmonie parfaite entre les deux.

2ᵒ que les enveloppes nᵒ 1494 portées, à la sortie, sur le registre nᵒ 513, sont toutes inscrites sur les carnets de distribution nᵒ 759 et que les destinataires en ont donné décharge.

Valeurs protestables.

— L'expéditeur d'une valeur à recouvrer, qui désire faire protester cette valeur, en cas de non-payement, doit l'accompagner d'une déclaration nᵒ 1405 dont il remplit le tableau I. Les effets protestables ne sont pas admis dans les relations avec la Tunisie (art. 1582).

— Celles, avec consignation préalable, sont acceptées pour tous les bureaux de la France, de la Corse, de la principauté de Monaco et pour tous les bureaux de l'Algérie désignés sur la liste nᵒ 1518 (art. 1583).

— Celles, sans consignation préalable, ne sont admises que pour les bureaux désignés sur le carnet nᵒ 1517 pour la métropole et sur la liste nᵒ 1518 pour l'Algérie (art. 1584).

— Toute somme déposée à titre de provision pour frais de protêt est convertie en un mandat-poste au nom du receveur chargé de faire dresser le protêt. Le droit de commission est à la charge de l'expéditeur.

Le mandat est revêtu de la mention « *Protêt* » et remis au déposant à qui il appartient exclusivement de l'insérer, avec le bordereau n° 1485, dans l'enveloppe n° 1488 (art. 1586).

— Au bureau d'arrivée, les effets à protester, qui ne sont pas payés à première présentation, sont décrits à la deuxième partie du registre n° 1489 et inscrits sur un bordereau n° 1509 établi en double expédition. Ils sont remis immédiatement à l'officier ministériel, accompagnés des deux bordereaux n° 1509 et de la formule de réquisition n° 1505. — La deuxième expédition du bordereau n° 1509 est rendue par l'officier ministériel, après avoir été acceptée, datée et signée par lui.

Ces bordereaux n° 1509 sont classés par journée (art. 1588).

— Les officiers ministériels à qui des valeurs à recouvrer sont remises, font l'avance de la taxe dont ces valeurs sont passibles par suite de leur non-payement, à présentation par le facteur. Ils rentrent dans leurs débours, en comprenant le montant de cette taxe dans l'état des frais qui leur sont dus par le déposant.

La somme versée est convertie en chiffres-taxes que le préposé appose au verso du bordereau n° 1485 (art. 1589).

— Cas d'absence, de refus, de maladie, de décès, etc..., d'un officier ministériel (art. 1591).

— Les valeurs à protester pour lesquelles une consignation a été déposée, sont remises à l'officier ministériel, avec le montant du mandat de protêt, dont le receveur se fait donner reçu sur le bordereau n° 1509 (art. 1594).

— Emploi d'exprès pour assurer le protêt à bonne date (art. 1596).

— Les officiers ministériels doivent verser au bureau, dans les 24 heures, sans aucun prélèvement à leur profit, le montant des valeurs qui ont été payées avant la clôture du protêt. — Le receveur leur rembourse simplement la taxe de non-recouvrement qu'ils ont avancée (art. 1597).

— Remise à la poste des effets protestés. — L'état des frais est établi, par l'officier ministériel, au tableau n° 3 de la formule n° 1505 (art. 1598).

— Délai de remise, par les officiers ministériels, du montant des recouvrements ou des effets impayés (art. 1599).

— Règlement des frais en cas de consignation suffisante (art. 1600).

— Règlement des frais en cas de consignation insuffisante ou de non consignation (art. 1607).

— Remboursement au déposant des sommes consignées non employées (art. 1603)

Recouvrements internationaux.

— Pays participant à ce service :
(*Voir tableau X du tarif des Postes*).

— Les valeurs à recouvrer par un même bureau destinataire sont inscrites sur un bordereau A n° 1486, signé par le déposant et indiquant la date d'échéance des valeurs (art. 1630).

— Elles sont insérées par le déposant, avec le bordereau A n° 1486, dans une enveloppe B n° 1487 fermée avant la remise au guichet. — La même enveloppe ne peut contenir des valeurs recouvrables sur plus de cinq débiteurs différents ni des valeurs à différents jours d'échéance (art. 1631).

— La taxe d'affranchissement d'un envoi de valeurs à recouvrer est celle d'une lettre « R » de même poids, pour la même destination (art. 1633).

— Les enveloppes n° 1487 sont inscrites, au moment de leur dépôt, sur le registre n° 510 *bis* (art. 1634).
Au départ, elles sont inscrites en nombre sur les feuilles n° 12, avec les prix réduits (art. 1635).
A l'arrivée, elles sont confondues avec les prix réduits, en ce qui concerne la prise en charge sur le registre n° 513 (art. 1636).
A la sortie, sur le registre n° 513, on porte, comme partie prenante, la mention « *Registre n° 1489 bis* ».

— Après avoir été vérifiées (art. 1638), les valeurs à recouvrer sont décrites, séance tenante, sur le registre n° 1489 *bis* (art. 1639).

— Sont irrécouvrables les valeurs qui ne portent pas, en toutes lettres et en monnaie française, l'indication de la somme à recouvrer, celles qui dépassent le maximum réglementaire, celles qui, comprises dans un même envoi, portent différentes dates d'échéance, etc... (art. 1640).

— Le montant maximum de chaque envoi de valeurs recouvrables en France est fixé à 1.000 francs, sauf dans les rapports avec la Belgique et l'Italie, pays avec lesquels il est de 2.000 francs (art. 1641).

— Les valeurs impayées à présentation sont tenues à la disposition du débiteur, pendant sept jours, à compter du lendemain de la première présentation ou du jour de la seconde présentation.
Comme pour les valeurs à recouvrer françaises, un avis n° 1490 est laissé, par le facteur, au domicile des débiteurs absents (art. 1645).

— Réexpédition sur un autre bureau de France. Si elle comprend la totalité des valeurs composant un envoi, le bordereau A n° 1486 établi par le déposant est utilisé. Si elle comprend seulement une partie des valeurs composant un envoi, le bureau réexpéditeur accompagne les valeurs réexpédiées d'un bordereau A n° 1486 établi d'office.

Dans le second cas, le règlement donne lieu, en cas d'encaissement, à un mouvement de fonds fictif (art. 1646).

— Les valeurs impayées ne sont passibles d'aucune taxe (art. 1647).

— Le droit d'encaissement est de 10 centimes par valeur, attribués, par moitié, au receveur et au facteur qui a effectué l'encaissement.

Le droit de commission est calculé sur le montant brut de la somme recouvrée.

Les mandats de recouvrement sont établis sur formule n° 1405 ; le mot « *Recouvrement* » est inscrit en tête du mandat (art. 1648).

— Le mandat de recouvrement et, s'il y a lieu, les valeurs impayées, sont renvoyés au bureau de dépôt, sous enveloppe C n° 1495 et accompagnés d'un bordereau A n° 1493.

Les enveloppes à destination du Portugal et du Chili sont adressées respectivement à Lisbonne et à Valparaiso.

Quand une enveloppe n° 1495 contient une valeur non recouvrée, elle est recommandée d'office (Reg. n° 510 *bis*) (art. 1649).

— A la réception en France, les enveloppes n° 1495 provenant de l'étranger sont ouvertes par les bureaux de destination et classées par mois (art. 1650).

— Les mandats de recouvrement sont payés dans les mêmes conditions que les mandats-cartes internationaux ordinaires (art. 1651).

— Les valeurs non recouvrées qui ne peuvent être distribuées sont adressées, sous recommandation d'office, au bureau des articles d'argent, accompagnées d'une formule n° 1437 donnant les renseignements utiles (art. 1652).

— Dispositions spéciales aux effets protestables (art. 1653 à 1661).

Envois contre remboursement.

— Les envois contre remboursement peuvent contenir les objets admis à circuler par la poste, à l'exception de lettres ou notes ayant le caractère de correspondance (art. 1663).

— Ils se divisent en deux catégories :

1° les boîtes de valeur déclarée, sans limitation de poids ;

2° les envois ordinaires qui peuvent comprendre des bijoux, objets précieux, dont la valeur peut être déclarée, dont le poids est limité à 500 grammes et dont les dimensions maxima sont 30 centimètres sur chaque face.

Ils doivent être présentés au guichet, clos et cachetés, de manière à être à l'abri d'une détérioration ou d'une tentative de spoliation (art. 1665).

— L'expéditeur d'un envoi contre remboursement consigne, en toutes lettres, sur la suscription de l'envoi, le montant du remboursement, en le faisant précéder de la mention « *Contre remboursement de...* »

S'il déclare la valeur, il en inscrit le montant en toutes lettres, en le faisant précéder de la mention « *Valeur déclarée...* » Il remplit, en outre, une déclaration de dépôt n° 1513 qui lui est remise gratuitement au guichet du bureau.

Cette déclaration est insérée par l'expéditeur, sans l'intervention de l'agent du guichet, dans une enveloppe n° 820 portant l'adresse du bureau de destination (art. 1670).

— Le montant total des déclarations (valeur et remboursement réunis) ne peut pas dépasser 10.000 francs pour les envois de la 1re catégorie et 2.000 francs pour ceux de la seconde. — En aucun cas, le montant du remboursement ne peut excéder 2.000 francs ni être inférieur à 16 centimes (art. 1666).

La taxe à acquitter comprend :

1° un droit de port de 5 centimes par 50 grammes ou fraction de 50 grammes ;

2° un droit fixe de recommandation de 25 centimes ;

3° un droit proportionnel d'assurance de 10 centimes, par 500 francs ou fraction de 500 francs, calculé, le cas échéant, sur le montant total des deux déclarations réunies (art. 1667).

— Chaque objet est affranchi et revêtu d'une étiquette rouge triangulaire n° 822. Il est revêtu aussi d'une étiquette extraite du carnet n° 518, dont la lettre R est détachée au ciseau, et frappé, au-dessous de cette étiquette, du timbre « *Chargé* ». — Le poids n'est indiqué que pour les envois de valeur déclarée.

Il est inscrit au registre n° 510 avec la mention « *Rb* » en marge.

L'enveloppe n° 820 est jointe à l'objet qu'elle accompagne jusqu'au bureau de destination (art. 1675).

— En cours de transmission, les envois contre remboursement sont traités comme les chargements de valeur déclarée dont on les distingue par la mention « *Rb* » portée sur la feuille n° 12 (art. 1677-1678).

— A l'arrivée, les envois contre remboursement sont portés, à l'entrée et à la sortie, dans la forme ordinaire, sur le registre n° 513 (art. 682).

De leur côté, les enveloppes n° 820, à frapper du timbre à date, au recto sous le mot « *Recommandé* » (art. 664), sont prises en charge, comme des enveloppes de valeur à recouvrer, dans la col. 5 du registre n° 513.

Les déclarations de dépôt n° 1513, retirées des enveloppes n° 820, sont inscrites nominativement au registre n° 1489, comme des valeurs à recouvrer dont on les distingue par la mention « Rb » portée en marge (art. 1679).

— Les objets sont inscrits sur les carnets de distribution n° 759, avec la mention « Rb » dans la colonne 3 et l'indication de la somme à payer dans la colonne 7.

Les déclarations de dépôt n° 1513 sont inscrites, comme les valeurs à recouvrer, sur les bordereaux n° 1491, avec la mention « Rb » dans la colonne 3, mais elles sont conservées au bureau (art. 1681).

— Les objets dont les destinataires n'ont pas été rencontrés à la première présentation sont présentés, une seconde fois, dans les mêmes conditions que les valeurs à recouvrer ; la déclaration de dépôt n° 1513 est inscrite sur un bordereau n° 1491. Après cette deuxième présentation, ils sont conservés au bureau pendant cinq jours (art. 1683).

— Doivent être renvoyés à l'expéditeur, dans les 24 heures, ceux dont les destinataires ont refusé la livraison ou sont inconnus, partis sans adresse, décédés (art. 1684).

— Réexpédition en cas de changement de résidence du destinataire. La déclaration de dépôt sur laquelle le nom du nouveau bureau est substitué à l'ancien, est insérée dans une nouvelle enveloppe n° 820 qui est jointe à l'objet (art. 1685).

— Tout envoi qui, adressé poste restante ou ayant été présenté à domicile, n'a pas été retiré dans le délai réglementaire, est passible d'une taxe de 10 centimes. Au moment de son renvoi à l'expéditeur, il est frappé du timbre T (art. 1687-1688).

— Tout envoi donne lieu à un règlement de compte particulier, alors même que plusieurs envois parviendraient du même expéditeur. Ce règlement a lieu dans les mêmes conditions que pour les valeurs à recouvrer. — Toutefois, pour les envois adressés « Poste restante », la remise due au receveur est seule prélevée (art. 1686).

Envois contre remboursement (Service international).

(Articles 1689 à 1706.)

— Les pays avec lesquels peuvent être échangés des envois contre remboursement sont indiqués au tableau XI du Tarif des postes.

— Le montant maximum du remboursement est fixé à 1.000 francs, sauf dans les relations avec l'Indo-Chine française et la Martinique, pour lesquelles il est seulement de 500 francs. Ce maximum est distinct du montant de la déclaration et les deux sommes peuvent être différentes (art. 1690).

— Le droit d'assurance est calculé sur le montant de la déclaration (art. 1691-1698).

— Énonciation du montant du remboursement (art. 1695).

— Indication obligatoire du nom et de l'adresse de l'expéditeur, sans rature ni surcharge (art. 1696).

— La déclaration n° 1513, établie par l'expéditeur, est conservée au bureau, après contrôle des indications qui y sont portées (art. 1697).

CHAPITRE IX

DÉPART ET ARRIVÉE

Dépôt des correspondances.

— Dans les localités pourvues d'un bureau de poste, les lettres et les cartes postales sont *obligatoirement* déposées dans les boîtes aux lettres ; les lettres ne peuvent être acceptées au guichet que si elles sont trop volumineuses pour pouvoir être introduites dans les boîtes.
Dans les localités non pourvues d'un bureau, elles peuvent être remises à la main, aux facteurs locaux et ruraux (art. 413).

— Les papiers d'affaires, les journaux et autres imprimés, les échantillons peuvent être déposés au guichet ou dans les boîtes spéciales disposées dans certains bureaux, ou remis à la main, aux facteurs, dans les localités non pourvues d'un bureau (art. 414).

— Les avertissements en conciliation, affranchis à 10 centimes, sont déposés dans les boîtes aux lettres, sous bande portant l'empreinte du sceau de la justice de paix. — Il n'est pas donné cours à ceux dont l'affranchissement n'a pas été payé intégralement (art. 480 *bis*) ni à ceux qui ne sont pas placés sous bande portant l'empreinte du sceau de la justice de paix (art. 486 *bis*). Ces objets sont rendus au greffier.

— La correspondance de service des fonctionnaires est obligatoirement déposée au guichet des bureaux de poste.
Dans les villes qui ont plusieurs bureaux, les paquets pesant plus de 120 grammes doivent être remis à la Recette principale.
Les paquets trouvés à la boîte sont frappés du timbre « *Trouvé à la boîte* » et taxés à l'arrivée (art. 422).

— Les lettres et paquets adressés à des fonctionnaires ou à des personnes jouissant de la franchise, à raison de leur qualité, peuvent être jetés à la boîte, dans tous les bureaux de poste (art. 423).

—. Les plis officiels pour l'étranger, ne concernant pas le service des postes, sont accompagnés d'un bordereau descriptif sur lequel le receveur du bureau de dépôt indique le montant de l'affranchissement (art. 425).

Ce bordereau est envoyé, le jour même, au directeur qui le renvoie pour dégrèvement. — La remise du 1 °/₀ est déduite du montant brut de l'affranchissement, sauf quand celui-ci est inférieur à 1 franc (art. 426).

— Vérification extérieure et sommaire des paquets en franchise. — Contrôle des contreseings (art. 427-428).

Relevage des boîtes.

— Les heures des levées sont fixées par le règlement intérieur.

En principe, quand l'expédition d'un courrier a lieu, entre 10 heures du soir et 5 heures du matin en été, ou 6 heures en hiver, la dernière levée de la boîte du bureau est faite à 9 heures du soir, à moins que le bureau ne soit chargé d'un travail de passe.

Toutefois, dans les bureaux placés au point de départ ou sur le passage d'un courrier de nuit, les préposés effectuent, au moment du départ ou du passage de ce courrier, une dernière levée de la boîte de ce bureau; ils insèrent dans la boîte mobile du courrier ou dans une enveloppe n° 8, après les avoir dûment timbrées, les lettres provenant de cette levée, qui peuvent être utilement expédiées.

Les objets provenant de cette levée sont frappés de l'heure de levée faisant suite, d'après le règlement intérieur, à celle en usage au moment de la dernière levée de 9 heures du soir.

Après chaque levée, dans les bureaux munis d'un indicateur mécanique, cet appareil doit être manœuvré pour faire connaître au public que la levée est faite.

Dans l'intervalle des levées, la clef de la boîte est retirée et reste entre les mains du receveur ou de son délégué (art. 459).

—Il convient de tenir la main à ce que, à chaque levée, toutes les correspondances qui se trouvent dans la boîte soient retirées, sans exception, et timbrées immédiatement (art. 459).

Nous avons constaté, maintes fois, que certains receveurs ont la fâcheuse habitude, au moment des levées correspondant à de petits courriers, de ne retirer de la boîte que les correspondances à expédier, et d'y laisser celles dont l'expédition ne doit avoir lieu qu'ultérieurement.

— Dans certaines villes importantes, des levées exceptionnelles, après les heures réglementaires, peuvent être autorisées

par décret. — Il est perçu, par objet déposé, une taxe supplémentaire de 5 centimes. Un timbre spécial hexagonal est appliqué sur ces correspondances (art. 460).

— Levées des boîtes supplémentaires urbaines.

S'assurer que les heures des levées de ces boîtes coïncident
avec le départ des principaux courriers.

Si elles sont effectuées en cours de distribution, l'empreinte de
la lettre-timbre de chaque boîte levée est prise sur le part n° 746
ou n° 747. Si elles sont effectuées dans une tournée spéciale de
relevage, le sous-agent releveur est muni d'un bulletin journalier
n° 748 sur lequel il prend, à chaque levée, l'empreinte des
lettres-timbres des boîtes. Ce bulletin n'est remis au releveur
qu'au moment du départ ; il est visé, à chaque rentrée, par le
receveur ou par son délégué (art. 461-463-465).

— Quand des courriers à pied lèvent des boîtes placées sur
leur parcours, ils prennent l'empreinte des lettres-timbres sur
un bulletin n° 748 qui peut, le cas échéant, être utilisé pendant
plusieurs jours (art. 464).

— Il est interdit aux sous-agents d'intervertir l'ordre dans
lequel il leur est prescrit de lever les boîtes (art. 466).

— Ouverture des boîtes mobiles dans les bureaux desservis
par des courriers d'entreprise.

Dans le premier bureau, les correspondances sont timbrées
dans la forme ordinaire et frappées du timbre « BM ». — Ce
bureau retire les correspondances qu'il doit distribuer ou réexpédier, et forme des autres une liasse spéciale sous ficelle.

Les autres bureaux procèdent de la même façon, mais ils ne
frappent du timbre à date et du timbre « BM » que les correspondances qui n'ont pas encore été timbrées (art. 471).

Timbrage des correspondances.

— Le timbre à date doit être monté, avant le commencement
des opérations.

Ses indications horaires doivent être changées conformément
aux indications du règlement intérieur. — En principe, le changement est effectué après le timbrage des correspondances provenant de la dernière levée de la boîte, qui précède chaque
expédition de courrier et la sortie des facteurs pour chaque distribution (art. 472).

Veiller à ce que cette prescription très importante ne soit pas
perdue de vue, et voir, en arrivant dans un bureau, si le timbre
à date porte l'indication horaire prescrite par le règlement intérieur.

— A leur entrée dans le service, tous les objets de correspondance doivent être frappés d'une empreinte nette et lisible du
timbre à date. — L'application du timbre à date doit se faire sur

une plaque en caoutchouc, à l'aide d'une encre grasse spéciale (art. 473).

— Oblitération des timbres-poste et application d'une autre empreinte du timbre à date sur les lettres et les cartes postales (art. 474).

— Quand des lettres sont affranchies à l'aide de timbres-poste étrangers, ces timbres ne sont pas oblitérés. — Le bureau d'origine inscrit à côté d'eux le chiffre 0 (zéro) (art. 475).

— Rectification d'un timbre à date appliqué par erreur, par l'application d'une seconde empreinte. — L'empreinte du timbre irrégulier est barrée en croix par deux traits de plume. — Au-dessous, on porte le mot « annulé » et on signe (art. 476).

— Le timbre T doit être appliqué sur les objets non affranchis ou insuffisamment affranchis (art. 478).

— Quand une lettre non affranchie ou insuffisamment affranchie, à destination de l'étranger, est passible, à raison de son poids, de plus d'un port simple, le bureau d'origine indique, en chiffres ordinaires, à l'angle gauche supérieur de la suscription, le nombre des ports à percevoir.
Le double du montant de l'insuffisance d'affranchissement, exprimé en francs et centimes, est indiqué à côté des timbres-poste (art. 479).

— Les timbres-poste trouvés isolément dans les boîtes ou les dépêches sont appliqués, si possible, sur les objets qu'ils affranchissent. En cas d'impossibilité, ils sont collés sur un p. v. n° 165 (art. 482).

— Les lettres non cachetées, décachetées ou dont l'enveloppe est détériorée, sont fermées à l'aide de bandes gommées n° 509 (art. 483).

— Les lettres trouvées à la boîte, après avoir été distribuées, sont frappées du timbre « Trouvé à la boîte ». — Les empreintes des timbres, les timbres-poste ou les chiffres-taxes déjà oblitérés sont biffés en croix (art. 484).

Service des imprimés non urgents.

Dans les recettes principales, doit être tenu un relevé présentant, jour par jour, la situation des sacs d'imprimés arrivés et de ceux qui ont été triés. Ce relevé doit être visé par les inspecteurs à chacune de leurs visites (Circul. Exploitation postale, 1er Bureau, du 18 décembre 1906).

Expédition des correspondances.

— Aussitôt après le timbrage, les correspondances sont classées dans un casier de tri. — Ce casier, qui est placé sur une table, comprend au moins autant de cases que de bureaux correspondants. Il y est réservé, en outre, pour les bureaux dits de *passe*, une case pour le classement des objets *en passe*, et pour les bureaux ambulants, quatre cases étiquetées : *Route — Paris — Passe Paris — Etranger* (art. 521).

— Les dimensions des cases sont en rapport avec l'importance de la correspondance à y classer ; elles ne peuvent, en aucun cas, être inférieures à 20 centimètres de hauteur sur 20 centimètres de largeur et 25 centimètres de profondeur.

Le casier de tri est pourvu d'un fond adhérent aux parois de chaque case, même quand il est adossé au mur. — Le rang inférieur des cases portant sur la table n'est pas utilisé.

Chaque case est pourvue, à la partie supérieure, d'une étiquette indiquant le nom du bureau correspondant.

Aucun objet étranger aux correspondances ne doit séjourner dans les cases de tri (art. 522).

— Dans chaque case, extrait, sur carton ou planchette, de la nomenclature n° 807 du bureau correspondant (art. 523).

— Chaque bureau possède un tableau n° 235 des dépêches à expédier et à recevoir, et un tableau indicateur de la direction à donner aux correspondances. Ces documents doivent être tenus au courant des modifications notifiées.

Nous recommandons, à ce sujet, de prendre, en quittant la Direction, en plus de l'exemplaire type de la direction à donner aux correspondances, le tableau n° 235 et le règlement intérieur du bureau à vérifier, afin de pouvoir comparer ces documents avec ceux du bureau.

Il convient de rechercher si l'acheminement donné aux correspondances n'est pas susceptible de modifications avantageuses, et s'il n'y a pas lieu, soit de faire créer certaines dépêches, soit de faire supprimer celles qui ne sont pas utiles.

— Dans chaque case de tri, les objets à taxer sont séparés de ceux affranchis (art. 531).

— Avant la fermeture, le contenu de chaque case doit être vérifié. Après la fermeture et avant le départ du courrier, on doit s'assurer qu'aucun objet n'est resté dans le casier (art. 532).

— Préparation et timbrage des feuilles d'avis. — Le numéro de l'envoi doit être indiqué, le cas échéant. — L'indication horaire figurant dans l'empreinte du timbre à date est celle de la levée effectuée pour la confection de la dépêche dans laquelle la feuille d'avis est insérée.

Cependant si une dépêche, fermée dans la soirée, doit être expédiée avant 6 heures du matin en hiver ou 5 heures en été, l'indication horaire du timbre est celle de la première levée du lendemain (art. 536-537).

— Si des objets taxés réexpédiés sont compris dans une dépêche, il est fait mention sur la feuille d'avis du montant des chiffres-taxes (art. 554).

— Liasses diverses à placer dans les dépêches (art. 557-558-559).

— La feuille d'avis est jointe à la liasse des lettres (art. 561).

— Les correspondances à distribuer par exprès, sauf celles chargées ou recommandées, sont insérées dans une enveloppe rouge n° 817 sur laquelle on inscrit le nom du bureau destinataire et le nombre d'objets qu'elle renferme.

La présence d'une enveloppe n° 817 dans une dépêche ou dans une enveloppe-dépêche n° 8, est constatée par l'apposition du timbre « *Exprès* » sur la feuille d'avis ou sur l'enveloppe n° 8. Le nombre des enveloppes n° 817 est indiqué au-dessous de l'empreinte du timbre à date (art. 555).

Retrait des correspondances

— L'expéditeur d'un objet confié à la poste a le droit d'en réclamer la remise entre ses mains ou d'en rectifier l'adresse, tant que cet objet n'a pas été livré au destinataire (art. 504).

— Tout fonctionnaire peut retirer une lettre ou un paquet contresigné qui n'a pas encore été expédié. — S'il envoie quelqu'un à sa place, il doit fournir une réquisition qui est conservée dans les archives du bureau (art. 505).

— Tout particulier qui veut retirer une lettre ou un objet non encore expédié doit :
1° justifier de son identité ;
2° déclarer, par écrit, qu'il est l'expéditeur de la lettre ou de l'objet et qu'il se soumet à demeurer garant, envers qui de droit, de tous les effets du retrait ;
3° présenter un fac-simile de la suscription et, le cas échéant, de la griffe ou du cachet appliqué sur l'objet (art. 506).

— La lettre est ouverte pour permettre de s'assurer de l'identité de la signature qu'elle porte, avec celle du réclamant (art. 507).

— S'il s'agit d'un chargement, décharge en est donnée, dans la forme ordinaire, sur le carnet n° 759 du guichet (art. 508).

— Quand il s'agit simplement d'une rectification d'adresse, le requérant n'a pas à fournir la déclaration écrite prescrite par l'article 506 (art. 509).

— Quand les objets de correspondance sont en cours de transport, les demandes de retrait ou de rectification d'adresse sont transmises par la voie postale ou par la voie télégraphique, mais toujours par l'intermédiaire du receveur du bureau où la demande de retrait est formulée (art. 510 à 514).

— Au reçu de la formule n° 288 ou du télégramme, le receveur du bureau destinataire recherche l'objet qui lui est signalé.
S'il s'agit d'un retrait, l'adresse est complétée par l'annotation

à l'encre rouge : « *Réclamé par l'expéditeur, renvoi au bureau de.....* », et l'objet est renvoyé sous chargement d'office.

S'il s'agit d'une rectification d'adresse, la nouvelle adresse est inscrite immédiatement à l'encre rouge, sauf dans les relations internationales (art. 515).

— Dès l'arrivée au bureau d'origine, d'un objet réclamé, l'expéditeur en est avisé par une formule n° 505. — Si celui-ci ne se présente pas au bureau dans les 24 heures, l'objet est dirigé de nouveau sur sa destination primitive, après avoir été revêtu de la mention : « *Retardé sur la réclamation de M..... qui s'en était déclaré l'expéditeur et s'est reconnu responsable des effets du retard* ».

S'il s'agit d'une boîte de valeur déclarée à destination de l'étranger, qui a donné lieu, au départ, à l'intervention du service de la garantie, il y a lieu de la remettre non à l'expéditeur, mais au bureau de garantie (art. 517).

— Si le requérant se présente, la lettre est ouverte en sa présence pour s'assurer de l'identité de sa signature avec celle de la lettre.

S'il n'y a pas concordance entre les deux, la lettre est recachetée sur-le-champ et revêtue au verso de la mention : « *Ouverte sur la réquisition de M..... qui s'en était déclaré l'auteur, et s'est reconnu responsable de tous les effets de sa demande.* »

Il est établi un procès-verbal en deux expéditions signées par le receveur et le réclamant (art. 518).

Fermeture et expédition des dépêches.

— Les dépêches échangées entre bureaux sédentaires sont fermées, sous papier gris résistant, ou dans des sacs en toile verte ou cachou, dont la fourniture incombe, par moitié, aux deux receveurs correspondants. — Quand la correspondance n'est pas réciproque, le receveur du bureau expéditeur de la dépêche, doit seul supporter les frais d'achat du sac.

Celles échangées entre les bureaux sédentaires et les bureaux ambulants et les bureaux-gares, sont fermées dans des sacs en toile blanche, fournis par l'Administration.

Quand un sac est déchiré ou troué, il doit être remplacé ; il ne peut être conservé en service, même avec une réparation (art. 564).

— Les bureaux ambulants font usage des sacs blancs, à l'endroit ; les bureaux sédentaires doivent les employer, à l'envers (art. 567).

— Interdiction aux bureaux sédentaires de conserver, sans motif, des sacs du service ambulant et d'en faire usage pour la fermeture des dépêches adressées aux bureaux sédentaires. — Le receveur qui emploie, indûment, un sac du service ambulant, peut être mis en demeure d'en rembourser le prix (art. 568-569).

— Les sacs en toile verte ou cachou, employés entre les bureaux sédentaires, sont fermés, à l'aide d'une étiquette en cuir de chaque côté de laquelle est une plaque en cuivre portant le nom de chaque bureau correspondant (art. 566).

— Les sacs en toile blanche du service ambulant sont fermés à l'aide d'étiquettes en papier gris, appelées « *colliers* », sur lesquelles le bureau expéditeur applique son timbre à date et porte la dénomination du bureau destinataire (art. 567).

L'étiquette est fixée, par sa partie supérieure, à la gorge du sac, au moyen de deux tours de ficelle sans nœud, serrant aussi fortement que possible la gorge du sac et l'étiquette. — Après un nœud double également très serré, les extrémités de la ficelle sont fixées sur la partie supérieure de l'étiquette, au moyen d'un cachet à la cire, placé tout près du nœud et laissant ce nœud à découvert (B. M. mars 1900).

— Les dépêches sous papier sont recouvertes d'une étiquette en cuir, de 12 × 9, percée de deux œillets. — Les noms des deux bureaux correspondants sont écrits ou imprimés en gros caractères, de chaque côté de l'étiquette. — Chaque bureau applique son timbre à date, très lisiblement, à l'angle gauche supérieur de l'étiquette, du côté sur lequel est indiqué le nom du bureau correspondant.

Pour la fermeture, la ficelle doit être passée dans les deux œillets de l'étiquette.

Les frais d'achat des étiquettes sont supportés par les receveurs, dans les mêmes conditions que ceux d'achat des sacs en toile (art. 565).

— Les dépêches entrantes doivent être inscrites nominativement sur la feuille d'avis (art. 570).

— Quand une dépêche est trop volumineuse pour être expédiée entrante, elle est laissée en dehors, mais son étiquette est recouverte d'une étiquette de papier gris, appelée « *masque* », sur laquelle est indiqué le nom du bureau chargé de l'acheminer. Le masque est frappé du timbre à date et il est fait mention, sur la feuille d'avis, de l'expédition en dehors (art. 571).

— Quand les dépêches entrantes ne peuvent, en raison de leur nombre, être inscrites au tableau de la feuille d'avis, elles sont décrites sur un bulletin n° 115 qui est annexé à la feuille d'avis (art. 572).

— Les dépêches ne doivent, en aucun cas, peser plus de 40 kilogr. S'il est fait une ou plusieurs dépêches supplémentaires, mention en est faite sur la feuille d'avis (art. 573).

— Tout courrier chargé du transport des dépêches par voie de terre, reçoit un carnet indicateur n° 125. Une copie en est remise à tous les bureaux desservis par ce courrier (art. 574).

— Lorsque le nombre des dépêches livrées au courrier diffère de celui indiqué sur son carnet, le préposé lui remet un part n° 116. Un double de ce part, signé par le courrier, reste entre les mains du préposé qui l'a établi. Le courrier remet son part au préposé destinataire (art. 575).

— Les inspecteurs et les brigadiers-facteurs peuvent requérir les courriers de leur montrer leur carnet n° 125 (art. 582).

— Les courriers doivent être présents au bureau, dix minutes avant l'heure réglementaire du départ. Quand leur expédition est subordonnée à l'arrivée d'autres courriers, ils sont tenus de les attendre (art. 577).

— La remise des dépêches aux courriers est effectuée, en dehors du bureau, par le receveur ou par un commis.
Toutefois, la nuit, dans les bureaux composés, cette remise peut être faite par un gardien de bureau, pour les dépêches fermées avant l'heure de leur expédition (art. 582).

— Les receveurs doivent surveiller le chargement et le déchargement des dépêches, tant au départ qu'à l'arrivée (art. 589).

— En cas d'erreur dans la remise des dépêches ou de retard de la part du courrier à venir les prendre, le receveur fait assurer le transport par un exprès (art. 594-595).

Courriers d'entreprise.

— L'entrepreneur d'un service à pied doit assurer personnellement son service, à moins d'autorisation spéciale du directeur.
— Les entrepreneurs d'un service à cheval ou en voiture peuvent se faire remplacer par d'autres personnes désignées, mais avec l'autorisation du receveur du bureau d'attache (art. 586).
La personne qui assure le service doit avoir à sa coiffure, un bandeau avec le mot « Postes » en lettres blanches (art. 6476).

— Il est interdit aux courriers d'entreprise de pénétrer dans les bureaux pour recevoir ou livrer leurs dépêches (art. 57).

— Interdiction est faite aux entrepreneurs de transborder, en cours de route, les dépêches, d'une voiture dans une autre ; celles-ci restent, jusqu'au moment de leur livraison, dans le coffre fermant à clef.
Les voitures doivent être conduites à la porte du bureau, sauf autorisation contraire du directeur.
Les courriers à pied, en voiture ou à cheval, peuvent être tenus de lever les boîtes aux lettres situées sur leur passage ; dans ce cas, ils prêtent serment (art. 588).

— Visite des courriers et des dépêches par les employés des douanes et des octrois (art. 590).

— Les boîtes mobiles pour les courriers en voiture et les sacoches-boîtes pour certains courriers à pied, fournies par l'Administration, sont à la charge des courriers.

Ceux-ci se procurent, à leurs frais également, les valises ou les sacs en cuir destinés à contenir les dépêches (art. 76-125).

— Les voitures doivent être munies d'un coffre de capacité suffisante, fermant au moyen d'une serrure de sûreté (art. 125).

— En cas d'accident survenu aux dépêches, le courrier recueille les débris et les dépose au bureau le plus voisin.

En cas de vol avec violence, le receveur doit, dès qu'il en est informé, prévenir le directeur par avis de service, puis faire dresser procès-verbal du fait, par le maire de la commune sur le territoire de laquelle le vol a eu lieu (art. 592).

Réception des dépêches.

— Le local où les dépêches sont reçues doit être ouvert et éclairé, avant l'heure normale d'arrivée des courriers, quand cette arrivée a lieu de nuit (art. 605).

— Le nombre, l'état et la destination des dépêches sont vérifiés, à l'arrivée.

— L'absence d'une dépêche ou d'une enveloppe n° 8 donne lieu à l'établissement d'un p. v. n° 167 (art. 607-608-609-611).

— La rentrée des dépêches manquantes est constatée par un deuxième p. v. n° 167 (art. 612-613).

— La réception d'une dépêche en mauvais état ou d'une dépêche perdue, rapportée au bureau, est constatée par un p. v. n° 167 (art. 617-618-619).

— Les dépêches qui ne sont pas ouvertes, dès leur arrivée, et celles reçues en passe, sont mises sous clef, jusqu'au moment de leur ouverture ou de leur réexpédition (art. 622).

Tenir la main à l'observation de cette prescription qui est généralement perdue de vue.

Ouverture des dépêches.

— Dans les bureaux composés et dans les bureaux simples dont le cadre comprend des agents de l'Etat, l'ouverture et la vérification des dépêches ont lieu avec le concours de deux agents. Ces agents apposent leur signature sur la feuille d'avis (art. 623).

L'ouverture doit avoir lieu de manière à laisser les cachets de cire intacts.

Les sacs doivent être retournés immédiatement (art. 624-626).

— Les enveloppes-dépêches n° 8 sont coupées sur les quatre bords. — Le recto, seul conservé, est classé avec les feuilles d'avis de la journée (art. 625).

— Au moment de l'ouverture d'une dépêche, la feuille d'avis doit être immédiatement recherchée (art. 627).

Son absence est constatée par un p. v. n° 167 établi en trois expéditions, et même par service télégraphique si la dépêche dont la feuille d'avis manque est fréquemment chargée (art. 628).

— Vérification du contenu des dépêches (art. 651 à 659).

— Les lettres non affranchies ou insuffisamment affranchies, ainsi que les lettres taxées réexpédiées, sont revêtues de chiffres-taxes qui sont immédiatement annulés par une empreinte du timbre à date (art. 647-648).

— S'assurer que le receveur taxe les lettres non affranchies, concernant le service, qui lui sont adressées (art. 836).

— Renvoi des feuilles de réexpédition n° 1251 aux bureaux expéditeurs (art. 649).

— Les fausses directions, les omissions de timbre à date, les omissions du timbre T sur les correspondances non affranchies ou insuffisamment affranchies, donnent lieu à l'établissement d'un p. v. n° 165 (art. 647-661-662).

— Les fausses directions commises par les éditeurs de journaux sont constatées par p. v. n° 164 (art. 663).

— Les correspondances adressées sous le couvert des agents sont versées en rebut (art. 660).

— Timbrage des correspondances à l'arrivée. — Les cartes postales sont timbrées au recto. — S'assurer qu'il est régulièrement effectué.

Font exception à cette règle, les imprimés non urgents, les correspondances locales, ainsi que les mandats-cartes, les cartes postales, les journaux et les imprimés reçus en passe (art. 664).

— Même dans les recettes composées où il existe un gardien de bureau, les facteurs peuvent être tenus de timbrer les correspondances à distribuer (art. 664).

— Les correspondances arrivantes sont mises sous clef, quand elles ne doivent pas être immédiatement distribuées ou réexpédiées (art. 665).

Veiller à l'observation de cette prescription dont il n'est pas tenu compte, d'une manière générale.

— Les feuilles d'avis, après avoir été timbrées, sont classées par courrier et, dans chaque courrier, par lettre alphabétique, les feuilles de Paris et des bureaux ambulants en tête ; elles sont enliassées, en fin de journée (art. 668).

CHAPITRE X

DISTRIBUTION

Distribution à domicile — Facteurs.

L'inspecteur établit, le jour de sa vérification, un bulletin n° 808 de la distribution à domicile, identique à celui que les receveurs établissent le 2ᵉ samedi des mois de février, mai, août, novembre.

Il compte, lui-même, les correspondances reçues à chaque courrier, ainsi que celles emportées, en distribution, par les facteurs.

Dans les grands bureaux, il se fait aider par le personnel, pour le comptage des correspondances d'arrivée, et fait annoncer par chaque facteur, le nombre des correspondances emportées, sauf à vérifier, par épreuves, les indications données.

L'Administration n'admet pas que, pour procéder à un comptage exact, on retarde la sortie des facteurs.

— S'assurer que les travaux préparatoires aux distributions s'effectuent rapidement et que les tournées commencent aux heures réglementaires.

— Avant la sortie pour la distribution, l'inspecteur s'assure que les facteurs portent la tenue réglementaire, qu'ils possèdent l'approvisionnement réglementaire en timbres-poste, chiffres-taxes, timbres de quittance, formules de mandats-cartes, que leur sac ou leur boîte est en bon état et qu'ils sont porteurs : de leur bulletin d'itinéraire, d'une instruction spéciale, d'un carnet de changement de résidence n° 757, du timbre « OL » ou « OR » suivant le cas, d'un étui-tampon encré, d'un porte-plume, d'un encrier, d'avis n° 1490 (recouvrements), de notices n° 90 (caisse d'épargne), etc... (art. 671).

— Voir si les quartiers de distribution sont à peu près équilibrés.

— Prix des sacoches en cuir, boîtes à distribution, portefeuilles, etc... (B. M. annexe de décembre 1909).

— Après avoir été frappées du timbre à date, les correspondances à distribuer sont remises aux facteurs, pour être classées par tournée de distribution (art. 672).

— La boîte aux lettres du bureau doit être levée avant la sortie des facteurs (art. 674).

— Les facteurs doivent classer leurs correspondances, selon l'ordre du bulletin d'itinéraire, en deux catégories séparées : 1° lettres ; 2° autres objets (art. 675).

— Répartition du *Journal officiel* (édition des communes) (art. 676),

— Répartition des taxes entre les facteurs et inscription de ces taxes sur le carnet n° 809. — Dans les bureaux composés, ce carnet est tenu par le facteur-chef (art. 681).

— La distribution à domicile ne peut commencer avant 6 heures du matin. Le soir, elle ne doit pas, à moins de circonstances exceptionnelles, avoir lieu après 7 heures en hiver et 8 heures en été (art. 747).

— Les facteurs doivent effectuer leur tournée, dans l'ordre indiqué par leur bulletin d'itinéraire (art. 748).

— Défense est faite aux facteurs de tenir à la main, en cours de distribution, les correspondances à distribuer (art. 749).

— Vérification des boîtes ou des sacs des facteurs, en cours de tournée (art. 750).

— Les facteurs doivent remettre les correspondances au domicile indiqué sur l'adresse, à moins que le destinataire ait changé de résidence ou qu'il y ait erreur évidente dans l'indication du domicile (art. 751).

— La remise des correspondances ordinaires se fait à *l'entrée de la maison d'habitation*. — Les facteurs ne doivent monter aux étages supérieurs que pour la distribution des chargements ou des objets recommandés (art. 752).

— Les chargements ne doivent être distribués dans les hôtels, les cafés, etc..., que si le chef de l'établissement certifie connaître le destinataire. — Dans le cas contraire, ils ne peuvent être distribués qu'au bureau (art. 753).

— Tout objet non distribué est frappé du timbre à date, chaque fois qu'il est mis de nouveau en distribution. — Ce timbre ne doit pas être appliqué par les facteurs (art. 756).

Les correspondances dont la remise au destinataire est ajournée sont conservées, en instance, dans le casier de la poste restante, mais pendant un mois au maximum (art. 757).

— Les facteurs sont porteurs, en cours de tournée, d'un carnet n° 757 pour l'inscription des changements de résidence des destinataires (art. 758).

Ce carnet doit être visé par le receveur, et les changements de résidence qui y figurent sont transcrits sur le registre des changements de résidence du bureau (art. 764-841).

En vérifiant les carnets des facteurs, s'assurer que ces prescriptions sont observées.

— A l'issue de leur distribution, les facteurs doivent obligatoirement rentrer au bureau, sans passer à leur domicile.

Quelle que soit l'heure de leur rentrée, le bureau doit toujours leur être ouvert (art. 760).

— A leur retour, le receveur, un agent ou le facteur-chef, constate l'heure de leur rentrée, visite leur boîte ou leur sac, et se fait rendre compte des chargements, des taxes, des valeurs à recouvrer, etc... (art. 761-762).

Il s'assure que les objets qui auraient pu être distribués n'ont pas été conservés indûment (art. 763).

— Remise d'un part n° 747 ou n° 747 bis aux facteurs ruraux et d'un part n° 746 aux facteurs de ville et locaux chargés de lever des boîtes supplémentaires urbaines, en cours de tournée.

S'assurer que le receveur indique bien sur le part : le nom du facteur ou de son remplaçant, le nombre de kilomètres fixé par l'état d'organisation pour chaque distribution, ainsi que l'heure *réelle* du départ, et que ce part porte bien sa signature et celle du facteur (art. 768).

— La mention « *Vélocipède* » doit être portée sur les parts des facteurs qui effectuent leur service à bicyclette (art. 783).

— Réception par les facteurs ruraux, des objets et des sommes qui leur sont confiés par les habitants des campagnes. Carnet 592 (art. 782).

— Les facteurs ruraux sont munis d'un timbre « OR » et les facteurs locaux d'un timbre « OL ». — Ce dernier timbre doit également être entre les mains des facteurs de ville qui sortent de l'agglomération de la commune (art. 771-783).

Les facteurs prennent, sur leur part, l'empreinte de la lettre-timbre de chaque boîte dont ils effectuent la levée et mentionnent, en regard de chaque empreinte, l'heure de la levée (art. 465).

— Rechercher les moyens de doter d'une seconde levée de boîte, les communes qui ne profitent pas encore de cet avantage.

— L'empreinte de la lettre-timbre d'une boîte est appliquée au recto de tout objet extrait de cette boîte.

Les correspondances reçues à la main sont frappées du timbre « OL » ou « OR » suivant le cas. — Cette empreinte est également appliquée sur le part, au-dessous de celle de la lettre-timbre de la dernière boîte levée (art. 771).

— Dans l'intervalle des tournées, les clefs des boîtes rurales et des boîtes supplémentaires urbaines doivent rester au bureau (art. 777).

Tenir la main à ce qu'elles soient attachées aux boîtes ou aux sacs des facteurs, à l'aide d'une chaînette.

— Au retour d'un facteur, le préposé mentionne, sur son part, l'heure de la rentrée et indique, dans la colonne 4 du tableau n° 1, le nombre des objets recueillis dans chaque boîte ou à la main. Quand aucune correspondance n'a été retirée d'une boîte, ou reçue à la main, des guillemets sont portés sur le part.

Les parts doivent être classés, par ordre de tournée de distribu-

tion et de date, dans un casier comprenant autant de compartiments qu'il y a de tournées de distribution.

Ils sont envoyés à la Direction, à la fin de chaque mois, en
autant de liasses qu'il existe de compartiments (art. 779).

— Au moment de la vérification, examiner ceux qui se trouvent
au bureau, et vérifier : si les empreintes des lettres-timbres des
boîtes y sont prises régulièrement par les facteurs (*le receveur
doit transmettre à la Direction tout part sur lequel un facteur
omet de prendre l'empreinte d'une lettre-timbre* (art. 777), s'ils
sont bien timbrés et signés, s'ils mentionnent le nom du facteur,
le numéro de la tournée, le nombre de kilomètres, l'heure du
départ, celle de la rentrée, la lettre « V » quand la tournée est
effectuée à bicyclette, ainsi que le nombre des objets recueillis
dans chaque boîte ou à la main et apportés au bureau, et si toutes
ces indications sont portées par le receveur ou par un délégué et
non par les facteurs, comme cela se pratique très fréquemment.

— Signaler les facteurs qui consacrent à leur tournée un temps
supérieur à celui que comporte leur parcours kilométrique.

— La distribution des publications officielles, adressées sous
le couvert des receveurs, est justifiée par la signature des destinataires sur les parts nos 747 ou 747 *bis* (art. 775-776).

— Parts des facteurs de relais (art. 780-781).

— Les correspondances adressées à des représentants d'agences,
sans indication de nom ni de domicile, ne doivent pas être distribuées (art. 799).

— Les correspondances adressées, dans une localité, à une personne n'y ayant pas ou n'y ayant pas eu antérieurement de domicile, ne peuvent être distribuées qu'autant qu'elles portent l'indication précise d'un domicile où elles sont acceptées.

Cette règle n'est pas applicable à un destinataire de passage,
notoirement connu (art. 801).

— Cas particuliers de distribution (art. 802 et 819).

— A la fin de chaque mois, les facteurs recueillent dans les
hôtels et dans les principaux cafés, pour être versées en rebuts
mensuels, les correspondances distribuées dans le cours du mois
précédent et non retirées (art. 707).

— La cause de non-remise d'un objet de correspondance, au
destinataire, doit être indiquée, au verso de l'objet, par l'agent
ou le sous-agent distributeur qui doit signer. — Pour les cartes
postales, l'indication est portée au recto.

A Paris et dans certains grands bureaux, la signature des facteurs est remplacée par l'empreinte d'une lettre-timbre indiquant
le numéro du quartier et de la brigade.

L'indication de la cause de non-remise est reproduite sur les
objets de correspondance : à l'aide d'étiquettes gommées impri-

mées, dans les bureaux simples ; au moyen de l'empreinte de timbres spéciaux, dans les bureaux composés (art. 706-754).

S'assurer que les receveurs des bureaux simples possèdent un approvisionnement suffisant d'étiquettes gommées.

Distribution au guichet.

— Les hauts fonctionnaires civils et militaires sont autorisés à faire retirer leur correspondance administrative et privée, au guichet, par une personne préalablement désignée, aussitôt après l'ouverture des dépêches (art. 716-717).

— Dans les bureaux où des particuliers font retirer leur correspondance au guichet, moyennant indemnité, tous les autres fonctionnaires peuvent réclamer le même avantage, à titre gratuit, mais seulement pour leur correspondance administrative.

Cette distribution ne commence qu'après la sortie des facteurs.

Ne peuvent retirer leur correspondance au guichet (abonnés) que les particuliers justifiant de leur domicile ou de la possession d'un établissement commercial ou industriel dans la circonscription postale du bureau (art. 718-719).

Il existe un casier spécial pour le classement de ces correspondances (art. 714).

— Sont également distribués au guichet, les paquets contresignés ou affranchis à prix réduit, dont la forme, le poids ou le volume ne permet pas aux facteurs de les transporter, ainsi que les paquets contresignés, de la ville pour la ville, pesant plus de 100 grammes.

La présence de ces objets est signalée aux destinataires, à l'aide d'une lettre d'avis nº 775 qui est renouvelée, après un délai de huit jours, en cas de non-retrait (art. 710).

— Enfin, après la sortie des facteurs pour une distribution, les personnes habitant les parties de la circonscription urbaine ou rurale, non desservies à cette distribution, peuvent réclamer, sans indemnité, la remise de leurs correspondances au guichet (art. 712).

Poste restante.

— Les correspondances adressées « *Poste restante* » sont classées, par ordre alphabétique, dans un casier ou tiroir fermant à clef.

Les chargements sont tenus à part, sous clef, et leur présence est rappelée par des fiches de rappel classées dans le casier ordinaire.

Les objets volumineux et les objets taxés sont également signalés par des fiches de rappel (art. 720).

— Il est pris note, sur un registre nº 756, des avis de changement de résidence. — Dans les bureaux qui ont une moyenne de plus de 10 avis par mois, le registre est établi par ordre alphabétique. Les avis de changement dont le délai est expiré sont barrés en croix (art. 841).

— Le casier de la poste restante doit être vérifié, chaque jour, par le receveur lui-même ou par un commis principal (art. 721).

— Les correspondances adressées sous deux noms sont classées à la lettre initiale du premier nom et une fiche de rappel est placée à la lettre initiale du second nom (art. 722).

— Les correspondances adressées à un domicile *et* poste restante sont conservées à la poste restante. — Si elles sont adressées à un domicile *ou* poste restante, elles sont d'abord présentées à domicile (art. 723).

— Les correspondances adressées « *poste restante* » dans une localité non pourvue d'un bureau, sont classées à la poste restante du bureau qui dessert cette localité (art. 724).

— Les correspondances adressées « *poste restante* », sous un nom de destination commun à plusieurs bureaux, sont classées par le bureau auquel elles parviennent. — Celui-ci en avise les préposés des bureaux homonymes, qui établissent alors une fiche de rappel (art. 725).
Ces fiches, qui doivent être retirées à la fin du mois qui suit celui au cours duquel elles sont établies, sont frappées du timbre à date, au moment de leur établissement (B. M. octobre 1900).

— Les correspondances ordinaires, adressées nominativement, sont délivrées sur la présentation, soit d'une enveloppe de lettre précédemment reçue, soit d'un livret d'identité, etc....., soit même d'une carte de visite (art. 727).

— Aucune justification n'est exigée pour la remise des objets adressés sous des initiales. — Il suffit que les initiales que porte la correspondance soient exactement dans le même ordre que celui indiqué par le réclamant (art. 728).

— Les objets adressés « *poste restante* » sont conservés jusqu'à la fin du mois qui suit celui de leur arrivée au bureau. — A l'expiration de ce délai, ils reçoivent au dos la mention « *non réclamé* » et sont, ou versés en rebuts mensuels, ou renvoyés aux expéditeurs.
Exception est faite pour les mandats-cartes (jusqu'à l'expiration du délai de validité), pour les autorisations de remboursement de la Caisse nationale d'épargne (30 jours) et pour les envois contre remboursement (5 jours dans le service intérieur — 7 jours dans le service international) (art. 732).

— Les objets adressés, sans indication de domicile, à des voyageurs, marins, de passage dans une ville, sont traités comme les objets adressés « *Poste restante* » (art. 732).

Service des vaguemestres.

(Articles 733 à 746).

— Les commissions de vaguemestre sont conservées par les receveurs (art. 733), sauf pour les corps de passage (art. 734).

Distribution par exprès.

— Cette distribution a lieu, en principe, aussitôt après l'arrivée du courrier. — Elle ne peut commencer cependant avant 6 heures du matin en été et 7 heures en hiver. — Elle ne peut être effectuée : dans la partie agglomérée, après 8 heures du soir en été et 7 heures en hiver, à moins qu'une distribution normale ait lieu à ce moment ; en dehors de l'agglomération et dans les communes rurales, après 7 heures du soir en été et 4 heures en hiver. Les dimanches et jours fériés, la dernière limite d'heure est fixée à 10 heures du matin en été et 11 heures en hiver (art. 784).

— Les porteurs sont rémunérés : pour les courses dans la partie agglomérée, d'après un taux uniforme et par objet transporté ; dans la banlieue et dans les communes rurales, d'après un tarif kilométrique fixé à l'avance et sans tenir compte du retour (art. 785).

— Quand un envoi exprès ordinaire dont le destinataire habite dans le périmètre de distribution gratuite d'un bureau télégraphique doté d'un personnel de facteurs distributeurs, parvient au bureau après l'heure de l'ouverture du service télégraphique, sa distribution est assurée par les facteurs du télégraphe (art. 785).

— Les objets à distribuer par exprès sont décrits sur un part n° 815. Mention doit être faite, au verso de ce part, de l'heure de la levée de la boîte, correspondant au départ du courrier par lequel il peut être répondu.

Les chargements sont décrits, à la fois, sur le part n° 815 et sur un carnet n° 759 (art. 786).

— Les destinataires donnent reçu, sur le part n° 815, des objets qui leur sont remis. — Dans les villes, les porteurs doivent, autant que possible, monter les correspondances à l'appartement des destinataires (art. 787).

— Le porteur d'une correspondance *exprès* est tenu d'attendre la réponse, si le destinataire le désire. — La durée de l'attente ne peut excéder une heure. — Le porteur ne peut exiger du destinataire, plus de 15 centimes par quart d'heure de jour et de 30 centimes par quart d'heure de nuit. — Cependant, dans la banlieue des communes sièges de bureau et dans les communes rurales, les porteurs ne peuvent être tenus d'attendre, contre leur gré, après le coucher du soleil (art. 789).

— Le prix de la course est payé au porteur, dès son retour au bureau. — Celui-ci en donne décharge sur une expédition de l'état n° 818, qui est conservée comme valeur en caisse, jusqu'à la fin du mois (art. 790).

— A la fin du mois, les deux expéditions de l'état n° 818 sont arrêtées par le receveur qui en porte le montant en dépenses, à. l'art. « *Recouvr. ou régul. d'avances* » et les transmet à la Direction, avec les parts n° 815 (art. 791).

Détaxes et réductions de taxes.

(Articles 825 à 837).

CHAPITRE XI

RÉEXPÉDITIONS ET REBUTS

Réexpédition.

— Doivent être réexpédiées, les correspondances reçues en fausse direction ou adressées à des destinataires qui ont changé de résidence (art. 838).

Cette réexpédition est gratuite, sauf pour les correspondances adressées de l'intérieur à l'intérieur et réexpédiées à l'étranger, et pour les journaux circulant dans le département ou un département limitrophe du lieu de publication, et réexpédiés en dehors de ces départements (art. 839-840).

— Précautions à prendre, en vue de s'assurer de l'authenticité des demandes de réexpédition (art. 841 *bis*).

— Les correspondances portant une adresse fictive, c'est-à-dire adressées dans une localité, sous un nom qui y est inconnu, sans indication précise de domicile, ou sans la mention « *poste restante* » ne doivent pas être réexpédiées ; elles sont versées en rebuts journaliers (art. 842).

— Indication, à l'encre rouge, sur les objets réexpédiés, de la nouvelle résidence des destinataires (art. 843-860).

— Les objets chargés ou recommandés adressés primitivement « *poste restante* » ne peuvent être réexpédiés, à la demande du destinataire, que « *poste restante* » sur un autre bureau (art. 845).

— Les lettres de la grande chancellerie de la Légion d'honneur et les plis de la Caisse d'épargne ne doivent jamais être réexpédiés ; ils sont renvoyés à l'origine.

Il en est de même des cartes électorales qui n'ont pu être distribuées au domicile indiqué sur la suscription, lorsque les municipalités ont demandé, dans ce cas, leur renvoi à la mairie (art. 806).

— Les objets dirigés, à tort, sur un bureau, doivent être revêtus de la mention « *Bon pour......* » (art. 848).

— Les chiffres-taxes apposés sur les objets taxés réexpédiés, sont barrés en croix par deux forts traits de plume. — Les objets sont accompagnés d'une feuille n° 1251 sur laquelle ils sont décrits (art. 851-852).

Mention est faite, sur la feuille d'avis, de la présence de la feuille n° 1251.

— Réexpédition des objets taxés, par une recette sur un bureau secondaire et réciproquement (art. 854-855).

— Les objets non distribués dont l'expéditeur peut être connu, sont renvoyés au bureau d'origine (art. 857), à l'exception de ceux mentionnés ci-après.

— Sont exceptés de la règle posée ci-dessus :
1° les dépêches contresignées taxées ;
2° les avertissements des percepteurs, des receveurs de l'enregistrement, etc... (art. 858).

— Délais de renvoi aux expéditeurs, des correspondances non distribuées (art. 859).

— Tout objet réexpédié doit être timbré au dos, au moment de sa réexpédition (art. 860).

— Quand un objet chargé ou recommandé doit être dirigé sur une nouvelle destination, renvoyé à l'expéditeur ou versé en rebut, mention en est faite sur le carnet de distribution n° 759.

Cet objet est ensuite inscrit sur le carnet n° 759 de réexpédition (art. 862).

Rebuts.

— Classification des rebuts en rebuts français journaliers et mensuels, et rebuts étrangers journaliers et mensuels (art. 884).

— Sont envoyés en rebut, les objets de correspondance qui, pour un motif quelconque, n'ont pu être ni dirigés, ni distribués, ni réexpédiés, ni renvoyés aux expéditeurs (art. 885).

— Sont compris dans les rebuts mensuels français ou étrangers :
1° les objets de correspondance adressés « *poste restante* » et non réclamés, à la fin du mois qui suit celui de leur arrivée au bureau ;
2° les objets de correspondance, sans indication de domicile, adressés à des voyageurs, marins, de passage, et qui n'ont pu être distribués pendant le même délai ;

3° les objets de correspondance recueillis dans les hôtels (art. 886-888).

— Sont compris dans les rebuts journaliers français ou étrangers, tous les autres objets mentionnés aux articles 885 et 887.

Ces rebuts sont envoyés, au jour le jour (art. 884).

— Les objets de correspondance, à verser en rebut, sont classés dans un casier fermant à clef, en suivant l'ordre alphabétique des noms des destinataires.

Les rebuts français sont séparés des rebuts étrangers et, dans chaque catégorie, les rebuts journaliers sont séparés des rebuts mensuels (art. 889).

— Dégrèvement des taxes des objets versés en rebut. Les taxes sont inscrites en bloc sur la fiche n° 837 à laquelle le paquet de rebuts est annexé, et dans la colonne 3 de l'état n° 1253 (art. 895).

— Confection et expédition des paquets de rebuts. — Centralisation à la recette principale de chaque département, chargée de les transmettre à l'Administration (art. 896).

Les chargements envoyés en rebut sont inscrits sur feuille n° 12, dans les mêmes conditions que ceux à destination de Paris. — La mention « *Rebuts Paris* » est portée dans la colonne réservée à la désignation du lieu de destination.

S'il s'agit d'un chargement « PR », aucune mention spéciale n'est portée sur la feuille n° 12 (art. 897).

CHAPITRE XII

CONTRAVENTIONS

Abus de franchise.

(Ordonnance du 17 novembre 1844).

— Défense de comprendre, dans les plis en franchise, des lettres, paquets, etc...., étrangers au service de l'État. — Toute infraction à ces dispositions de l'ordonnance du 17 novembre 1844 est passible des pénalités prévues à l'arrêté du 27 prairial an IX (art. 392).

— Vérification extérieure et sommaire, par le bureau de dépôt, des paquets en franchise remis au guichet. — En cas d'abus, l'objet est frappé du timbre « *Ordonnance du 17 novembre 1844* », au-dessus duquel est inscrit, à l'encre rouge, le nom du bureau de dépôt (art. 427-428).

— A l'arrivée, les paquets de service frappés du timbre

« *Ordonnance....* » sont taxés au moyen de chiffres-taxes comme des lettres non affranchies du même poids (art. 680).

— Tout paquet non contresigné ou revêtu d'un contre-seing non valable et refusé pour cause de taxe, peut être ouvert à l'arrivée, sur la réquisition du fonctionnaire destinataire. Si la réquisition n'est pas faite dans les 24 heures, le paquet est envoyé en rebut journalier (art. 820).

— Paquet taxé pour irrégularité de contre-seing ou pour suspicion de fraude et refusé par le destinataire. C'est au receveur qu'il appartient d'en provoquer l'ouverture, en adressant au destinataire un avertissement n° 455. — Si le destinataire ne se présente pas, malgré un deuxième avertissement envoyé 24 heures après le premier, il est dressé un procès-verbal n° 456 et le paquet est versé en rebut journalier, accompagné du procès-verbal (art. 821).

— Ouverture au bureau des paquets taxés, en présence du destinataire (art. 822).

— Vérification des paquets non contresignés ou revêtus d'un contre-seing non valable.
Si le contenu concerne le service de l'État, il est remis sans taxe au destinataire et le receveur se détaxe. S'il est étranger au service, il est remis contre payement de la taxe ou versé en rebut, en cas de refus du payement de cette taxe. Il est établi un procès-verbal n° 456 (art. 824).

— Vérification des paquets contresignés taxés pour irrégularité de contre-seing ou pour suspicion de fraude.
Si le contenu concerne le service de l'État, il est remis sans taxe au destinataire et le receveur se dégrève (art. 823).
Si la fraude est caractérisée, les objets étrangers au service sont saisis et joints à un p. v. n° 456 (art. 936).

— Les p. v. n° 456, dûment datés, signés et accompagnés de toutes les pièces du dossier de la contravention, sont transmis au directeur départemental avant d'être enregistrés (art. 937).

Article 50 de la loi du 8 avril 1910.

— Les envois faits au tarif réduit, dans lesquels sont insérées des lettres ou notes ayant le caractère de correspondance ou pouvant en tenir lieu, ou qui portent sur eux-mêmes ou sur les objets qu'ils contiennent, des mentions non autorisées, sont considérés et taxés comme lettres et passibles, en outre, d'une surtaxe fixe de deux francs (art. 389).

— Les boîtes de valeur déclarée dans lesquelles sont insérées des lettres ou notes... (comme ci-dessus) sont considérées et taxées comme lettres et passibles, en outre, d'une surtaxe fixe de deux francs (art. 391).

P. Fauque. — *Guide-Memento.* 7

— Les envois visés à l'art. 389 ci-dessus sont frappés du timbre T et revêtus, sur leur suscription, d'une manière très visible, de la mention à l'encre rouge « *Article 50 de la loi du 8 avril 1910* ». Ils sont acheminés sur leur destination dans les mêmes conditions que les objets taxés ordinaires.

. Ces dispositions ne sont pas applicables : 1° aux cartes postales affranchies à prix réduit, qui sont simplement taxées au double de l'insuffisance ; 2° aux objets à destination de l'extérieur. Ceux-ci sont renvoyés à l'expéditeur et si ce dernier n'est pas connu, ils sont versés en rebut (art. 496).

— Au bureau d'arrivée, ces objets sont revêtus de chiffres-taxes représentant le double de l'insuffisance d'affranchissement d'une lettre de même poids et, en plus, une surtaxe fixe de deux francs.

Ils sont distribués dans la forme ordinaire. En cas de refus, ou si le destinataire est inconnu, décédé. etc....., ou parti pour un pays où les conditions du régime intérieur ne sont pas applicables, ils sont renvoyés à l'expéditeur qui doit en acquitter la taxe. Si l'expéditeur est inconnu, l'envoi est versé en rebut (art. 679).

— Les objets taxés qui, refusés par les destinataires, sont renvoyés au bureau d'origine, sont présentés à l'expéditeur pour payement de la taxe. — Si ce dernier les refuse, un avis n° 505 le convoquant au bureau lui est adressé. — S'il persiste dans son refus ou s'il ne se présente pas au bureau dans un délai de quatre jours, le préposé transmet l'objet taxé au directeur, en indiquant le degré de solvabilité de l'expéditeur et, le cas échéant, les raisons invoquées par celui-ci pour ne pas acquitter la taxe.

Le receveur se dégrève de la taxe en joignant à l'objet une feuille n° 1251 libellée à l'adresse de la Direction (art. 708).

Lois du 4 juin 1859 et du 25 janvier 1873.

— Interdiction sous peine d'une amende de 50 à 500 francs :

1° d'insérer dans les lettres et dans les objets recommandés ou non, des pièces de monnaie, des matières d'or ou d'argent, des bijoux ou autres objets précieux ;

2° d'insérer dans les lettres non chargées ni recommandées, ainsi que dans les prix-réduits recommandés, des billets de banque ou valeurs payables au porteur ;

3° d'expédier dans les boîtes de valeur déclarée, des monnaies françaises et étrangères (art. 390).

— Objets de correspondance à destination de l'intérieur, paraissant renfermer des valeurs prohibées. — L'objet est timbré à date et taxé s'il y a lieu. — On y porte, à l'encre rouge, sur la suscription, les mots : « *Art. 13 de l'arrêté ministériel du 6 juillet 1859* ». — L'objet est inséré dans une enveloppe n° 467, recommandée d'office, à l'adresse du bureau destinataire, (art. 492).

— Si l'objet est à destination de l'extérieur, il est inséré dans une env. n° 467 et dirigé sur le bureau d'échange (art. 495).

— La recommandation d'office est notifiée, par un avis n° 461, au directeur du service où le fait est constaté (art. 493).

— Le bureau d'arrivée qui reçoit une enveloppe n° 467, recommandée d'office, convoque le destinataire pour l'ouverture de l'objet. — S'il y a contravention et si le destinataire donne le nom de l'expéditeur, il est établi, en double expédition, un p. v. n° 462 à faire signer par le destinataire (art. 946).

— Refus du destinataire de se présenter au bureau, d'ouvrir l'objet à son adresse, de donner le nom de l'expéditeur ou de signer le procès-verbal. — L'objet est retenu et il est établi un p. v. n° 462 constatant ce refus (art. 947).

— Si le destinataire est absent, inconnu, etc..., l'enveloppe n° 467 et l'objet sont versés en rebut, avec une note ainsi conçue: « *Arrêté ministériel du 6 juillet 1859 ; destinataire absent, inconnu,..... expéditeur inconnu* ». — Cette solution est notifiée au directeur départemental (art. 948).

— Les p. v. n° 462 établis en exécution des articles 946 et 947, sont transmis au directeur, sans être enregistrés, mais dûment datés, signés et accompagnés des pièces saisies. Il en est de même de ceux dressés à l'occasion de l'expédition en contravention, d'un bon de poste sans nom de bénéficiaire, ou d'un objet d'une valeur ne dépassant pas 5 francs. Dans tous les autres cas, les p. v. n° 462 sont transmis, pour être enregistrés d'office, au préposé du bureau dans la circonscription duquel réside le contrevenant (art. 949).

— Les p. v. n° 462 sont envoyés, sous recommandation d'office, quand ils sont accompagnés de l'objet expédié en contravention (art. 950).

Timbres-poste contrefaits ou ayant déjà servi.

— L'objet est frappé du timbre à date et du timbre T mais la figurine n'est pas oblitérée.

S'il est à destination de l'intérieur, on porte, à l'encre rouge, sur la suscription, les mots « *Timbre-poste contrefait* » ou « *Timbre-poste ayant déjà servi*». — L'objet est ensuite placé sous enveloppe n° 467 et expédié au bureau destinataire, sous recommandation d'office. — On porte sur le registre n° 510, la mention « *Exécution de l'art. 491 de l'Instruction générale* ». — Avis de cette recommandation est donné au directeur du service, sur formule n° 461,

Si l'objet est à destination de l'extérieur, il n'est pas taxé (art. 952). Il est envoyé au bureau destinataire, sous recommandation d'office, dans une enveloppe n° 289, avec un avis n° 461. Deux autres expéditions de cet avis n° 461 sont envoyées, l'une à l'Administration centrale du pays de destination, l'autre au directeur départemental. — Dans les relations franco-italiennes, l'enveloppe n° 289 et l'avis n° 461 sont adressés directement au Ministère des Postes et Télégraphes à Rome (art. 491).

— A l'arrivée, le destinataire est convoqué au bureau. On lui remet le contenu, contre payement de la taxe, mais on conserve l'enveloppe sur laquelle est le timbre-poste, ou l'objet lui-même s'il est inséparable du corps du délit (art. 952).

— Il est établi un p. v. n° 464 L.
Le destinataire doit signer le procès-verbal ; s'il refuse, mention en est faite. Si le destinataire est inconnu, absent, etc.., ou refuse de fournir les renseignements qui lui sont demandés, mention en est faite sur le procès-verbal qui doit quand même être établi (art. 953).

— Les p. v. n° 464 L (service intérieur) sont enregistrés, en double expédition, avant envoi à la Direction (la formalité de l'enregistrement est requise en débet) (art. 962). — Ils sont transmis au directeur départemental, sous pli recommandé d'office, avec le corps du délit (art. 954).

— Les p. v. n° 464 L (service international) sont envoyés au directeur départemental, avant d'être enregistrés (art. 955).

CHAPITRE XIII

SERVICE TÉLÉGRAPHIQUE

Comptabilité.

— L'inspecteur se fait remettre le carnet D n° 1368, le journal A^1 n° 1393, le journal A^4 n° 1394 et l'état des remboursements n° 1380.

— Les écritures télégraphiques sont soumises aux mêmes règles que les écritures postales ; les ratures, grattages et surcharges sont formellement interdits, tant sur les livres principaux que sur les livres auxiliaires et sur les pièces de comptabilité (art. 690 T).

— Toute erreur doit être rectifiée, soit par une perception complémentaire à enregistrer au journal A^1, s'il y a insuffisance de perception, soit par un remboursement porté sur l'état n° 1380, s'il y a eu trop perçu (art. 691 T).

— Les recettes télégraphiques de toute nature doivent être inscrites sur le journal A^1, à l'exception du montant des cartes et enveloppes pneumatiques reçues, des recettes diverses et accidentelles, des forcements en recette prononcés par arrêtés de vérification qui sont inscrits seulement au carnet D et des provisions versées pour télégrammes en compte (art. 695 T).

— Les inscriptions sont faites, au moment même de la perception, et avec tous les détails nécessaires, pour que les conditions faisant varier la taxe principale ressortent clairement (art. 696 T).

— Quand une taxe doit être recouvrée sur le destinataire d'un télégramme, elle est enregistrée sur le journal A^1. — Le télégramme est remis, accompagné d'un récépissé extrait du journal A^1, sur lequel est indiquée la somme à recouvrer et qui n'est pas soumis à la taxe de 10 centimes (art. 697-622 T).

— Si cette taxe ne peut être recouvrée, le télégramme et le récépissé A^1 sont rapportés au bureau, et le comptable en passe écritures, en dépense, à l'état n° 1380. — Le récépissé A^1 est annexé à cet état (art. 623-713 T).

— Au verso des cases du journal A^1, comportant perception d'arrhes, doit être mentionnée la date de la liquidation de ces arrhes, perception ou remboursement (art. 698 T).

Sur le journal A^1, au-dessous de toute inscription qui donne lieu à perception ou à remboursement, on indique la date et le numéro de la perception ou du remboursement. — Une mention identique est portée sur la minute du télégramme (art. 699 T).

— Les recettes inscrites au journal A^1 sont totalisées, par journée, dans la dernière colonne, et les totaux de chaque journée sont cumulés entre eux, du commencement à la fin de chaque mois.

En fin de mois, les totaux antérieurs sont reportés au-dessous des totaux mensuels et cumulés avec eux.

Les totaux journaliers du journal A^1 sont reportés, en fin de journée, au carnet et à l'état D qui doivent être tenus, au jour le jour.

En cas d'erreur d'inscription, d'addition ou de report, on écrit, soit au bas d'une page, soit entre deux cases, à la fin de la journée :

« *Augmentation ou Diminution de*....... *fr*..... *cent., pour erreur d'addition ou de report, à la journée du*.... *folio n°*.... »
et à la page où l'erreur a été commise :

« *Erreur d'addition ou de report rectifiée à la journée du*.....
folio n° ... » (art. 701 T).

— Le timbre à date du bureau doit être appliqué, en principe, dans chaque case du journal A^1. On peut ne l'appliquer qu'au commencement de chaque journée et en tête de chaque page, quand cette page se rapporte à une même journée (art. 702 T).

— Le montant des forcements prononcés par arrêtés de vérification est pris en charge au carnet D, dans la colonne intitulée : « *Forcements* ». — En regard de toute inscription reconnue erronée, on mentionne, en outre, soit au journal A^1, soit au carnet D, la date de l'arrêté intervenu, ainsi que la nature et le montant de la modification prescrite (art. 706 T).

— Il est bon de recommander aux receveurs de remplir une formule blanche de télégramme n° 698, pour toute perception complémentaire enregistrée au journal A¹, et de reproduire le numéro d'enregistrement au A¹, sur cette formule n° 698 qui est classée, à son rang, avec les autres originaux de la journée.

— Les remboursements ont lieu, soit d'office, soit sur autorisation du directeur départemental, soit sur autorisation de l'Administration centrale (art. 639 à 645 T),

— Tout remboursement est décrit sur l'état n° 1380. — Cette formule, sur laquelle la partie prenante émarge, est établie en simple expédition (art. 710 à 712 T).

— Le montant des dégrèvements prononcés par arrêtés de vérification est inscrit au carnet D, le jour même de l'arrivée de ces arrêtés (art. 714 T).

— Le total journalier des remboursements est reporté au carnet et à l'état D, mais il n'est pas déduit, le jour même, du produit brut.

Par analogie avec ce qui se pratique pour les non-valeurs postales, le montant des remboursements figure, pendant tout le mois, au livre de caisse, parmi les avances autorisées. On ne le déduit du produit brut qu'en fin de mois (art. 718 T).

— En fin de journée, le produit des taxes de la télégraphie privée, dont le montant est donné par le carnet D, est reporté sur le sommier des recettes.

— La vérification, au point de vue recettes, consiste à examiner :
1° à l'aide des originaux des télégrammes de départ, si les mots ont été bien comptés, si les taxes ont été appliquées exactement et si elles ont été prises en charge sur le journal A¹ ;
2° à l'aide du journal A¹, s'il a été fait recette de 10 centimes pour tous les télégrammes déposés avec reçu ;
3° enfin, à vérifier si les additions du journal A¹ sont exactes et si les totaux journaliers sont bien reportés, en fin de journée, sur le carnet D et sur le sommier des recettes.

Télégrammes en compte.

— Les expéditeurs des télégrammes en compte doivent verser, au préalable, à titre de provision, un dépôt de garantie dont la quotité est fixée par le receveur responsable et qui doit être renouvelé avant épuisement (art. 819 T.)

— Les abonnés au téléphone, dépositaires d'une provision téléphonique, sont dispensés de verser une seconde provision pour la taxe des télégrammes. — Il leur suffit de demander à échanger leurs télégrammes, à partir de leur poste d'abonnement et, le cas échéant, d'autoriser la majoration de 0 fr. 10 centimes par télégramme téléphoné (art. 10 T).

— Le montant de la provision versée est inscrit au registre n° 1108 et reporté au compte créditeur du titulaire, sur le registre n° 1398 ainsi qu'à l'annexe n° 1370.

Le receveur remet à la partie versante un récépissé détaché du registre n° 1108, sur lequel est appliqué un timbre de 25 centimes quand la somme versée excède 10 francs, sauf quand cette partie versante est une administration de l'État.

En fin de journée, le montant des provisions encaissées est inscrit au carnet D (art. 820 T).

— Au moment de leur dépôt, soit au guichet, soit par téléphone, soit par ligne d'intérêt privé, les télégrammes sont inscrits au débit du comptant ouvert à l'expéditeur, sur le registre n° 1398.

Il est ménagé à ce registre, pour chaque compte, un nombre de feuilles proportionné au trafic de chaque titulaire. Les comptes sont séparés et signalés par des onglets. — Les lignes de ce registre sont numérotées et chaque inscription de télégramme occupe une ligne entière. — Les taxes sont inscrites aux colonnes « *Taxes télégraphiques* ».

La surtaxe de 0 fr. 10 par télégramme téléphoné d'un poste d'abonné est cumulée avec la taxe de ce télégramme, mais on porte dans la colonne « *Observations* » la mention « *Téléphone* ». — Quant aux télégrammes téléphonés à l'arrivée, une inscription globale indique, en fin de journée et sur une seule ligne du registre n° 1398, la totalité des taxes de 0 fr. 10 dues par chaque abonné (art. 821 T).

— Les versements de provisions, les annulations de taxes etc.. sont inscrits dans la colonne 9 (Crédit). — Les bons de répons, payée, dont le montant est porté au crédit du titulaire du compte sont annexés au registre n° 1398 (art. 822 T).

— Chaque compte du registre n° 1398 est totalisé en fin de journée et les totaux obtenus sont immédiatement reportés sur les états n° 1370 à tenir en double expédition. — Un état n° 1370 est établi pour chaque titulaire d'un compte et adressé, en fin de mois, à ce titulaire. Les annexes n° 1370 sont récapitulées sur une formule n° 1392-38 qui est jointe à l'état D.

Il n'est pas établi d'état n° 1370 pour les abonnés admis au service des télégrammes téléphonés ; les taxes applicables à ces télégrammes, constatées au registre n° 1398, sont reportées, en fin de journée, aux relevés n° 1392-64 *bis* des intéressés (art. 823 T).

— Les télégrammes d'État sont, en outre, inscrits sur un relevé n° 1364 (art. 824 T).

— En fin de mois, les comptes ouverts au registre n° 1398 sont totalisés à l'avoir et au doit, de manière à en faire ressortir

l'excédent. Cet excédent est aussitôt reporté au compte du mois
suivant dont il forme le premier article de recettes.

Inversement, la taxe des télégrammes téléphonés par les abonnés exclusivement dépositaires d'une provision téléphonique est
soustraite, chaque mois, du produit des communications téléphoniques au livre n° 1392-3 et ajoutée au carnet D et à l'état D
(art. 827 T).

— Remboursement du reliquat des provisions (art. 827 bis T).

Recettes diverses et accidentelles.

— Elles donnent lieu , comme dans le service postal, à la délivrance d'un récépissé extrait du carnet n° 1108 (art. 655 T).

Voir l'art. 92 de l'Instruction générale.

Frais d'exprès et de poste.

— Ces frais sont avancés sur les fonds de la Caisse et enregistrés à l'état n° 1373 dont le montant est inscrit au livre de caisse,
parmi les avances autorisées (art. 725 T).

— L'état n° 1373, établi en simple expédition, est émargé par les
parties prenantes ou accompagné des bulletins de chargement.

Si les frais d'exprès ont été payés au départ, on porte, dans
la colonne 2, la mention « *Exprès payé x* ». — S'ils doivent être
perçus sur le destinataire, on inscrit, dans la colonne 10, la
somme perçue et le numéro d'inscription de cette recette au
journal A¹.

L'état n° 1373 est arrêté en fin de mois, et son total est alors
porté en dépenses, à l'article 22 du sommier des dépenses
(art. 727-731 T).

— Quand la somme payée à l'exprès, pour une course, est supérieure à 10 francs, un timbre de quittance de 10 centimes est
apposé sur l'état (art. 730 T).

— Cas où plusieurs télégrammes sont portés par un même
exprès (art. 729 T).

— Quand des frais d'exprès ont été occasionnés par la remise
de télégrammes officiels n'émanant pas d'un préfet, d'un sous-
préfet ou d'un fonctionnaire de l'Instruction publique, il est
adressé à la Direction, en fin de mois, un extrait de l'état n° 1373
(art. 732 T).

Dépôt des télégrammes.

— Les télégrammes sont rédigés, par le public, sur des formules
n° 698 mises à sa disposition ou sur tout autre papier. — Ces
formules ne doivent, en aucun cas, être délivrées aux expéditeurs pour la confection des télégrammes, à domicile (art. 32 T).

— L'expéditeur d'un télégramme peut être tenu d'établir son identité (art. 8-9 T).

— Un télégramme ne peut être téléphoné que si le texte est rédigé en français, en langage clair, et ne contient pas plus de 50 mots (art. 10 *bis* T).

— Les télégrammes déposés à un bureau, pour être distribués par ce même bureau, sont transcrits sur une formule bleue n° 701 (art. 11 T).

— Télégrammes à transmettre, confiés aux facteurs locaux et ruraux ou envoyés par la poste (art. 12 T).

— Télégrammes contraires aux bonnes mœurs (art. 13 T).

— Dépôt en dernière limite d'heure — une heure avant la clôture pour les télégrammes interdépartementaux — 30 minutes pour les télégrammes à destination du département ou d'un bureau relié directement au bureau du dépôt.

L'expéditeur doit être prévenu que son télégramme peut ne parvenir que le lendemain, et mention de cet avis, à signer par l'expéditeur, est faite sur l'original.

Si l'expéditeur refuse de signer, l'agent taxateur mentionne ce refus, signe et accepte le télégramme (art. 17 T).

— Le mot « LIMITÉ » est inscrit dans le préambule des télégrammes déposés en dernière limite d'heure (art. 18 T). — Ces télégrammes sont transmis par priorité sur les autres télégrammes privés (art. 19 T).

— Les receveurs peuvent accepter des télégrammes qui sont présentés à leur guichet, en dehors des heures réglementaires d'ouverture ; ils peuvent aussi les transmettre au bureau correspondant, mais seulement pendant les heures d'ouverture de ce bureau. — Les télégrammes privés relatifs à des avis de sinistre sont expédiés ou reçus à toute heure du jour et de la nuit (art. 21 T).

— Récépissé de dépôt à détacher du journal A¹, contre payement d'une taxe de 10 centimes (art. 22 T).

Vérifier si, pour chaque récépissé délivré, il est fait recette au journal A¹, des 10 centimes correspondants.

— Le nom et l'adresse de l'expéditeur doivent être mentionnés sur les originaux (art. 23 T).

Si l'expéditeur refuse de donner ces indications, mention du refus est faite sur la minute (art. 24 T).

— Inscription immédiate au journal A¹. — La minute est frappée du timbre à date ; l'agent taxateur y mentionne aussitôt la date et l'heure du dépôt qui est indiquée de 0 à 24 (art. 25-26 T).

Surveiller très attentivement cette partie du service, car la plupart des agents ont l'habitude de ne porter l'heure du dépôt qu'au moment de la transmission.

— Annulation, par l'expéditeur, d'un télégramme dont la taxe est déjà inscrite au journal A[1].

Si le télégramme n'a pas été transmis, on annexe à la minute la demande d'annulation écrite et signée par l'intéressé, et les taxes perçues sont remboursées, d'office, sous déduction d'un droit de 0 fr. 25.

Si le télégramme a déjà été transmis, la demande d'annulation ne peut être faite que par avis de service taxé (art. 27 T).

— Interdiction aux agents d'écrire les télégrammes.

Tout interligne, renvoi, rature ou surcharge doit être approuvé par l'expéditeur ou par son représentant (art. 28-29 T).

— Tout télégramme originaire ou à destination d'un bureau desservi par appareil téléphonique, doit être rédigé en français, en langage clair et ne pas contenir plus de 50 mots (art. 28 T).

— Un télégramme peut être écrit sur un papier quelconque, à l'encre ou au crayon (art. 30 T).

Quand le papier employé est de petite dimension, il doit être collé sur une formule blanche nº 698 (art. 31 T).

— Transcription, par l'agent taxateur, des mots mal orthographiés et peu lisibles, et transposition des passages disposés irrégulièrement. — Ces modifications doivent être approuvées par l'expéditeur (art. 33 T).

— Mode d'inscription des indications éventuelles caractérisant les télégrammes spéciaux (art. 39 T).

— L'adresse doit être suffisante pour permettre au bureau d'arrivée d'assurer la remise du télégramme, sans recherches ni demandes de renseignements (art. 41-42, 48-49-50-51-52 T).

— Le nom du bureau destinataire doit être écrit tel qu'il figure à la nomenclature (art. 43 T).

— Lorsque le domicile indiqué par le télégramme n'est pas compris dans les limites de distribution gratuite du bureau d'arrivée, l'expéditeur est invité à désigner le mode de remise par exprès ou par poste. L'indication éventuelle correspondante est placée en tête de l'adresse (art. 45 T).

— Télégrammes adressés aux chefs de gare ou aux agents des postes et des télégraphes, pour être remis à des tiers (art. 53 T.)

— Les télégrammes sans texte sont admis (art. 55 T).

— Les noms propres de villes et de pays, les noms patronymiques appartenant à une même personne, les noms de lieux, de places, boulevards, rues, etc..., les noms de navires, les nombres entiers, décimaux ou fractionnaires, ainsi que les fractions, écrits en toutes lettres, les mots composés français et anglais, peuvent être groupés en un seul mot, sans apostrophe ni trait d'union (art. 56 T).

— Langage clair — secret — convenu — chiffré (art. 57 à 65 T).

— La signature peut être convenue, abrégée ou omise (art. 66 T).

— Les soulignés et les parenthèses ne doivent être taxés que si l'intention de l'expéditeur est qu'ils soient transmis. — Dans la négative, l'agent taxateur doit les supprimer et faire approuver la modification (art. 85 T).

— Compte des mots (art. 86 à 106 T).

Télégrammes affranchis en timbres-poste.

— Ils peuvent être déposés soit aux guichets des bureaux, soit dans les boîtes aux lettres des bureaux. — Ceux trouvés dans les boîtes supplémentaires urbaines ou dans les boîtes rurales ou des gares sont également transmis ; ils sont revêtus de la mention « *Trouvé dans la boîte de......* ».

— Les timbres-poste doivent être apposés sur le recto de la minute, de préférence dans l'angle droit supérieur.

— Les télégrammes ne sont transmis électriquement qu'autant que les timbres qui y sont apposés représentent le montant intégral des taxes (principale et accessoires).

— *Dans le régime intérieur*, sauf pour le minimum de perception et pour les taxes accessoires, il est accordé, pour l'insuffisance d'affranchissement, une tolérance de 2 mots pour les télégrammes de 11 à 20 mots et de 4 mots pour les télégrammes au-dessus de 20 mots. Cette tolérance n'est pas applicable aux radiotélégrammes et aux télégrammes sémaphoriques.

— Les télégrammes insuffisamment affranchis et transmis par télégraphe, en vertu de la tolérance ci-dessus, donnent lieu à la perception sur le destinataire, d'une taxe égale au double de l'insuffisance. La mention non taxée « *PCV* » est inscrite dans le préambule avec indication de la somme à recouvrer.

— L'agent du guichet doit oblitérer les timbres-poste à l'aide d'une empreinte très lisible du timbre à date et inscrire le télégramme au journal A[1]. — La mention « *TP* » est portée dans la colonne d'inscription des taxes ; le montant de la taxe acquittée en figurines est indiqué, pour mémoire, au bas de la case du journal A[1].

— L'heure de dépôt à inscrire sur le télégramme est celle à laquelle ce télégramme est remis à l'agent taxateur.

— Quand un télégramme ne peut être transmis électriquement pour cause d'insuffisance d'affranchissement, il y a lieu, dans le service intérieur, d'oblitérer les timbres-poste et d'inscrire ce télégramme au journal A[1]. Une copie de la minute est établie sur formule bleue n° 701 et acheminée postalement par le plus prochain courrier (art. 443 T), après avoir été revêtue de la mention : « *Télégramme insuffisamment affranchi en timbres-poste* ».

— Quand, par suite d'une adresse imprécise, un télégramme ne peut être transmis, des renseignements complémentaires sont demandés à l'expéditeur s'il est connu et les timbres-poste ne sont, bien entendu, oblitérés qu'après régularisation. Si le télégramme ne peut pas être régularisé, il est conservé au bureau pendant six semaines. Passé ce délai, il est remis au service postal qui le verse en rebuts journaliers.

— Ces dispositions sont applicables aux télégrammes internationaux, sémaphoriques et aux radiotélégrammes insuffisamment affranchis.

— Dans le régime intérieur, l'excès d'affranchissement d'un télégramme transmis électriquement n'est pas remboursé. — Pour ceux acheminés par la poste pour insuffisance d'affranchissement, le remboursement de la valeur des timbres-poste peut être effectué par le bureau de dépôt, sur la demande de l'expéditeur, mais sous déduction d'un droit fixe de 25 centimes.

— Dans le régime international, l'excès d'affranchissement peut être remboursé mais seulement sur la demande de l'expéditeur.

— Les remboursements sont effectués en timbres-poste.

— Le nombre des télégrammes affranchis en timbres-poste et le montant des taxes sont indiqués, chaque jour, au carnet D et à l'état D, dans deux colonnes spéciales.

Télégrammes officiels.

— Le droit de franchise télégraphique comporte l'exonération de la taxe et un droit de priorité, dans la transmission et dans la remise. Toutefois, pour les télégrammes à distribuer par exprès, les préfets, les sous-préfets et les fonctionnaires de l'Instruction publique, doivent, au moment du dépôt, acquitter les frais d'exprès (art. 110 T).

— La franchise indirecte est conférée par le « visa » d'un fonctionnaire investi de la franchise directe (art. 113 T).
Le mot « visé » est inscrit sur la minute et transmis à la suite de l'adresse (art. 115 T).

— Le droit de réponse en franchise est conféré par la production d'une demande de réponse télégraphique, émanant d'un fonctionnaire jouissant de la franchise directe (art. 108 T).

— Tout télégramme présenté en contravention doit être refusé en franchise (art. 119 T).

— Les télégrammes officiels à distribuer par le bureau de dépôt ne sont pas acceptés (art. 116 T).

— Quand un télégramme en contravention est transmis comme officiel, il appartient au dernier bureau de transit ou au bureau d'arrivée d'établir, d'office, un procès-verbal n° 685 (art. 122 T).

— Les taxes des télégrammes acceptés en contravention sont, sur l'ordre de l'Administration, versées par le receveur du bureau d'origine, sauf recours de celui-ci contre l'expéditeur (art. 123 T).

— Définition et dépôt des télégrammes abusifs (art. 124-125 T).

— Le receveur du bureau d'origine doit adresser à la Direction, avec un p. v. n° 685, une copie de tout télégramme abusif (art. 125 T). — Les bureaux principaux signalent à la Direction, par p. v. n° 685, tous les télégrammes officiels abusifs reçus par eux (transit et arrivée) (art. 126 T).

— Les mentions « *urgence* » et « *extrême urgence* » sont admises pour les télégrammes officiels (art. 133 T).

— Dans un télégramme officiel, l'agent taxateur supprime, d'office, les indications inutiles, les formules de politesse, les titres écrits dans l'adresse par l'expéditeur, la signature de ce dernier, etc. (art. 134 T).

— Les télégrammes officiels de départ sont inscrits sur un rôle spécial n° 661 (art. 135 T).

— Après cet enregistrement et inscription de l'heure de dépôt, ils sont signalés au receveur ou, en cas d'empêchement ou d'absence, à son délégué, pour visa. Après transmission, les minutes des télégrammes sont toujours vérifiées, en dernier ressort, par le receveur qui mentionne la date et l'heure de sa vérification. Sauf dans les bureaux possédant des chefs ou sous-chefs de section, le contrôle des télégrammes officiels ne peut être délégué, d'une manière habituelle, par le receveur (art. 136 T).

— Tout télégramme officiel peut être retiré tant qu'il n'a pas été transmis (art. 137 T).

— Si des frais d'exprès ou des arrhes sont perçus (télégrammes déposés par un préfet, un sous-préfet ou un fonctionnaire de l'Instruction publique), leur montant est inscrit au journal A¹, dans la forme ordinaire (art. 138 T).

— Taxation, pour ordre, des télégrammes officiels. — Les taxes sont inscrites au compte du Ministère dont relève le fonctionnaire expéditeur, sur un tableau qui comprend tous les départements ministériels. — Le nombre et le montant de ces télégrammes sont portés à la statistique n° 803 *bis* (art. 139-140 T).

— A l'arrivée, les télégrammes officiels sont inscrits sur un rôle spécial n° 661 (art. 149 T).

— Ils sont remis aux destinataires, sous enveloppe et accompagnés d'un reçu n° 708 dont toutes les indications doivent être remplies. Ces reçus forment une série annuelle spéciale (art. 151 T).

— Les télégrammes officiels sont transmis et remis, de jour et de nuit (art. 152 T).

— Quand le destinataire ne réside pas dans le lieu d'arrivée, le télégramme lui est envoyé par exprès, à moins que l'indication éventuelle « *Poste* » ne figure dans l'adresse.

Les télégrammes adressés aux fonctionnaires qui habitent en dehors des limites de la distribution gratuite, sont remis au siège de la fonction.

Les frais d'exprès sont inscrits à l'état n° 1373 et portés au compte du département ministériel intéressé, à moins que le fonctionnaire expéditeur ait acquitté les frais d'exprès, au départ (art. 153-154 T).

Cours des rentes françaises.

— Ils sont transmis dans l'ordre suivant et reçus sur formule jaune n° 700 :

Rente 3 % perpétuelle ;
Rente 3 % amortissable ;

Chaque cours est suivi de la différence (*hausse ou baisse*) avec celui de la journée précédente (art. 166 T).

— Ils sont affichés à l'extérieur du bureau, sur formule n° 707, dans un cadre grillagé fourni par la commune ou, à découvert, si le cadre n'a pas été fourni.

Il doit y avoir deux cours affichés, celui de la veille et celui du jour (art. 164-167 T).

Télégrammes de service.

— Leur émission est limitée aux cas qui présentent un caractère d'urgence (art. 174 à 177 T).

— Ils sont rédigés et traités comme des télégrammes officiels (art. 178 à 183 T).

Avis de service.

— Les avis de service, échangés de bureau à bureau, sont émis par le receveur ou par un délégué responsable (art. 186 T).

— Ils sont signés, au départ, par l'agent qui les émet, en transit et à l'arrivée, par le receveur ou son délégué (art. 188 T).

— Il est interdit à tout agent d'émettre un avis de service, sans y être autorisé, et de transmettre un avis de service non visé ou une note personnelle.

Celui qui reçoit un avis dit « *sans écrire* », doit le transcrire sur une formule jaune n° 700, et le remettre au receveur (art. 193 T).

— Les avis de service ayant pour but de provoquer la rectification de certaines erreurs de service, donnent lieu à l'établissement d'un procès-verbal n° 685, par le receveur qui les émet et par celui qui les reçoit (art. 194 T).

— Les communications au public qui sont la conséquence d'indications fournies par les avis de service, doivent être rédigées sur une feuille de papier convenable. L'emploi des formules utilisées pour la rédaction ou la réception des télégrammes est interdit (art. 195 T).

Avis de service taxés.

— Ils sont rédigés sur formule jaune n° 700, par les agents du guichet, d'après les indications fournies par les intéressés. Ils ne comportent pas d'adresse. Leur préambule est le même que celui des télégrammes privés mais il est précédé de l'indice « ST » (art. 199-200 T).

— Ils sont soumis à la même taxe que les télégrammes privés ordinaires et inscrits, comme ces derniers, au journal A[1].
Le public peut en acquitter la taxe au moyen de bons de réponse payée (art. 201 T).

— A l'arrivée, ils sont remis au receveur ou à son délégué, et annexés, s'il y a lieu, aux originaux ou copies des télégrammes qu'ils concernent (art. 206 T).

— La réponse est envoyée par le receveur, dans les conditions indiquées par les articles 207 à 210 T.

Télégrammes urgents.

— Ils ne sont pas admis dans le régime intérieur. — Ils ne sont acceptés que par certains pays désignés au tarif télégraphique (art. 290 T).

— Ils obtiennent la priorité de transmission ou de remise, moyennant le payement d'une taxe égale au triple de la taxe simple (art. 289 T).

Télégrammes transmis avec priorité.

— Ces télégrammes n'existent que dans les échanges entre la France continentale, la Corse, la principauté de Monaco, d'une part, et l'Algérie et la Tunisie, d'autre part.
L'indication éventuelle « Priorité », soumise à la taxe, est inscrite avant l'adresse. L'indice « U » doit être inscrit et transmis en tête du préambule (art. 293 T).

— La taxe de ces télégrammes est du double de la taxe normale, avec minimum de perception de 1 franc. Les télégrammes de presse « avec priorité » acquittent une taxe de 5 centimes par mot, avec minimum de perception de 1 franc (art. 294 T).

— L'expéditeur qui désire payer, d'avance, le montant d'une réponse avec priorité, doit inscrire, avant l'adresse, l'une des indications « *Réponse payée priorité* » ou $= RPU =$ et « *Réponse payée priorité x* » ou $= RPUx =$ (art. 295 T).

— Ces télégrammes sont transmis avant les télégrammes ordinaires, dans les mêmes conditions de priorité que les télégrammes internationaux (art. 296 T).

Télégrammes de presse.

— Ces télégrammes bénéficient d'une réduction de 50 %, avec minimum de perception ordinaire (art. 298 T.).

— La personne qui dépose un télégramme de presse doit être munie d'une carte spéciale délivrée, par l'Administration, pour les journaux publiés à Paris, par les directeurs, pour ceux publiés dans les départements (art. 300 T).

— L'agent taxateur inscrit sur la minute du télégramme, le numéro de la carte qui lui est présentée et le lieu de sa délivrance (art. 299 T).

— Les télégrammes ne peuvent être adressés qu'au journal indiqué sur la carte présentée. Ils ne doivent contenir que des informations destinées à la publicité, à l'exclusion de toute communication personnelle.

Ils sont rédigés en langage clair et en français ou dans la langue dans laquelle le journal est publié.

Ils ne comportent aucune indication éventuelle autre que celles relatives aux télégrammes multiples, aux télégrammes avec reçu et à la transmission avec priorité (art. 301 T).

— La taxe des télégrammes de presse doit être immédiatement versée, sauf dépôt préalable d'une provision (art. 304 T).

— Le préambule est précédé de la mention « *Presse* » (art. 305 T).

— Télégrammes de presse contenant des passages non destinés à la publicité et télégrammes de presse multiples destinés à des journaux avec lesquels l'expéditeur n'est pas autorisé à correspondre au tarif réduit (art. 302 T).

— Les originaux des télégrammes de presse, ainsi que leurs copies de passage, sont enliassés séparément (art. 306 T).

— Télégrammes de presse internationaux (art. 310 à 323 T).

Télégrammes avec collationnement.

— Le collationnement consiste dans la répétition intégrale du télégramme, de bureau à bureau (art. 324 T).

— Le télégramme pour lequel la formalité du collationnement est demandée, est revêtu, par l'expéditeur, de l'indication éventuelle « *Collationnement* » ou $= TC =$.

L'expéditeur acquitte une taxe supplémentaire égale au quart de la taxe principale du télégramme déposé (art. 325 T).

Télégrammes avec accusé de réception.

— L'expéditeur d'un télégramme, qui désire être avisé télégraphiquement de la date et de l'heure de la remise de ce télégramme, inscrit, sur la minute, l'indication éventuelle « *Accusé de réception* » ou $= PC =$ qui est taxée ; il indique son nom et son adresse au bas de la minute.

Il paye une taxe supplémentaire égale à celle d'un télégramme de 10 mots, dans le régime intérieur, et de 5 mots, avec application, le cas échéant, du minimum, dans le régime international (art. 328 T).

— Au bureau destinataire, dès la rentrée du facteur distributeur, le receveur établit l'accusé de réception et l'enregistre au journal A^1 avec les indications : *CR à N°..... de..... du......* (art. 329 T).

Cet accusé, rédigé sur formule blanche n° 698, est classé, à son rang, avec les télégrammes ordinaires (art. 330-331 T).

— Si l'expéditeur désire être avisé, par la voie postale, de la date et de l'heure de la remise du télégramme qu'il dépose, il inscrit, sur la minute de ce télégramme, la mention « *Accusé de réception postal* », ou $= PCP =$, qui est taxée, et indique son nom et son adresse au bas de la minute.

Il paye une taxe de 10 centimes, dans le régime intérieur, et de 25 centimes, dans le régime international (art. 332 T).

— Dès le retour du facteur-distributeur, le receveur du bureau destinataire rédige un accusé de réception et l'insère dans une enveloppe contresignée adressée au bureau d'origine.

Dans le service international, l'accusé de réception est envoyé au bureau d'origine, comme lettre ordinaire, affranchie et portant la suscription « *Accusé de réception* ». — Le receveur se détaxe des figurines employées, par une inscription à l'état n° 1373 (art. 333 T).

— Si un télégramme avec accusé de réception postal ou télégraphique ne peut être remis, un avis de service est immédiatement transmis au bureau d'origine (art. 335 T).

— Dès la réception d'un accusé de réception, le receveur du bureau de dépôt envoie immédiatement à l'expéditeur une note reproduisant les indications de l'accusé de réception (art. 336 à 338 T).

Télégrammes à faire suivre.

— L'expéditeur inscrit, sur la minute de son télégramme, l'indication éventuelle, « *Faire suivre* » ou $= FS =$; il contresigne une mention comportant l'engagement de payer les taxes de réexpédition qui ne seraient pas acquittées. L'agent taxateur peut même lui faire verser des arrhes (art. 346-347 T).

— Au départ, il est perçu seulement la taxe afférente au premier parcours. Les taxes applicables aux réexpéditions successives sont perçues sur le destinataire (art. 348-350 T).

— Toutefois si l'expéditeur désire acquitter les frais de réexpédition, il inscrit sur son télégramme l'indication éventuelle « *Faire suivre arrhes* » ou = *FSA* = (art. 349 T).

— Réexpédition sur l'étranger d'un télégramme avec l'indication éventuelle = *FSA* = (art. 362 T).

— A partir du premier bureau réexpéditeur, les taxes à percevoir sur le destinataire sont cumulées et mentionnées d'office, dans le préambule, comme suit : « *PCV x.... (somme en francs et en centimes)* » (art. 353-354 T).

— Un télégramme peut également être réexpédié quand le destinataire ou son représentant en a fait la demande. — Dans ce cas, on inscrit avant l'adresse, au lieu de l'indication = *FS* =, celle : « *Réexpédié de.... (nom du ou des bureaux réexpéditeurs)* » (art. 356 T).

— Cependant, la personne qui demande la réexpédition, peut acquitter la taxe de réexpédition, pourvu que le télégramme ne doive être dirigé que sur une seule destination.

La mention « *Taxe perçue* » est alors inscrite en préambule au lieu de celle « *PCV......* » (art. 363 T).

— Quand le destinataire d'un télégramme ne portant pas l'indication éventuelle « *Faire suivre* » ou = *FS* = a changé de résidence, sans donner l'ordre de faire suivre par la voie télégraphique, ce télégramme est réexpédié par la voie postale.

Si le télégramme est réexpédié à l'étranger, il est mis à la poste comme lettre ordinaire non affranchie.

Le bureau réexpéditeur adresse au bureau d'origine, un avis de service ainsi conçu : « 425 15, Delorme, 212, rue de Nain (numéro, date et adresse du télégramme), parti, réexpédié poste ». — Il n'est pas établi d'avis pour un télégramme adressé primitivement = Poste restante = (art. 358 T).

— Réexpédition des télégrammes avec réponse payée, avec collationnement, avec accusé de réception (art. 359-360-361 T).

— Réexpédition, sans frais, des télégrammes adressés à des militaires ou marins déplacés subitement (art. 366 T).

Télégrammes avec réponse payée.

— L'expéditeur qui désire affranchir la réponse qu'il demande à son correspondant, inscrit sur son télégramme l'une des mentions éventuelles :

Dans toutes les relations,

« *Réponse payée* » ou = *RP* =, « *Réponse payée x* » ou = *RP x* =; (*x* indiquant le nombre de mots de la réponse).

Dans les relations avec les pays qui admettent les télégrammes urgents avec la France,

« *Réponse payée urgente x* » ou = *RPD x* =;

Dans les relations avec l'Algérie et la Tunisie,

« *Réponse payée priorité* » ou = *RPU* = « *Réponse payée priorité x* » ou = *RPUx* = (art. 367 et 368 T).

— La taxe à percevoir pour la réponse est celle d'un télégramme établi d'après les indications relatives à cette réponse et adressé par la même voie (art. 369 T).

— Dans le régime intérieur, si l'expéditeur n'indique pas le nombre de mots de la réponse, celle-ci est taxée pour 10 mots. Minimum 10 mots ; pas de maximum.

Dans le régime international, la mention « *Réponse payée* » ou = *RP* = doit obligatoirement être complétée par le nombre de mots de la réponse. Minimum 2 mots ou minimum ordinaire quand il existe un minimum de perception. Pas de maximum (art. 372-373 T).

— Télégramme avec réponse payée, originaire d'une gare ou d'un sémaphore à frais fixes. L'indication éventuelle doit faire ressortir la somme exacte versée par l'expéditeur pour la réponse soit : = *RP* 20 =, = *RP* 26 =, = *RP* 32 =, suivant que le bureau de départ figure à la nomenclature avec l'indice 1 kil., 2 kil., 3 kil. etc..., en admettant que la réponse soit payée pour 10 mots (art. 370 T).

— Au bureau d'arrivée, les bons sont extraits d'un carnet n° 677 (art. 374 T).

Leur valeur, qui résulte des indications éventuelles du télégramme d'arrivée (art. 375 T), doit être écrite, en toutes lettres, sauf pour les centimes (art. 377 T).

— Tout bon doit être frappé du timbre à date, à l'angle gauche inférieur, et signé par l'agent qui l'établit. — Il est interdit de raturer ou de surcharger un bon. En cas d'erreur, le bon est annulé et rattaché à la souche, après annotation (art. 377 T).

— Le bon est joint extérieurement à la copie d'arrivée. L'enveloppe ou la patte du télégramme et le reçu n° 708 qui l'accompagne portent en caractères très apparents, la mention : « *Avec un bon de (somme en toutes lettres) pour la réponse* » (art. 378 T).

— Quand un télégramme avec réponse payée est téléphoné au destinataire, le bon correspondant est annexé au registre n° 1398 et son montant inscrit au crédit de l'abonné (art. 379 T).

— Utilisation des bons (art. 382 à 386 T).

— Délai de validité, 42 jours (art. 384 T).

— Remboursement de l'excédent de la valeur des bons sur la taxe des télégrammes (art. 387 T).

— Au moment où il est accepté au guichet, un bon est frappé du timbre à date, à l'angle droit inférieur. — Il est collé sur le journal A[1], en regard de la case dans laquelle est inscrit le télégramme auquel il se rapporte (art. 349 T).

— Vérifier, par épreuves, les déclarations des comptables au sujet de la délivrance au guichet, des bons de réponse payée. Les éléments nécessaires à cette vérification doivent être relevés à la Direction ou au bureau principal. Prendre note des bons acceptés pour une somme supérieure à 0 fr. 50 (origine, date, montant) pour permettre un contrôle ultérieur (art. 6473).

— La valeur des bons qui n'ont pas été utilisés peut être remboursée dans le délai de 3 mois, qui suit la date de leur délivrance (art. 388 T).

— Quand un bon du régime intérieur est présenté, pour remboursement, au guichet du bureau d'origine, le remboursement est effectué d'office. — Quand ce bon est déposé dans un autre bureau ou s'il s'agit d'un bon international, le receveur l'adresse au directeur départemental (art. 389 T).

— Les bons remboursés, relatifs à des télégrammes du régime intérieur, sont annexés, comme justification, à l'état des remboursements n° 1380 (art. 390 T).

— Les carnets de bons doivent être conservés en lieu sûr et dans un meuble fermant à clef (art. 390 bis T).

— Délivrance des bons de réponse payée aux guichets des bureaux (art. 390 ter à 390 sexiès T).

Télégrammes multiples.

— Un télégramme multiple est un télégramme adressé : soit à plusieurs destinataires, dans une même localité ; soit à un même destinataire à plusieurs domiciles, dans une même localité ; soit enfin à un ou plusieurs destinataires, dans des localités différentes desservies par un même bureau.

L'expéditeur doit inscrire l'indication éventuelle « x adresses » ou = TM x =, qui est taxée.

Il peut demander que la copie remise à un ou plusieurs destinataires reproduise toutes les adresses, en inscrivant, avant l'adresse de ce ou ces destinataires, l'indication éventuelle taxée « Communiquer toutes adresses » ou = CTA =.

Les télégrammes multiples ne sont acceptés que pour les pays qui figurent à la nomenclature avec la mention « Multiple » (art. 391 T).

— Rédaction de l'adresse. — Indications éventuelles. — Exemples (art. 392 à 394 T).

— Les télégrammes multiples sont passibles :

1° d'une taxe calculée sur le nombre total des mots à transmettre ;

2° d'un droit de copie de 0 fr. 50, pour chaque série de 100 mots taxés, qui est répété autant de fois qu'il y a d'adresses moins une. — Pour les télégrammes urgents, le droit de copie est de 1 franc ;

3° des taxes accessoires éventuelles (art. 395 T).

— Quand l'adresse d'un télégramme multiple manque de précision et ne permet pas à l'agent du guichet de taxer d'une manière précise, cet agent perçoit des arrhes ; l'expéditeur écrit l'indication éventuelle « *Multiple arrhes* » ou $= TMA =$, qui est taxée. Le bureau d'arrivée établit une feuille M (art. 397 T).

Télégrammes à remettre par exprès.

— L'expéditeur inscrit sur son télégramme, l'indication éventuelle « *Exprès payé x* ou $= XP x =$, qui est taxée (art. 409 T).

— La taxe à percevoir pour la distribution par exprès, est de 0 fr. 50 pour le premier kilomètre et de 0 fr. 30 pour chaque kilomètre suivant (art. 410 T).

— Quand le dictionnaire ne mentionne pas la distance à parcourir par l'exprès, l'agent taxateur perçoit des arrhes dont la liquidation a lieu, dès la réception de la feuille M établie par le bureau d'arrivée. Le nombre de kilomètres perçu est indiqué (art. 412 T).

— Après la liquidation, le bureau d'origine annexe au journal A[1] le tableau n° 3 de la feuille M, tableau que la Direction doit lui renvoyer (art. 665 T).

— Si l'expéditeur désire être renseigné immédiatement, il paye une taxe supplémentaire de 10 mots et inscrit sur son télégramme, l'indication éventuelle qui est taxée « *Exprès payé télégraphe x* » ou $= XPTx =$ (art. 413 T).

— Pour les télégrammes adressés à des localités desservies télégraphiquement par une gare, un sémaphore, etc., portant le même nom que le bureau télégraphique (gare ou sémaphore) de destination, et pour lesquelles la Nomenclature indique la distance kilométrique, le nombre de kilomètres correspondant à la taxe perçue est mentionné dans la forme suivante :

« *Exprès payé 2* » ou $= XP2 =$ Durand Lempaut (art. 416 T).

— Il doit être perçu des frais d'exprès pour un télégramme à mettre à la poste par un bureau (gare, sémaphore, etc.) inscrit à la Nomenclature avec une indication kilométrique. — On porte, en préambule, l'indication éventuelle $= XPx$ poste $=$ taxée pour 2 mots.

Si l'expéditeur ne veut pas payer de frais d'exprès et désire que son télégramme soit remis au service postal en gare, on porte en tête du télégramme, la seule indication éventuelle « *Poste* » (art. 417 T).

— Les télégrammes distribués, par exprès, sont toujours accompagnés d'un reçu n° 708 à faire signer par le destinataire (art. 424 T).

— Un courrier d'entreprise peut, s'il doit revenir au bureau dans la journée, être chargé, en effectuant une de ses courses règlementaires, de remettre un télégramme par exprès, lorsque le domicile du destinataire, se trouve sur son itinéraire (art. 422 T). Dans ce cas, l'indemnité kilométrique à payer est seulement de 0 fr. 30 (art. 427 T).

— L'intermédiaire d'un facteur local ou rural peut être employé pour la remise d'un télégramme à porter par exprès, quand la distribution de ce télégramme ne doit pas être retardée. Dans ce cas, le bureau distributeur établit une feuille M et le bureau de départ rembourse à l'expéditeur les arrhes ou les frais d'exprès que celui-ci a versés (art. 423 T).

— Toute personne demeurant en dehors du périmètre de la distribution gratuite, peut demander que tous les télégrammes arrivant à son adresse lui soient remis par exprès. — Les frais d'exprès sont alors acquittés par le destinataire, sauf quand ils l'ont déjà été par l'expéditeur (art. 425-731 T).

— Le bureau à qui parvient un télégramme « *Exprès payé télégraphe x* » ou $= XPT x =$ émet, dans le plus bref délai possible, un avis de service (art. 426 T).

— Les porteurs des télégrammes à remettre par exprès, sont choisis par les receveurs, sous leur responsabilité.

Les distributeurs municipaux doivent être chargés, de préférence, de ce service, sous la réserve qu'ils seront en état de se faire remplacer pendant leur absence, pour la distribution dans le lieu d'arrivée.

Les facteurs du télégraphe ne peuvent en être chargés qu'en dehors de leurs heures de vacation réglementaire (art. 427 T).

— Dans le service international, les frais d'exprès peuvent être payés au départ, ou perçus à l'arrivée.

S'ils ne sont pas payés d'avance, l'expéditeur inscrit sur son télégramme, l'indication éventuelle « *Exprès* ».

Dans le cas contraire, l'expéditeur inscrit l'une des indications éventuelles suivantes :

« *Exprès payé* » ou $= XP =$, quand l'office d'arrivée a notifié, au préalable, le montant des frais à percevoir au départ.

« *Exprès payé x fr.....* » ou $= XPx fr..... =$ quand l'expéditeur est à même d'indiquer la taxe à percevoir. Si la somme versée est insuffisante, le complément lui est réclamé ultérieurement. Si elle est trop élevée, la différence ne lui est pas remboursée.

« *Exprès payé télégraphe* » ou $= XPT =$, ou « *Exprès payé lettre* » ou $= XPP =$, quand le montant des frais de transport n'est pas connu. — L'expéditeur dépose des arrhes ; il paye, dans le premier cas, la taxe d'un télégramme de cinq mots pour la même destination ; dans le second cas, une taxe de 0 fr. 25 (art. 428 à 432 T).

— Le bureau d'arrivée, qui reçoit un télégramme international « *Exprès* », perçoit la taxe de l'exprès sur le destinataire (art. 433 T).

Télégrammes à remettre par poste.

— Quand il désire que son télégramme soit remis comme lettre ordinaire, par le bureau d'arrivée, l'expéditeur inscrit, en tête de l'adresse, l'indication éventuelle taxée : « *Poste* ».

S'il désire que le bureau d'arrivée achemine son télégramme, comme lettre recommandée, il inscrit l'indication éventuelle taxée : « *Poste recommandée* », ou = *PR* = (art. 435 T).

— Les télégrammes à acheminer comme lettres ordinaires sont expédiés sans frais. Ceux à acheminer comme lettres recommandées acquittent la taxe de recommandation postale (0 fr. 25) (art. 436 T).

— Les télégrammes à acheminer par poste, hors des limites du régime intérieur ou du pays de destination télégraphique, sont soumis aux règles suivantes :

Mis à la poste par un bureau du régime intérieur, à destination d'une colonie française, de Tripoli ou d'un bureau français du Maroc, ils acquittent une taxe de 0 fr. 10 s'ils sont adressés « *Poste* » et de 0 fr. 35 s'ils sont adressés « *Poste recommandée* ».

Dans tous les autres cas, ils acquittent une taxe de 0 fr. 25 s'ils sont adressés « *Poste* » et de 0 fr. 50 s'ils sont adressés « *Poste recommandée* » (art. 437 T).

— Les télégrammes à déposer, par une gare, à la boîte mobile de cette gare, portent l'indication éventuelle taxée : « *Poste* ».

A l'arrivée, le chef de gare les frappe du timbre humide de la gare et les revêt de sa signature (art. 439 T).

— Tout télégramme parvenu au bureau destinataire, sans indication du mode de remise, est, en principe, distribué par la poste. Toutefois, si l'adresse n'a pas pu permettre au bureau de départ de se rendre compte du mode de remise choisi par l'expéditeur, le bureau d'arrivée demande, par avis de service, au bureau de départ, en indiquant la distance à parcourir, le mode de remise à employer (art. 440-441 T).

— Les télégrammes qui sont envoyés à destination par la voie postale, comme lettres ordinaires, doivent être contresignés par le receveur ou par son délégué (art. 443 T).

— Les frais d'affranchissement ou de recommandation sont payés sur les fonds de la Caisse et enregistrés à l'état n° 1373. —

Pour les télégrammes soumis à la recommandation postale, les bulletins de dépôt détachés du registre n° 510 sont annexés à l'état n° 1373 (art. 444-445 T).

— Télégrammes transmis postalement entre la France et ses colonies, et électriquement, à l'intérieur des pays d'origine et de destination (art. 447 à 453 T).

Lettres-télégrammes.

(Circulaire n° 638 insérée au B. M. de février 1909.)

— Elles ne sont admises que dans les relations entre les départements de la métropole (Corse comprise) où il existe un ou plusieurs bureaux de l'État, à service télégraphique permanent ou de demi-nuit.

— Elles ne peuvent être déposées que dans les bureaux à service permanent ou de demi-nuit.
Leur dépôt doit avoir lieu : entre 7 heures du soir et minuit, si elles sont à destination d'un bureau à service permanent ; entre 7 heures du soir et 11 heures du soir, si elles sont à destination d'un bureau à service de demi-nuit.

— Le langage clair est seul admis dans la rédaction du texte ; elles ne peuvent pas être téléphonées.

— La taxe, toujours perçue en numéraire et au départ, est de 1 cent. par mot, avec minimum de 0 fr. 50. Elle est inscrite au journal A^1 avec la mention « *LTG* ».
L'adresse des lettres-télégrammes doit être précédée de l'indication taxée $= LTG =$. — Cette indication est suffisante si la lettre-télégramme est à destination d'une ville siège d'un bureau à service permanent ou de demi-nuit. — Elle doit être suivie, en outre, de la mention également taxée $= Poste =$ si elle est à destination d'une localité d'un département dans lequel existe un bureau à service permanent ou de demi-nuit.
En dehors de ces indications et de l'une des mentions « *Poste restante* » ou $= GP =$, l'adresse ne peut comprendre aucune des autres indications éventuelles admises pour les télégrammes ordinaires.
L'agent du guichet doit porter sur la minute, en caractères très apparents, la mention : « *Lettre-télégramme* ».

— Les lettres-télégrammes ne sont transmises, par la voie télégraphique, qu'après 9 heures du soir et seulement après écoulement du trafic ordinaire.

— Après leur réception au bureau télégraphique d'arrivée, les lettres-télégrammes sont inscrites sur un bordereau spécial ; elles sont revêtues (sur la patte de la copie d'arrivée) de l'indication très apparente « *Lettre-télégramme* » puis versées au service postal. Les bordereaux sont conservés par le service télégraphique pendant un délai minimum de six mois.

Après sa mise à la poste, la lettre-télégramme devient une correspondance postale ; elle est distribuée ou acheminée comme une lettre ordinaire.

Télégrammes adressés
« Télégraphe restant » « Poste restante »

— Dans le premier cas, l'indication éventuelle est « *Télégraphe restant* » ou $= TR =$.

Dans le second, elle est « *Poste restante* » ou $= GP =$, ou « *Poste restante recommandée* » ou $= GPR =$ (art. 454 T).

— Les télégrammes adressés « *Télégraphe restant* » sont classés au guichet télégraphique. — S'ils ne sont pas réclamés, après un séjour de six semaines, ils sont envoyés à la Direction, le 1er ou le 15 qui suit l'expiration du délai (art. 456-636 T).

— Ceux adressés « *Poste restante* » sont traités comme des lettres ; ils sont classés dans le casier, après avoir été contresignés par le receveur.

Ceux avec l'indication éventuelle « *Poste restante recommandée* » ou $= GPR =$ sont inscrits au registre n° 510.

S'ils ne sont pas réclamés, ils sont versés en rebut, à la fin du mois qui suit celui de leur réception (art. 455 T).

— Il convient, pour que l'exécution de ces prescriptions puisse être contrôlée, que les télégrammes soient régulièrement frappés du timbre à date, au moment de leur classement dans le casier.

Télégrammes à remettre ouverts.

(Articles 457 à 460 T.)

Télégrammes à remettre en mains propres.

(Articles 461 à 463 T.)

Télégrammes à distribuer
seulement pendant les heures de jour.

(Articles 464-465 T.)

Télégrammes avec reçu.

(Articles 466 à 468 T.)

Transmission des télégrammes.

— Chaque jour, à l'heure fixée pour le commencement de chaque vacation, les bureaux principaux font l'ouverture des lignes qu'ils desservent. A l'ouverture du matin, ils communiquent l'heure de Paris.

Si, une demi-heure après l'heure réglementaire, les bureaux n'ont pas reçu l'ouverture de leurs centres de dépôt, ils doivent appeler ces derniers (art. 504-505 T).

— En dehors des transmissions, les fils doivent être mis sur sonnerie ou système d'appel (art. 506 T).

— A la fin de chaque vacation, chaque bureau reçoit la clôture de son bureau de dépôt; il ne l'accepte que s'il n'a aucun télégramme en instance (art. 508 à 510 T).

— Échange d'un zéro, entre correspondants, en cours de journée, quand deux heures se sont écoulées sans communication (art. 507 T).

— Les receveurs ont charge d'assurer le service de nuit (art. 512 T).

— Les télégrammes officiels et privés relatifs aux avis de sinistre et aux demandes de secours correspondantes sont expédiés ou reçus à toute heure de jour et de nuit (art. 511 T).

— Dans les bureaux chargés d'un service de transit, il est tenu un procès-verbal, par journée et par appareil (n° 670, service intérieur — n° 671, service international).

Les bureaux secondaires font usage d'un procès-verbal n° 670 bis qui comporte les expéditions et les réceptions. — Le même imprimé sert jusqu'à ce qu'il soit complètement rempli, et les diverses journées sont séparées par un trait à l'encre, tracé dans toute la largeur de la page; l'imprimé en cours est arrêté à la fin de chaque quinzaine. — La taxe de chaque télégramme de départ doit être indiquée dans la colonne 8 de ce procès-verbal. Chaque jour, la colonne des taxes est additionnée, et le total reporté dans la colonne « Observations », doit concorder avec celui des recettes de la journée, inscrites au journal A[1].

Quand une recette auxiliaire est reliée électriquement à un poste télégraphique différent du bureau d'attache postal, il est tenu un p. v. n° 670 bis spécial à l'établissement secondaire (art. 513 T).

— Le procès-verbal est destiné à l'enregistrement de toutes les transmissions et des mentions relatives à l'ouverture et à la clôture.

Tous les incidents de service (non-réponses — attentes — mises à la terre — zéros échangés, etc...) doivent y être notés, au moment même où ils se produisent, sur toute la largeur de la ligne et non pas seulement dans la colonne des observations.

Tout agent doit signer au procès-verbal quand il prend et quand il quitte le service, pour une cause quelconque (art. 514 T).

— Ordre de transmission des télégrammes (art. 516 T).

— La transmission d'un télégramme ne peut être interrompue, pour faire place à une autre transmission, que s'il s'agit d'un télégramme officiel, d'extrême urgence, intéressant la sécurité de l'Etat ou l'ordre public, d'un télégramme du service des chemins de fer concernant la sécurité des voyageurs ou d'un télégramme comportant une demande de secours en cas de sinistre (art. 517 T).

— L'inspecteur doit vérifier si les télégrammes sont transmis dans de bonnes conditions de célérité ; il signale, dans son rapport de vérification, ceux pour lesquels il s'écoule plus de 15 minutes entre le moment de leur dépôt ou de leur réception et celui de leur transmission.

— Signal d'appel. — Indicatifs (art. 518 T).

Le bureau appelé doit répondre immédiatement ; s'il en est empêché, il doit donner attente.

Les non-réponses et les attentes dépassant 15 minutes donnent lieu à l'établissement d'un procès-verbal n° 685 (art. 519 T).

— Différence entre le nombre des mots reçus et celui des mots annoncés.

Différence entre le nombre des mots portés sur la copie et celui indiqué dans le préambule (art. 527-528 T).

— On doit collationner, obligatoirement, les indications éventuelles, le numéro du télégramme, les chiffres ainsi que le mot « décédé » (art. 529 bis T).

Règles du service des transmissions à l'appareil à cadran, au Soudner, à l'appareil Morse.

(Articles 538 à 548 T.)

— Le rouleau de papier bande ne doit jamais être coupé. — En cas de rupture, le receveur en fait mention au procès-verbal et appose sa signature sur les deux fractions de bande (art. 542 T).

Règles du service des transmissions à l'appareil Hughes.

(Articles 549 à 566 T.)

Règles du service des transmissions à l'appareil Baudot.

(Articles 567 à 597 T.)

Règles spéciales pour l'emploi du tableau annonciateur Mandroux.

. . — Il est tenu, par appareil récepteur, un procès-verbal spécial sur lequel sont notés toutes les transmissions et tous les incidents de service.

Quand le tableau annonciateur est employé comme relais, il est tenu un procès-verbal par poste de translation (art. 598-599 T).

— Sur les originaux, les copies de passage, les télégrammes bleus d'arrivée, on indique le numéro de l'appareil récepteur (art. 600 T).

Distribution des télégrammes.

— La copie d'un télégramme à distribuer doit être frappée du timbre à date du bureau (art. 545 T).

— **Adresses convenues**. — Taxe de 40 francs par an, courant du 1er janvier, ou de 20 francs par semestre, courant du 1er janvier ou du 1er juillet, ou de 5 francs pour un mois.

Ces taxes sont prises en charge sur le journal A1. Elles donnent lieu à la délivrance d'un récépissé extrait du registre A4, sur lequel est appliqué un timbre de quittance de 25 cent., quand la somme encaissée excède 10 francs (art. 608 T).

Choix et formation des noms de convention (art. 609 T).

Sur la copie d'arrivée, le nom de convention est biffé et remplacé par l'adresse complète du destinataire (art 612 T).

— Les télégrammes d'arrivée sont inscrits sur le rôle d'arrivée n° 664.

Les bureaux secondaires les inscrivent sur leur procès-verbal n° 670 *bis* (art. 557 T).

On doit mentionner, tant sur le rôle d'arrivée n° 664 que sur le procès-verbal n° 670 *bis*, l'heure de remise des télégrammes aux distributeurs et l'heure de la rentrée de ces derniers au bureau.

Pour les télégrammes téléphonés aux destinataires, on porte la mention « *Téléphone* » dans la colonne d'observations du rôle n° 664 ou du p. v. n° 670 *bis*.

Pour les télégrammes reçus au bureau d'arrivée par un appareil relié à un tableau commutateur, le numéro de l'appareil est reproduit en marge du rôle n° 664 (art. 614 T).

Ce sont là des indications qui sont fréquemment omises, notamment dans les bureaux secondaires.

— Un procès-verbal n° 685 doit être établi par tout bureau qui met en distribution un télégramme dont le dépôt remonte : à plus de 30 minutes, s'il s'agit d'un télégramme départemental ; de 45 minutes, s'il s'agit d'un télégramme venant d'un département limitrophe ; de deux heures, s'il s'agit d'un télégramme intérieur provenant d'un département non limitrophe (art. 661 T).

— En principe, chaque facteur n'emporte qu'un seul télégramme. Toutefois, plusieurs télégrammes arrivés simultanément ou successivement, en l'absence de tout distributeur, peuvent être confiés à un même facteur si, par ce moyen, la remise est activée pour la majorité des télégrammes (art. 620 T).

Cette partie du service donne généralement lieu à de nombreuses critiques. Il convient donc de vérifier, par un pointage minutieux, si les télégrammes ne séjournent pas trop longtemps au bureau avant d'être emportés en distribution, et de signaler, dans le rapport de vérification, ceux pour lesquels la durée du séjour est supérieure à 15 minutes.

— Il est établi un reçu n° 708 pour chaque télégramme privé, avec réponse payée, avec accusé de réception, à remettre en mains propres, par exprès ou avec reçu, et pour les avis D des mandats télégraphiques.

Il est fait mention, sur ce reçu, du nom du destinataire, de l'origine du télégramme et de l'heure de remise au facteur (art. 615 T).

Au retour du facteur au bureau, l'heure de rentrée est portée sur le reçu (art. 631 T).

— Le facteur qui remet un télégramme accompagné d'un reçu, ne délivre le télégramme au destinataire que lorsque ce dernier lui rend le reçu signé et revêtu de l'heure de remise (art. 621 T).

— Vérifier si les reçus sont établis pour tous les télégrammes spéciaux désignés ci-dessus, s'ils sont bien signés et si tous font mention de l'heure du départ et de celle de la rentrée du facteur. On constate fréquemment des négligences à ce sujet.

— Les télégrammes adressés à bord d'un navire ne sont distribués gratuitement que si le navire est à quai.

Dans le cas contraire, ils sont classés à la poste restante, avec les correspondances destinées au bord, à moins qu'ils portent l'indication éventuelle « *Exprès payé x* » ou = XP x = (art. 628 T).

— Chaque fois que, pour une cause quelconque, un télégramme ne peut être distribué, le facteur laisse un avis n° 705, au domicile du destinataire (art. 629 T).

— Toute personne qui vient retirer un télégramme au guichet, en présentant un avis n° 705, doit justifier qu'elle est le véritable destinataire ou le fondé de pouvoirs de celui-ci (art. 630 T).

— Le 1er et le 15 de chaque mois, doivent être adressés, sous bordereau, au directeur départemental, tous les télégrammes, ayant plus de six semaines de date, qui n'ont pu être distribués, à l'exception des télégrammes internationaux avec réponse payée et des avis D des mandats télégraphiques (art. 636 T).

— Une fois par mois, les receveurs doivent faire retirer, dans les divers hôtels ou cafés, les télégrammes non remis après un délai de six semaines ; ils les comprennent dans un des envois à la Direction.

Pour permettre de contrôler l'observation de ce délai, les télégrammes ainsi adressés dans les hôtels, doivent être frappés extérieurement du timbre à date, avant d'être mis en distribution (art. 636 T).

Archives.

— Les originaux des télégrammes privés de départ sont classés, par jour, suivant l'ordre des numéros, en trois séries : télégrammes internationaux, télégrammes de presse, autres télégrammes. Chaque série est enliassée par journée, par quinzaine ou par mois, suivant l'importance du bureau (art. 673 T).

— Les copies de passage sont classées, par jour, en trois séries : télégrammes internationaux, mandats télégraphiques, autres télégrammes. — Ces copies sont classées, par bureau d'origine, en suivant l'ordre alphabétique des bureaux (art. 674 T).

— Les rouleaux prennent un numéro dont la série est annuelle et distincte pour chaque appareil. — Ils sont classés avec les indications suivantes :

Bureau de..... appareil n°..... rouleau n°..... commencé le..... terminé le......

L'employé qui clôt un rouleau y appose sa signature. Celui qui en commence un nouveau, mentionne sur la bande, la date et l'heure du commencement (art. 675 T).

— Les bureaux principaux conservent toutes leurs archives.

Les bureaux secondaires envoient à la direction départementale.

1° le 1er de chaque mois :

les originaux, le procès-verbal n° 670 *bis*, les reçus des télégrammes officiels ou privés, les rouleaux terminés et les avis de service de toute nature.

Les bureaux secondaires chargés d'un service de transit, joignent à ces pièces, les copies de passage des télégrammes de transit ainsi que leur rôle d'arrivée.

2° dès leur épuisement :

les divers journaux, registres et carnets (art. 676 T).

— Communication ou copie d'originaux (art. 679 à 682 T).

CHAPITRE XIV

SERVICE TÉLÉPHONIQUE

Comptabilité

— Les recettes téléphoniques, à l'exception des taxes perçues en tickets et des forcements en recettes, sont constatées sur un registre n° 1108 qui comprend une souche et un récépissé.

La souche est destinée à l'inscription du montant des sommes perçues et des motifs de la perception ; elle comprend une colonne spéciale pour chaque nature de recette postale, télégraphique ou téléphonique.

Si plusieurs redevances de nature différente sont encaissées simultanément d'une même partie versante, leur total est inscrit à la colonne intitulée : « *Somme totale répartie dans les colonnes suivantes* ». Chacune d'elles est ensuite portée à la colonne réservée à la catégorie de recette à laquelle elle appartient.

Les seules recettes téléphoniques donnant lieu à l'établissement de déclarations de versement n° 1108 *bis* sont les suivantes : Soldes des comptes avec les offices étrangers. — Sommes versées pour l'achat de documents du service téléphonique. — Avances remboursables pour l'installation de réseaux et de lignes interurbaines. — Chaque déclaration relate exclusivement la somme versée au titre de l'article qu'elle concerne (art. 702 0).

— Les remboursements et les non valeurs téléphoniques, à l'exception des tickets retirés du service, des taxes prélevées sur provisions et de la remise de 1 % sur la prise en charge des tickets, sont constatés sur un état n° 1380.

Emargement des parties prenantes (art. 703 0).

— En fin de journée, les colonnes du registre n° 1108 et de l'état n° 1380 sont totalisées et les totaux obtenus sont reportés sur le « **registre de dépouillement n° 1392-3** » dont le fonctionnement est analogue à celui du dépouillement n° 1261 de la taxe des lettres (art. 726 0).

Ce registre est divisé, pour l'exercice courant, en trois parties, comprenant :

la première, le montant des tickets reçus, les provisions pour conversations, le produit des abonnements pour l'usage des communications interurbaines, etc... (art. 698 0) ;

la deuxième, le produit des abonnements principaux ou supplémentaires, les redevances pour usage de lignes supplémentaires, pour entretien d'appareils accessoires, ainsi que pour entretien des lignes supplémentaires et des sections de lignes principales extérieures aux périmètres des réseaux (art. 699 0) ;

la troisième, les recettes diverses et accidentelles, dont font partie, notamment, les frais d'installation, de réparation et de transfert d'appareils (art. 700 θ).

— En fin de journée, les produits bruts des trois articles de recette du dépouillement nº 1392-3, sont reportés dans les colonnes correspondantes du sommier des recettes (art. 727 θ).

Le total des non-valeurs de chaque article est ajouté au montant des avances autorisées du livre de caisse nº 1103 (art. 728 θ). Ces non-valeurs sont déduites, en fin de mois, sur le livre de caisse, sur le sommier des recettes, sur le registre nº 1392-3, de la même manière que les non-valeurs postales et télégraphiques (art. 732 θ).

— Le produit net est établi seulement en fin de mois (art. 730-731-732-733 θ).

— Les taxes télégraphiques des abonnés, inscrites au relevé nº 1392-38, sont totalisées et reportées aux non-valeurs de l'art. « *Produit des communications téléphoniques* » du registre nº 1392-3 et de l'état nº 1392-82.

Le total général des taxes télégraphiques du dit relevé nº 1392-38 est ensuite ajouté au « *Produit des correspondances télégraphiques* » sur le carnet D et l'état D (art. 2304).

— A la fin du mois, les totaux journaliers inscrits dans les diverses colonnes des registres nº 1108 et nº 1392-3 sont totalisés (art. 730 θ).

— Il est établi ensuite un état nº 1392-82 sur lequel sont décrits les totaux des produits et des non-valeurs du mois. Cet état est fourni même négatif (art. 735 θ).

Il reproduit les résultats mensuels du livre nº 1392-3.

Il est appuyé, le cas échéant : des bordereaux d'envoi des tickets retirés du service ; des dossiers de remboursement et de l'état nº 1380 ; des procès-verbaux nº 1392-68 et nº 1392-68 *bis* ; des états nº 1392-67 *ter* ; des relevés nº 1392-64 *bis* ; de l'état nº 1392-68 ou du relevé prévu par l'art. 640 θ (art. 736 θ).

— Il est tenu, dans chaque bureau, un état nº 1392-67 *ter* qui présente la situation journalière des communications de toutes catégories et le montant des produits correspondants (art. 696 θ).

Abonnements

— Participation des receveurs à la souscription des abonnements (art. 148 θ). — Les bureaux sont pourvus, à cet effet, de formules nº 1392-45 (art. 149 θ). — Les formules nº 1392-45 remplies sont transmises à la Direction départementale (art. 150 θ).

— Souscription des abonnements (art. 151 à 164 θ).

— Les engagements d'abonnement doivent être timbrés à 0 fr. 60, sauf s'ils sont souscrits par les services publics de l'État (art. 166 θ).

— Après avoir été signés (art. 167 θ), ils sont remis au receveur chargé d'en effectuer l'envoi à la Direction (art. 168-176 θ). — L'abonné doit verser, à ce moment, le premier trimestre d'abonnement et, le cas échéant, une provision sur le montant de la contribution aux dépenses d'établisement de la ligne. Aucun versement n'est à exiger immédiatement pour les abonnements souscrits par les services publics de l'État, des départements et des communes (art. 168-172-173 θ).

— Communication de la liste des nouveaux abonnés aux constructeurs et marchands d'appareils (art. 175 θ).

— Demandes de transfert et examen de ces demandes (art. 206-207 θ).

— Examen des demandes de cession d'abonnement (art. 218 θ)

— Demandes de résiliation et examen de ces demandes (art 255-256 θ).

Recouvrement des redevances d'abonnement.

— Tout bureau possédant un réseau local, est chargé de la perception des redevances afférentes aux postes installés dans sa circonscription (art. 596 θ).

— Il est pourvu, à cet effet, d'un registre n° 1392-1 sur lequel sont consignées toutes les redevances payables à ses guichets. — Ce registre est divisé en six parties correspondant aux six séries d'échéance. Il est affecté à chaque série un nombre de feuillets en rapport avec celui des abonnements à inscrire.
Les modifications à apporter à ce registre sont signalées par la Direction, au moyen d'ordres de perception numérotés suivant une série ininterrompue ; le cas échéant, le receveur réclame à la Direction, le numéro qui ne lui est pas parvenu.
Les indications de ces ordres de perception sont aussitôt reportées au registre n° 1392-1 ; le receveur classe ensuite ces ordres dans ses archives (art. 598 θ).

— Les sommes dues pour le premier trimestre des abonnements nouveaux sont encaissées, sur autorisation spéciale de la Direction, à la souscription des engagements ; elles ne doivent pas être réclamées lorsque les nouveaux contrats sont signalés par les titres de perception et inscrits au livre n° 1392-1.
Les frais d'entretien, droits d'usage et autres redevances non perçues à la signature de l'engagement, sont réclamés avec le montant du deuxième trimestre (art. 606 θ).

— Les receveurs n'encaissent que les versements des abonnements inscrits à leur registre n° 1392-1 (art. 607 θ).

— Les abonnés peuvent verser, en même temps, le montant de plusieurs trimestres d'abonnement (art. 608 θ).

— Vingt jours avant chaque échéance, les receveurs établissent, pour chacun des abonnements de la série à mettre en recouvrement, des avis n° 1392-43 ; les abonnements concernant une même personne sont groupés sur le même avis.

Ces avis sont signés par le receveur lui-même ; ils doivent parvenir aux abonnés, le quinzième jour avant la date d'échéance.

A la clôture de la journée de l'échéance, un avis n° 1392-43 bis, signé par le receveur, est adressé, sous recommandation d'office, (reg. n° 510) aux abonnés qui ne se sont pas libérés (art. 610 θ).

— Il est interdit d'adresser des avis n° 1392-43 ou n° 1392-43 bis, autres que ceux dont l'envoi est prescrit ci-dessus. De même, il n'appartient à aucun agent d'accorder d'autre délai que celui qui est mentionné dans l'avis n° 1392-43 bis (art. 611 θ).

— Les versements d'abonnements sont constatés sur le registre n° 1108, à la colonne : « Produit des abonnements ». — Si la recette doit servir au remboursement d'une avance, elle est inscrite à la colonne : « Divers L/C pour l'installation des réseaux et des lignes interurbaines ».

Ces versements sont aussitôt reportés au compte de la partie versante, sur le registre n° 1392-1 (art. 612 θ).

— Un timbre-quittance de 0 fr. 25 est apposé sur le récépissé délivré, quand le versement excède 10 francs, sauf quand la partie versante est une administration de l'Etat. Un versement ne peut être fractionné en plusieurs parties inférieures à 10 francs (art. 613 θ).

— Les acomptes doivent être refusés (art. 609 θ).

— Le trimestre versé est indiqué d'une façon apparente sur la quittance. — Quand un abonné débiteur de plusieurs trimestres en verse un seul, le payement est attribué obligatoirement au plus ancien trimestre impayé (art. 614 θ).

— Les versements d'abonnements sont signalés à la Direction, au moyen d'un bordereau n° 1392-37 sur lequel ils sont décrits dans l'ordre numérique des comptes.

Ces bordereaux, qui doivent être adressés à la Direction par le premier courrier qui suit la clôture de la journée, sont numérotés, suivant une série ininterrompue, du 1er janvier au 31 décembre de chaque année (art. 616 θ).

— Le registre n° 1392-1 indique constamment les sommes dues et payées par chaque abonné (art. 618 θ).

— Le 6e jour qui suit chaque échéance, le receveur dresse une liste des abonnés de plus d'un an (forfaitaires) et de plus de deux ans (conversations taxées) ; il invite, une dernière fois, par téléphone, chacun de ces débiteurs à effectuer, dans le délai maximum de 24 heures, le règlement de la somme impayée.

A l'expiration de ce délai, il procède à la suspension des lignes des abonnés qui n'ont pas soldé leurs redevances, à l'exclusion de celles desservant les postes des services publics de l'Etat, des départements ou des communes. Il en avise la Direction au moyen d'une liste à laquelle sont joints les récépissés n° 516 des avis n° 1392-43 *bis* adressés au sujet de ces abonnements (art. 619 0).

— Si, après l'envoi de la liste des abonnements impayés, un abonné se présente pour payer, son versement est accepté, tant que la Direction n'a pas notifié la résiliation d'office de l'abonnement.

Le receveur rétablit alors la communication, d'office, et en donne avis à la Direction, à l'aide du bordereau journalier n° 1392-37.

Dans les grandes villes possédant plusieurs bureaux, le receveur qui encaisse un abonnement, doit en informer immédiatement, par téléphone, le chef du poste central téléphonique (art. 620 0).

— Le 6e jour qui suit chaque échéance, le receveur adresse à la Direction la liste des abonnés de moins d'un an (*forfaitaires*), de moins de deux ans (*conversations taxées*) qui ne se sont pas libérés.

La Direction adresse aux débiteurs, par l'intermédiaire des receveurs, des lettres n° 1392-41 les mettant en demeure de se libérer dans les huit jours. Ces lettres sont recommandées d'office (registre n° 510) après que la date d'envoi y a été ajoutée (art. 622 0).

— Si le payement n'est pas effectué huit jours après la date d'envoi de la mise en demeure, la ligne est suspendue et il est procédé comme pour les abonnements ayant plus d'un an (*forfaitaires*) et plus de deux ans (*conversations taxées*). — En cas de payement ultérieur, la ligne peut être rétablie dans les conditions indiquées à l'art. 620 0 (art. 623 0). — Avis du payement est donné à la Direction (art. 624 0).

— Abonnés déclarés en faillite ou en état de liquidation judiciaire (art. 627 0).

Recettes diverses et accidentelles.

— Ces recettes sont encaissées sur ordre de la Direction, notifié à l'aide d'un titre de perception n° 1392-15. Il est adressé aux débiteurs un avis n° 505 pour les inviter à payer.

En cas de non-payement, un avis n° 1392-43 suivi, le cas échéant, d'un avis n° 1392-43 *bis*, est envoyé au débiteur (art. 648 0).

A l'expiration du délai de cinq jours accordé par l'avis n° 1392-43 *bis*, les titres n° 1392-15 non recouvrés sont signalés à la Direction (art. 653 0).

— S'il s'agit d'un service public de l'Etat, des départements ou des communes, le receveur adresse une lettre n° 1392-33 accompagnée d'un titre de perception n° 1392-32 (art· 649 0).

— Les sommes dues pour prolongation des heures de service,

sont encaissées sur ordre de la Direction, notifié à l'aide d'un titre n° 1213. Un avis n° 505 est adressé au débiteur.

En cas de non-payement dans les cinq jours, le titre n° 1213 est renvoyé à la Direction, avec note explicative (art. 650 θ).

— Les sommes versées pour l'achat de documents du service téléphonique donnent lieu à l'établissement d'une déclaration n° 1108 bis (art. 651 θ)

— Les recettes diverses et accidentelles sont inscrites au registre n° 1108. Au moment de l'encaissement, les titres de perception sont complétés par une mention spéciale. Ces titres sont transmis, le jour même, à la Direction, après que leur montant a été porté au tableau IV de l'état mensuel n° 1392-82 (art. 652 θ).

Taxes des conversations téléphoniques.

— L'unité de durée des conversations de jour et de nuit est fixée à 3 minutes (art. 302 θ).

— La taxe de l'unité de conversation *locale de jour et de nuit* est fixée à 15 centimes dans le réseau de Paris, à 10 centimes dans tous les autres réseaux (art. 303 θ).

— La taxe de l'unité de conversation *interurbaine de jour* est fixée comme suit :

1° entre réseaux d'un même département, 40 centimes ;

2° entre réseaux de départements différents, 25 centimes par 75 kilomètres ou fraction de 75 kilomètres de distance mesurée à vol d'oiseau, de chef-lieu de département à chef-lieu de département, sans qu'elle puisse être inférieure à 40 centimes ni supérieure à 3 francs par unité de conversation ;

3° les taxes ci-dessus sont réduites à 25 centimes, pour les conversations échangées par des lignes n'excédant pas 25 kilomètres, pour celles échangées entre réseaux des localités faisant partie d'un même canton, et pour celles échangées entre le réseau d'une ville siège de plusieurs chefs-lieux de canton et les réseaux des localités situées dans l'un quelconque de ces cantons (art. 304 θ).

— La taxe de l'unité de conversation ordinaire *interurbaine de nuit* est fixée aux 3/5 de la taxe de jour, sans pouvoir être inférieure à 25 centimes par unité de conversation (art. 305 θ).

— La durée d'une communication interurbaine ne peut excéder deux unités consécutives (six minutes) lorsque d'autres demandes sont en instance sur les lignes à utiliser (art. 352 θ).

— La taxe des communications ordinaires est perçue, selon le cas, sur le titulaire du poste d'abonnement demandeur ou sur la personne qui a demandé la communication à partir d'une cabine publique. Elle s'applique :

1° pour les communications demandées par un abonné avec un abonné, à partir du moment où la communication est établie entre le poste demandeur et le poste demandé; elle est due, quelle que soit la personne qui se présente au poste de l'abonné demandé ;

2° pour les communications demandées dans une cabine publique avec un poste d'abonné, à partir du moment où le demandeur est mis en relation avec le poste de l'abonné demandé; elle est due, quelle que soit la personne qui se présente au poste de l'abonné demandé ;

3° pour les communications demandées avec une cabine publique, à partir du moment où le destinaire est mis en relation, selon le cas, avec le poste de l'abonné demandeur ou avec le demandeur dans une autre cabine publique; elle est due, quelle que soit la personne qui se présente au poste de l'abonné demandeur (art. 309-311 6).

— Mode de perception des taxes, par abonnement, sur provisions ou en tickets (art. 313 6).

— Un tableau des communications interurbaines qui peuvent être demandées à partir du bureau, avec indication de la taxe y afférente, doit être affiché sur la porte des cabines téléphoniques publiques (art. 19 6).

Tickets téléphoniques.

— Les demandes, établies sur une formule extraite du carnet n° 611, sont envoyées à la Direction; elles sont formulées dans les proportions suivantes (art. 707 6).

CATÉGORIE.	QUANTITÉS DE TICKETS DEMANDÉS.	CATÉGORIE.	QUANTITÉS DE TICKETS DEMANDÉS.
0 fr. 10	10 ou multiples de 10	0 fr. 50	2 ou multiples de 2
0 fr. 15	20 — de 20	0 fr. 75	4 — de 4
0 fr. 25	4 — de 4	1 fr.	Suivant les besoins.
0 fr. 30	10 — de 10	3 fr.	Suivant les besoins.
0 fr. 40	5 — de 5		

— A la réception, les tickets sont vérifiés dans les conditions prescrites pour les timbres-poste.

Les deux accusés de réception sont remplis. L'un est transmis au receveur principal; l'autre est adressé au directeur, sans être séparé de la lettre d'envoi à laquelle il est attenant (art. 710 6).

— Les quantités des figurines reçues sont inscrites, à la date de leur réception, à la deuxième partie du registre n° 1392-3.

La valeur brute de ces tickets et le montant de la remise de 1°/o correspondante, sont inscrits sur la première partie du même registre (art. 711 θ).

— Ces inscriptions terminées, le receveur prélève sur sa caisse, le 1 °/₀ du prix brut des tickets reçus. — La somme ainsi prélevée est inscrite au livre de caisse, parmi les avances autorisées.

C'est avec cette somme, à conserver à part, avec celle de la remise sur la vente des timbres-poste, qu'est faite la remise aux agents des cabines relevant du bureau (art. 717 θ),

— La vente journalière des tickets est inscrite sur le carnet n° 1344 (art. 718 θ).

— Tickets retirés du service pour cause de détérioration. — Sont envoyés à la Direction, accompagnés d'un relevé établi en triple expédition (art. 713 θ).

— L'avance en tickets, à faire aux facteurs-receveurs, gérants de recettes auxiliaires, de bureaux télégraphiques ou téléphoniques municipaux, est déterminée par la Direction. — En échange de cette avance qui est accompagnée de la remise en numéraire, les facteurs-receveurs et les gérants signent un récépissé n° 1343 que le bureau d'attache conserve comme valeur en caisse (art. 714 θ).

— Les gérants et les facteurs-receveurs se réapprovisionnent en tickets, auprès des bureaux téléphoniques dont ils relèvent.

Les facteurs-receveurs établissent leur demande au verso de l'extrait journalier n° 1264 bis et y joignent une formule n° 1114 bis.

Les gérants versent le numéraire, au fur et à mesure de la vente des tickets, et il leur est remis, en échange, de nouveaux tickets et le montant de la remise de 1 °/₀ correspondante (art. 716 θ).

Service des cabines. — Cartes d'admission.

— Les communications téléphoniques échangées à partir d'une cabine publique, sont payées à l'aide de tickets qui sont mis à la disposition du public, dans tous les établissements où est installée une cabine (art. 318-319 θ).

— Veiller à ce que, autant que possible, les tickets soient délivrés par un agent autre que celui préposé au service de la cabine.

— Les tickets représentant la taxe de la communication sont retirés par le préposé, des mains du demandeur, au moment où celui-ci, la communication étant établie, est admis à pénétrer dans la cabine (art. 406 θ). — Les tickets sont, en principe, oblitérés immédiatement à l'aide du timbre à date (art. 407 θ).

Si la communication ne peut être établie, le ticket est rendu à l'intéressé qui le garde ou s'en fait rembourser le prix par l'agent du guichet (art. 408 θ).

— La cabine ne peut être occupée pendant plus de 6 minutes (2 unités) si d'autres personnes attendent pour en faire usage, ou si d'autres demandes sont en instance, au bureau central, sur le ou les circuits utilisés (art. 428 0).

— La personne qui, à l'expiration de la période pour laquelle elle a acquitté préalablement la taxe, continue à correspondre, est tenue de payer la taxe des unités complémentaires de communication.

Il convient de la prévenir, autant que possible, au moment de l'expiration de la période pour laquelle la taxe a été payée, qu'une nouvelle unité de conversation commence.

Quand elle sort de la cabine, elle doit se munir d'un ticket représentant la taxe supplémentaire dont elle est redevable et la remettre au préposé (art. 319-427-430 0).

— Les personnes demandées à une cabine publique, n'ont pas à acquitter la taxe de la communication, celle-ci étant payée par le demandeur (art. 433 0).

— Difficultés constatées au cours d'une communication (art. 435 0).

— Demande de communication sur réquisition d'un fonctionnaire ou d'un magistrat (art. 403-320 0).

— Les abonnés *forfaitaires* ont la faculté de communiquer gratuitement, à partir des postes publics de leur réseau d'attache, avec les abonnés de ce réseau, sous la condition de présenter une carte photographique ou un livret d'identité frappé d'un timbre administratif et revêtu de la signature du directeur et de celle du titulaire. Chaque carte porte un numéro de série (art. 265 0).

— Les cartes ne donnent droit qu'à l'échange de conversations, avec les abonnés du réseau ; elles ne permettent ni l'échange de communications gratuites avec un autre poste public, ni la transmission gratuite de messages ou d'avis d'appel. — Aucune pièce, pas même l'engagement d'abonnement, ne peut tenir lieu de carte d'admission (art. 266 0).

— Les cartes sont strictement personnelles ; elles ne peuvent être ni prêtées, ni cédées (art. 268 0).

— Elles ne sont valables que pendant la durée de l'abonnement auquel elles se rapportent (art. 267 0).

— Le préposé à qui une carte est présentée, vérifie la validité de cette pièce et, si elle est régulière, fait apposer la signature du demandeur sur le procès-verbal n° 1392-68. De son côté, il inscrit le numéro de la carte, en regard de la signature.

Si la carte est périmée, si la photographie n'est pas celle de la personne qui se présente, ou si la signature n'est pas identique à celle apposée sur la carte, cette carte est retenue pour être transmise à la Direction, avec un p. v. de la contravention (art. 402 0).

— Les préposés aux cabines tiennent un procès verbal n° 1392-68. Dans les bureaux de faible importance où le service du poste central et celui de la cabine sont effectués par le même agent, il n'est pas tenu de procès-verbal spécial pour la cabine.

Toutes les indications afférentes aux communications échangées à partir du poste public, figurent sur le procès-verbal n° 1392-68 tenu sur le Standard (art. 574 θ).

— Les procès-verbaux n° 1392-68 sont adressés à la Direction, les 1ᵉʳ et 16 de chaque mois, avec les tickets représentatifs des taxes qui y sont inscrites (art. 575 θ).

— Dans les cabines où les conversations sont nombreuses, il convient, après chaque conversation, d'essuyer avec un linge humecté d'eau phéniquée (solution à 3 %) la plaque vibrante du transmetteur, la poignée et le pavillon des récepteurs. — En outre, il y a lieu d'opérer chaque matin, avec la même solution, des lavages ou des aspersions de toutes les surfaces des cabines et d'assurer le renouvellement de l'air, en maintenant, de temps en temps, la porte ouverte (art. 751 θ).

— Les cabines doivent être pourvues d'un éclairage suffisant pendant tout le temps de leur occupation par le public (art 752 θ).

— Un banc ou des sièges à l'usage du public, doivent être placés près des cabines, dans les salles d'attente (art. 398 θ).

Procès-verbal de circuit n° 1392-68.

— Toute demande de communication est inscrite sur le procès-verbal n° 1392-68, dès qu'elle se produit (art. 350 θ).

— En principe, il est tenu un procès-verbal par circuit. Mais quand le trafic y est peu important, plusieurs circuits peuvent être réunis sur le même procès-verbal (art. 570 θ).

— On inscrit : dans la col. 1, l'heure de réception de la demande ; dans la col. 3, le nom du bureau ou de l'abonné appelant ; dans la col. 4, le nom du bureau demandé ; puis, dans la col. 2, l'heure de la retransmission de la demande à un autre bureau.

L'indication des heures de commencement et de fin de chaque conversation est faite d'après la pendule du bureau. — Il est interdit aux agents de se concerter à ce sujet.

Le nombre des unités de conversation est porté immédiatement dans une des colonnes « Départ », « Arrivée », « Transit », suivant la nature de la communication.

Les messages et avis d'appel sont inscrits dans les mêmes conditions ; la mention « Message » ou « Avis d'appel » est portée dans la colonne « Observations ».

Les inscriptions peuvent être faites à l'aide d'un crayon donnant une empreinte très nette (art. 571-350 θ).

— Si, pour un motif quelconque, une communication demandée ne peut avoir lieu, il est fait mention, dans la col. « Observations » des incidents qui ont empêché cette communication.

L'état du ou des circuits doit être constaté, à l'ouverture du service, sur le procès-verbal y afférent.

Les incidents relatifs aux interruptions de lignes, aux difficultés de service, etc., sont consignés dans toute la largeur de la page, avec indication de l'heure, dans l'ordre et au moment où ils se produisent.

Les grattages sont interdits ; toute rature ou surcharge doit être accompagnée d'une mention explicative.

Les agents apposent leur signature sur les procès-verbaux, au commencement et à la fin de chaque vacation (art. 572 θ).

— Dans les réseaux à conversations taxées où il est échangé journellement un minimum moyen journalier de 25 communications locales, ces communications sont inscrites sur un p. v. n° 1392-68 *bis* (art. 567 θ).

— Le p. v. n° 1392-68 *bis* contient deux colonnes destinées à recevoir : l'une, le numéro de l'abonné appelant, l'autre, l'indication, par unité, des conversations échangées. — Chaque unité de conversation est marquée par un trait vertical. Quand une conversation dure plusieurs unités, les traits indiquant leur nombre sont réunis par une accolade horizontale.

Pour les messages et avis d'appel, les barres verticales sont remplacées, suivant le cas, par la lettre « M » ou « A » (art. 568 θ).

— Les procès-verbaux n° 1392-68 et n° 1392-68 *bis* sont envoyés à la Direction, à l'appui de la comptabilité mensuelle.

Toutefois les p. v. n° 1392-68 qui sont utilisés pour l'inscription des communications échangées à partir des postes publics, sont adressés à la Direction, le 1er et le 16 de chaque mois, avec les tickets annulés (art. 575 θ).

Provisions pour communications. Remboursements.

— Les abonnés qui désirent échanger, à partir de leur poste, des communications soumises à l'application d'une taxe, doivent déposer une provision dont la quotité est fixée par le receveur, et qui doit égaler, au minimum, le montant approximatif des communications échangées pendant un mois (art. 314-628 θ).

— Le dépôt de garantie est inscrit au registre n° 1108. — Le récépissé porte la mention : « *Dépôt de garantie* » ; il est remis à la partie versante, revêtu d'un timbre de quittance de 25 centimes, si le versement excède 10 francs.

Si d'autres redevances sont versées, en même temps, par le même abonné, elles sont cumulées, en un seul chiffre, sur une quittance unique. — Les diverses redevances composant le versement total sont ensuite réparties entre les diverses colonnes du registre n° 1108 (art. 629 θ).

— Le versement d'un dépôt de garantie donne lieu à l'ouverture, au nom de l'abonné, de deux formules n° 1392-64 et n° 1392-64 *bis*.

Avis en est donné à la Direction (art. 630-631 θ).

— Le receveur inscrit, à la fin de chaque jour, sur les relevés n° 1392-64 *bis*, le nombre et la taxe des conversations demandées par les abonnés. — Ces communications sont relevées sur les p. v. n° 1392-68 et sur le p. v. n° 1392-68 *bis* du réseau local (art. 633 θ).

— Il est tenu, comme pour les abonnés, d'après les p. v. n° 1392-68 et n° 1392-68 *bis*, un relevé spécial n° 1392-64 *bis* pour chaque cabine publique reliée au bureau central. — Exception est faite pour les receveurs des bureaux simples (art. 634 θ).

— Le compte débiteur de chaque abonné ou de chaque cabine indique, pour chaque journée :
les diverses villes avec lesquelles les communications ont eu lieu ;
le nombre total des communications échangées avec chaque ville ;
le nombre et la taxe totale des messages et des avis d'appel ;
le total des taxes des télégrammes téléphonés, diminué des taxes annulées, du montant des bons de réponse payée, etc..., d'après le registre n° 1398.
Le total de ces taxes est déduit du reliquat de la veille, en ce qui concerne les comptes des abonnés (art. 635 θ).

— L'inspecteur doit donc vérifier si les communications inscrites sur les p. v. n° 1392-68 et n° 1392-68 *bis*, sont bien reportées sur les relevés n° 1392-64 *bis*, au débit de chaque abonné et de la cabine.

— A la fin du mois, les relevés n° 1392-64 *bis* sont totalisés, de manière à faire ressortir le débit de chaque compte et le reliquat disponible. Ce reliquat est reporté au relevé préparé pour le mois suivant.
Les chiffres des relevés n° 1392-64 *bis* sont reportés sur la fiche n° 1492-64 correspondante, en séparant les taxes télégraphiques des taxes téléphoniques.
Les relevés n° 1392-64 *bis* signés par le receveur lui-même sont ensuite adressés aux abonnés.
Quand le reliquat est supérieur au quart du dépôt normal, l'avis final que comporte le relevé est biffé (art. 637 θ).

— Lorsque dans le courant du mois, le reliquat est égal ou inférieur au 1/4 du dépôt normal de garantie, l'abonné est invité, par avis n° 505, à verser un complément qui ne doit pas être inférieur au total des taxes prélevées (art. 636 θ).

— Si un abonné persiste à ne pas effectuer le versement réclamé, il lui est adressé, sous recommandation d'office, lorsque sa provision est épuisée, un avis l'informant qu'il ne pourra plus échanger aucune communication payante. Cet avis est inscrit au registre n° 510. Mention de la date de l'envoi est faite à la fiche n° 1392-64 et une copie du relevé n° 1392-64 *bis* est jointe à l'avis recommandé envoyé à l'abonné (art. 641 θ).

— Lorsqu'un compte est constaté en déficit, une expédition du relevé n° 1392-64 *bis* est adressé à l'Administration centrale, par l'intermédiaire de la Direction (art. 642 θ).

— Règlement des comptes des services dispensés du dépôt d'une provision (art. 643 0).

— Encaissement des taxes versées par les fonctionnaires ou magistrats, pour des communications échangées sur réquisition (art. 645 0).

— Recouvrement des abonnements pour l'échange de communications interurbaines à heures fixes (art. 646-647 0).

— En fin de mois, il est adressé à la Direction, un état n° 1392-38 de la situation des comptes de tous les abonnés dépositaires de provisions. — Cet état récapitule, dans sa seconde partie, le nombre et la taxe des communications interurbaines demandées, pendant le mois, par les cabines reliées au bureau central ; il est annexé à l'état mensuel n° 1392-82 (art. 737 0).

— Le receveur, saisi d'une demande de remboursement de provision, arrête le compte n° 1392-64 et le relevé, n° 1392-64 *bis*, après s'être assuré, au moyen du registre n° 1392-1, que l'abonné n'est débiteur d'aucune autre somme. L'abonné est convoqué par avis n° 505 et le remboursement est effectué (art. 690 0).

— Le bénéficiaire donne quittance de la somme qui lui est remise, sur le relevé n° 1392-64 *bis* (art. 692 0).

— Le remboursement peut avoir lieu par mandat-carte si l'abonné est parti ou absent (art. 691 0).

— Il est pris note des remboursements sur une formule n° 1380. Il en est fait mention également au compte des bénéficiaires, dans la col. « *Observations* » du registre n° 1392-1. — La demande de remboursement et le relevé n° 1392-64 *bis* quittancé sont mis à l'appui de l'état mensuel n° 1392-82 (art. 694 0).

Conversations officielles.

— *La franchise téléphonique n'existe pour aucun service public.*

— En cas de danger public (crime, incendie, grève, émeute, etc.....), un fonctionnaire, justifiant de sa qualité, peut obtenir l'accès d'une cabine publique, sans acquitter, au préalable, la taxe réglementaire, à la condition expresse de remettre une réquisition écrite (art. 320 0).

— La communication est inscrite, mais sans mention de taxe, au p. v. n° 1392-68 auquel on annexe la réquisition (art. 403 0).
Il appartient à la Direction de poursuivre le remboursement de la taxe (art. 645 0).

Réseaux construits à l'aide d'avances.

— Les avances sont encaissées par les receveurs des postes et des télégraphes, sur le vu de la lettre adressée par le directeur départemental, aux parties contractantes (art. 719 0).

— Le versement, qui donne lieu à la délivrance d'un récépissé extrait du registre n° 1108, est inscrit en recette à l'art. 11, au registre n° 1392-3 et à l'état mensuel n° 1392-82.

Il est justifié, dans la comptabilité mensuelle, par le titre de perception accompagné d'une copie de la convention et par une déclaration de versement n° 1108 *bis*. Ces pièces sont annexées au bordereau n° 1104.

Le jour de l'encaissement, une seconde déclaration n° 1108 *bis* est adressée à la Direction (art. 720 θ).

— Inscription du versement des avances dans la comptabilité départementale (art. 721 θ).

— Produits employés au remboursement des avances (art. 722 θ).

— Les abonnements sont inscrits dans les écritures à l'art. : « *Divers L/C pour l'installation de réseaux et de lignes interurbaines* » (art. 723 θ).

— Il n'est établi aucune distinction entre les produits des communications qui doivent, ou non, servir au remboursement des avances. Les taxes de communications sont toutes encaissées, de la même manière, dans tous les réseaux (art. 724 θ).

Parts contributives.

— Les sommes à verser, pour parts contributives des abonnés aux frais d'établissement de leurs lignes, font l'objet d'un titre de perception n° 1392-15 adressé, par la Direction, au receveur chargé de l'encaissement (art. 655 θ).

— Un avis n° 505 est adressé à l'intéressé pour l'inviter à verser. Le versement est inscrit au registre n° 1108, dans la colonne intitulée : « *Contributions pour l'établissement de lignes et de bureaux...* »

Le total journalier de cette colonne est directement reporté au sommier des recettes, à l'article ci-dessus ; il est inscrit également, pour mémoire, au registre n° 1392-3.

Il est aussi pris note des versements, au registre n° 1392-1, en regard des noms des intéressés.

Les titres de perception n° 1392-15, accompagnés des récépissés n° 1108, sont renvoyés, chaque jour, à la Direction (art. 656 θ.)

— En cas de non payement, dans le délai de 8 jours, le receveur en avise le directeur.

Celui-ci adresse aussitôt à l'abonné, par l'intermédiaire du receveur, une lettre de mise en demeure de se libérer dans les 8 jours. Cette mise en demeure est inscrite au registre n° 510 et distribuée comme lettre recommandée (art. 660 θ).

— Si le payement n'est pas effectué dans le délai de 8 jours, le receveur renvoie le titre de perception, appuyé du récépissé n° 516, au directeur qui fait suspendre la communication.

Le receveur prend note du nom des débiteurs et des sommes dont ils sont redevables.

Huit jours après la suspension de la ligne, si l'abonné ne s'est pas libéré, avis en est donné au directeur (art. 661 θ).

— Le versement des sommes dues doit être accepté, à tout moment, tant que la Direction n'a pas donné d'instructions contraires. Avis de l'encaissement est donné à la Direction et la communication est rétablie (art. 662 θ).

— Quand un receveur est avisé que le recouvrement des sommes dues a été confié à l'agent judiciaire du Trésor, il ne doit plus en accepter le payement, sous aucun prétexte. Le débiteur est invité à s'adresser au Ministère des Finances (art. 663 θ).

Avis d'appel téléphonique.

— Un avis d'appel téléphonique est une communication par laquelle une personne qui désire avoir une conversation téléphonique avec une autre personne, indique à celle-ci, le poste où elle doit se rendre pour communiquer, ainsi que l'heure à laquelle elle se propose de faire inscrire sa demande de communication (art. 11 θ).

— La taxe des avis d'appel est fixée comme suit :

25 centimes à l'intérieur de tout réseau et entre localités autorisées à communiquer téléphoniquement entre elles moyennant la taxe de 0 fr. 25 ;

30 centimes entre réseaux autres que ceux ci-dessus et situés dans le même département ;

40 centimes dans les autres cas (art. 310 θ).

Elle est perçue en tickets quand l'avis est déposé à un poste public, que l'expéditeur soit abonné ou non ; elle est portée au compte de l'abonné ayant un compte de provision, quand l'avis est transmis à partir du poste d'abonnement de ce dernier (art. 490 θ).

— Les avis peuvent être présentés à tout poste téléphonique public; ils peuvent aussi être téléphonés de tout poste d'abonnement dont le titulaire a versé une provision (art. 490 θ).

— Ils mentionnent : le nom de l'expéditeur, l'adresse du destinataire, le poste téléphonique où le destinataire de l'avis est invité à attendre la communication, l'heure à laquelle l'expéditeur se propose de demander cette communication ainsi que le poste téléphonique d'où émane la demande de communication.

En principe, ils sont rédigés par les expéditeurs, sur formule nº 1392-25 (art. 491 θ).

— Ceux transmis par les abonnés sont écrits, sous la dictée de ces derniers, sur une formule nº 1392-27 (art. 495 θ). Il en est de même de ceux transmis par un poste public (art. 496 θ).

— Quand un avis est déposé moins d'une heure avant la suspension du service de l'une des lignes à emprunter ou quand l'heure indiquée pour la demande de communication coïncide avec la clôture des bureaux intéressés, avis de cette circonstance est donné à l'expéditeur.

L'avis d'appel est annoté en conséquence et l'annotation est, autant que possible, contresignée par l'expéditeur (art. 492 θ).

— Les demandes de communication pour avis d'appel téléphonique sont présentées, comme s'il s'agissait d'une communication ordinaire, et complétées par l'indication « *pour avis d'appel* » (art. 498 θ).

— La transmission de poste à poste ne comprend que les parties manuscrites insérées dans la formule.

Tout avis d'appel doit être transmis aussitôt que la conversation en cours, au moment de son dépôt, est terminée. Toutefois il n'est transmis qu'un seul avis d'appel entre deux communications (art 494 θ).

— A l'arrivée, les avis d'appel sont transcrits très lisiblement sur formule nº 1392-26 ; ils sont mis en distribution comme les télégrammes ordinaires, à moins que le destinataire soit abonné au réseau, auquel cas ils lui sont téléphonés (art. 498-499-500 θ).

— Annulation des avis d'appel (art. 501 θ).

— Les avis d'appel peuvent être réexpédiés par poste, dans le service intérieur (art. 502 θ).

— Ils sont inscrits, dans la forme ordinaire, aux procès-verbaux nᵒˢ 1392-68 et 1392-68 *bis* ; la mention « *Avis* » est portée dans la colonne d'observations du p. v. nº 1392-68. Sur le p. v. nº 1392-68 *bis*, on les distingue à l'aide de la lettre « A » (art. 571-568 θ).

— Les originaux des avis d'appel téléphonique, les copies de passage et, le cas échéant, les formules d'arrivée de ces avis, etc..., sont conservés par les bureaux intéressés, pendant les mêmes délais que les télégrammes ordinaires (art. 504 θ).

— Les formules nécessaires à la rédaction des avis d'appel sont tenues à la disposition du public, dans les mêmes conditions que celles destinées à la rédaction des télégrammes.

— Avis d'appel à remettre par exprès (art. 506 à 521 θ).

— Avis d'appel à remettre par poste (art. 522 à 526 θ).

— Remboursement de la taxe des avis d'appel (art. 682 θ).

Messages téléphonés.

— Un message téléphoné est une communication analogue au télégramme, transmise directement, par la voie téléphonique, au bureau chargé d'en assurer la remise (art. 10 θ).

— Les messages téléphonés sont admis : à l'intérieur de tout réseau téléphonique ; entre localités autorisées à communiquer téléphoniquement entre elles, moyennant la taxe de 25 centimes.

Dans les deux cas, la localité destinataire doit posséder un service de distribution télégraphique (art. 451 0).

— Ils peuvent être téléphonés, soit à partir d'un poste public, soit à partir des postes d'abonnés ayant versé une provision.

La taxe de ceux transmis à partir d'un poste public est perçue en tickets, que l'expéditeur soit abonné ou non (art. 452 0).

— Il est interdit d'accepter à la fois plusieurs demandes d'une même personne, pour une même destination (art. 453 0).

— Les messages sont transmis par les expéditeurs eux-mêmes, en français et en langage clair, aux bureaux chargés d'en effectuer la remise, et avec lesquels ils sont mis en communication. Les préposés ne doivent, en aucun cas, se substituer à l'expéditeur (art. 458 0).

— La taxe de transmission de jour et de nuit des messages est fixée à 50 centimes par unité de conversation de 3 minutes (art. 308 0).

— Un correspondant ne peut occuper la ligne pendant plus de six minutes (2 unités) si d'autres demandes sont en instance (art. 459 0).

— Au bureau d'arrivée, les messages sont écrits, sous la dictée de l'expéditeur, sur une formule bleue de télégramme d'arrivée, sur laquelle le mot « *Télégramme* » est remplacé par celui « *Message* » (art. 460 0).

— La remise des messages est effectuée dans les mêmes conditions que celle des télégrammes ordinaires. Si cette remise ne peut avoir lieu, un avis de service est adressé au poste central d'attache de l'abonné expéditeur ou au poste public d'origine (art. 461 0).

— Les messages peuvent être réexpédiés par poste, dans le service intérieur. Avis de la réexpédition est donné au poste d'origine, sauf si le message était primitivement adressé « Poste restante » (art. 462 0)

— Les messages peuvent être déposés au bureau même qui doit en effectuer la remise à domicile. Ils sont écrits par l'expéditeur, sans limite de temps, sur le recto et le verso d'une formule de télégramme de départ ou d'un papier de dimensions sensiblement égales. Quelle que soit la longueur du texte, il n'est perçu qu'une taxe simple. — L'original du message est inséré dans une enveloppe 711 sur laquelle la mention « *Télégramme* » est remplacée par celle « *Message* » ; il est ensuite porté à domicile, comme un message ordinaire (art. 463 0).

— Les messages non distribués et les avis de service qui s'y rapportent sont classés dans les archives, avec les télégrammes ordinaires (art. 465 0)

— Les messages sont inscrits, dans la forme ordinaire, aux procès-verbaux nᵒˢ 1392-68 et 1392-68 *bis*; la mention « *Message* » est portée dans la colonne d'observations du p. v. nᵒ 1392-68. Sur le p. v. nᵒ 1392-68 *bis*, on les distingue à l'aide de la lettre « M » (art. 571-568 θ).

— Messages à remettre par exprès (art. 466 à 483 θ).

— Messages à remettre par poste (art. 484 à 488 θ).

— Remboursement de la taxe des messages (art. 682 θ).

Télégrammes téléphonés.

Tout abonné peut expédier et recevoir des télégrammes par la ligne qui rattache son poste d'abonnement au réseau (art. 12 θ).

— Cette transmission est gratuite pour les abonnés forfaitaires, sauf à Paris et à Lyon. — Elle est soumise à une taxe de 10 centimes par télégramme, pour les abonnés à conversations taxées et pour les abonnés forfaitaires de Paris et de Lyon (art. 312 θ).

— Ces télégrammes doivent être dictés en français, en langage clair, et leur texte ne doit pas excéder 50 mots (art. 549 θ).

— Tout abonné qui désire expédier ou recevoir des télégrammes téléphonés doit constituer, au préalable, une provision destinée à garantir le payement des taxes (art. 548-314 θ).

— Chaque bureau doit posséder une liste, par ordre alphabétique, des abonnés admis à user de leur ligne, pour la transmission des télégrammes. Cette liste indique si la mesure est applicable au départ comme à l'arrivée ou dans un seul de ces deux sens (art. 550 θ).

— Le dépôt de garantie est encaissé dans les mêmes conditions que celui pour communications (art. 629 θ).

— Les télégrammes émanant d'un poste d'abonné sont reçus sur une formule blanche de télégramme de départ, qui est revêtue de la mention « *Téléphoné* ». Après avoir été enregistrés au registre nᵒ 1398 des télégrammes en compte, ils sont remis sur le poste télégraphique chargé d'en effectuer la transmission. Les copies sont classées en tête des télégrammes de départ de la même journée (art. 554 θ).

— Sur le registre nᵒ 1398, un compte spécial est ouvert à chaque abonné ayant demandé à participer au service des télégrammes téléphonés.

Le supplément de 10 centimes, applicable à chaque télégramme de départ, est cumulé avec la taxe télégraphique normale. Les suppléments de 10 centimes, applicables aux télégrammes d'arrivée sont cumulés, en un seul chiffre, à la fin de la journée (art. 632 θ).

— Les télégrammes d'arrivée dont le texte est en français, en langage clair et ne contient pas plus de 50 mots, sont téléphonés aux abonnés qui en ont fait la demande. Exception est faite pour ceux portant l'une des indications éventuelles :
« *Accusé de réception* », « *mains propres* », « *avec reçu* », qui sont distribués dans la forme ordinaire.

Les copies des télégrammes téléphonés sont ensuite remises aux destinataires par la plus prochaine distribution postale (art. 555 0).

— Avant d'être remis au service postal, les télégrammes téléphonés sont inscrits, soit au rôle d'arrivée n° 604, soit au p. v. n° 670 *bis*. La mention « *Téléphoné* » est inscrite dans la colonne d'observations. — Dans les bureaux importants, il peut être tenu un rôle spécial pour les télégrammes téléphonés.

Quand un télégramme téléphoné comporte une réponse payée, le bon établi est annexé au registre n° 1398 et son montant inscrit au crédit de l'abonné (art. 557 0).

— L'inspecteur doit vérifier, à l'aide des copies, pour les télégrammes de départ, à l'aide du rôle d'arrivée, pour les télégrammes d'arrivée, si la taxe de 0 fr. 10 due pour chaque télégramme téléphoné a bien été perçue.

Dispositions particulières aux bureaux auxquels ressortissent des établissements secondaires dotés du service téléphonique.

— Le bureau d'attache est seul chargé du recouvrement des sommes, de toute nature, dues par les abonnés. — Les versements peuvent être acceptés par les facteurs-receveurs et les gérants, mais, en cette occurrence, ceux-ci ne servent que d'intermédiaires entre les abonnés et le bureau d'attache. Les sommes ainsi reçues, sont envoyées au bureau d'attache qui, seul, a qualité pour en donner quittance; cette quittance est transmise aux intéressés, par le retour du courrier (art. 742 0).

— Les remboursements peuvent également être effectués par l'intermédiaire des facteurs-receveurs et des gérants. — Dans ce cas, le montant du remboursement est transmis, en même temps que l'autorisation sur laquelle la quittance doit être donnée.
Cette autorisation, dûment quittancée, est renvoyée au bureau d'attache, par le premier courrier qui suit la remise des fonds (art. 743 0).

— Les provisions des abonnés des réseaux locaux des établissements secondaires, sont surveillées par le bureau d'attache qui tient, pour chacun de ces établissements, les fiches n° 1392-64.
La situation mensuelle de ces comptes est fournie, sur l'état n° 1392-38, à la suite de la partie destinée aux abonnés du réseau d'attache.
C'est également le bureau d'attache qui établit les relevés

n° 1392-64 *bis* et qui les transmet directement aux abonnés du réseau de l'établissement secondaire (art. 744 0).

— Les versements effectués par les abonnés des établissements secondaires sont pris en charge par le bureau d'attache, au moment où les fonds lui parviennent; les quittances sont expédiées aussitôt aux abonnés. La mention « *Réseau de.....* » est inscrite, d'une manière très apparente, sur les souches.

Le nombre et la taxe des communications échangées par le bureau d'attache et par les établissements secondaires, sont récapitulés dans un tableau spécial, à l'état n° 1392-82.

Les résultats du bureau d'attache figurent en tête de ces tableaux, ceux des établissements secondaires à la suite, dans l'ordre alphabétique. Le total de ces résultats est inscrit sur la ligne : « *Totaux du mois* » (art. 746 0).

— Les comptes ouverts pour les télégrammes téléphonés sont également établis par le bureau d'attache. Le facteur-receveur ou le gérant adresse, chaque jour, au bureau d'attache, le relevé modèle G des taxes télégraphiques nettes à porter au débit du compte n° 1392-64 *bis* des abonnés (art. 745 0).

— Les établissements secondaires sièges d'un réseau adressent, chaque jour, au bureau d'attache, leur p. v. n° 1392-68 accompagné des tickets annulés ; le cas échéant, le p. v. est remplacé par une fiche négative.

Ceux chargés exclusivement d'une cabine n'envoient leur p. v. n° 1392-68, et les tickets, que le dernier jour de la quinzaine.

Le p. v. du dernier jour du mois ou celui de la 2ᵉ quinzaine est accompagné de l'état n° 1392-67 *ter* (art. 739 0).

— Le receveur rapproche journellement de ses p. v. n° 1392-68, les p. v. qu'il reçoit des établissements secondaires pourvus d'un réseau et provoque, s'il y a lieu, les rectifications nécessaires.

En fin de quinzaine, il vérifie les indications fournies, aux p. v. n° 1392-68, par les établissements secondaires chargés exclusivement d'une cabine, en rapprochant ces p. v. des relevés n° 1392-64 *bis* établis par ses soins (art. 634 0).

Les rectifications reconnues nécessaires sont opérées d'office, à l'encre rouge, sur les p. v. n° 1392-68 et avis en est donné aux intéressés (art. 740 0).

— Les gérants des bureaux exclusivement téléphoniques sont tenus de vendre au public des timbres-poste, cartes postales, etc... Leur approvisionnement est constitué dans les mêmes conditions que celui en tickets ; toutefois, les demandes de l'espèce sont établies sur un bulletin n° 590.

La remise de 1 % sur la vente des figurines postales, est accordée aux gérants (art. 741 0).

CHAPITRE XV

Service intérieur des bureaux.

— Chaque bureau reçoit, de la Direction, un règlement intérieur que le titulaire doit tenir au courant des changements survenus dans le service et dans le personnel. Ce règlement est affiché dans le bureau, et, si l'importance du service l'exige, des extraits en sont placés dans les diverses sections.

Les agents du bureau doivent être entendus, à titre consultatif, pour l'établissement du règlement intérieur. — Sauf circonstances exceptionnelles, le service quotidien doit être limité à huit heures coupées en deux vacations (art. 27).

— Dans les bureaux ayant des aides, s'assurer que leur nombre est en rapport avec l'abonnement alloué au receveur, que celui-ci traite ses aides convenablement et prend une part active aux travaux du bureau.

— Il est formellement interdit aux receveurs d'employer les sous-agents placés sous leurs ordres, même avec rétribution, à des travaux autres que ceux de leurs fonctions (art. 18 *bis*).

— Les bureaux possèdent un état n° 804 de l'organisation du service de la distribution à domicile, à tenir au courant de toutes les modifications.

— Heures d'ouverture des bureaux (art. 28).

— Les bureaux doivent toujours être ouverts aux facteurs rentrant de tournée, quelle que soit l'heure de cette rentrée, et le titulaire ou son remplaçant doit être présent pour les recevoir (art. 30).

On n'admet pas qu'un facteur ait une clef du bureau, pour pouvoir y pénétrer en l'absence du titulaire.

— Feuille de présence n° 547 fixant la participation du personnel aux divers services. — Les agents doivent prendre part, indistinctement, à toutes les parties du service, d'après les ordres du receveur (art. 31).

— Il est formellement interdit aux agents des guichets de tenir leurs écritures de comptabilité en présence du public (art. 2283).

— Interdiction de fumer et de cracher par terre, à l'intérieur des bureaux (art. 33).

— Interdiction d'admettre dans les bureaux, des personnes étrangères au service. Cette interdiction s'étend aux membres de la famille du titulaire, quand ils ne sont pas autorisés à prendre part aux travaux du bureau (art. 35).

Les courriers d'entreprise ne doivent pas, non plus, pénétrer dans les bureaux (art. 57).

— Registre des plaintes n° 508-1. — L'avis y relatif doit être affiché dans la salle d'attente (art. 37).

— Demandes, par le public, de relevés de chargements, de mandats-poste, de télégrammes, etc.; elles sont établies sur feuille timbrée à 60 centimes. — Le pétitionnaire paye une indemnité fixée à 0 fr. 66 l'heure, pour les agents, et à 0 fr. 33, pour les sous-agents.

Les demandes ayant pour but d'obtenir des relevés périodiques, d'une manière permanente, ne sont pas admises (art. 38).

— Répertoires de la correspondance partante et arrivante. — Classement des ordres de service reçus de la Direction, et de la correspondance générale (art. 39).

— Chaque bureau est muni d'un tableau n° 574, à afficher, indiquant la nature et la date d'envoi des documents périodiques à fournir (art. 40).

— Les inspecteurs du travail sont chargés de visiter les bureaux, pour s'assurer de l'exécution des lois et règlements relatifs à l'hygiène et à la sécurité du travail.

Un registre spécial, sur lequel ils consignent leurs observations, est ouvert dans chaque bureau. — Copie de ces observations doit être adressée, le jour même, au directeur départemental.

Matériel — Mobilier — Imprimés.

— Sur la partie la plus apparente du local, à l'extérieur, est placée une inscription, en lettre de 15 centimètres de hauteur, portant les mots « Postes et Télégraphes », « Postes-Télégraphes-Téléphones », « Bureau de poste », etc..., suivant le cas.

L'instruction générale prescrit, pour cette inscription, des lettres noires sur fond blanc; nous les préférons en blanc sur fond bleu, comme le sont les écriteaux des recettes auxiliaires (art. 55).

— A l'extérieur également, écriteau : « Caisse nationale d'épargne » (art. 17 C. N. E.).

— Affichage de l'avis au public n° 587, dans un cadre à charnières, vitré et grillagé, placé à demeure, à l'extérieur du bureau.

Cet avis doit être constamment tenu au courant des modifications du service (art. 56).

— Dans la salle d'attente, affiche n° 161 de la Caisse d'épargne (art. 18 C. N. E.).

— Les guichets doivent être munis d'écriteaux indiquant la nature des opérations qui y sont effectuées. — Des affiches défendant de fumer sont placardées. Les affiches indiquant les conditions de vente du Journal officiel sont également placardées (art. 58).

— Un calendrier éphéméride doit être placé dans la salle d'attente (Circ. du 17 mai 1891).

— La salle d'attente doit être munie, aux frais du receveur, de tables ou tablettes, encriers, plumes, buvards, etc... Elle doit être éclairée, la nuit. — Les avis concernant le service doivent y être affichés (art. 62-84).

— Entretien journalier des locaux. — Les planchers, les murs, les meubles, les vitres, etc..., doivent être très fréquemment nettoyés (art. 59).

— Sécurité des locaux. — Les portes du rez-de-chaussée doivent être blindées et pourvues de serrures de sûreté. Les fenêtres du rez-de-chaussée doivent être munies de barreaux de fer ou de volets blindés (art. 61).

— Il est interdit aux préposés de faire modifier, même à leurs frais, une disposition quelconque des locaux, sans en avoir, au préalable, obtenu l'autorisation de l'Administration (art. 63).

— Interdiction de faire usage, pour l'éclairage des bureaux, de lampes à essence minérale et de l'alcool carburé. L'alcool dénaturé est autorisé.
L'éclairage à l'acétylène est autorisé mais après l'autorisation du directeur et sous certaines conditions (art. 62).

— Emploi de l'appareil indicateur des levées. Cet appareil est obligatoire pour tous les bureaux de plein exercice, de nouvelle création (art. 71).

— Les receveurs, facteurs-receveurs, entreposeurs ou gardiens d'entrepôt doivent toujours avoir une clef de rechange des boîtes rurales, des boîtes supplémentaires fixes ou mobiles et des boîtes mobiles transportées ou levées par les courriers de leur résidence. Il leur est interdit de faire confectionner des clefs de boîte (art. 82).

— Les receveurs et facteurs-receveurs doivent se pourvoir, à leurs frais, d'une carte de l'arrondissement postal de leur bureau, de balances pèse-lettres et Roberval avec boîte de poids, d'une pendule, de sacoches pour le relevage des boîtes supplémentaires, de tampons, encre à timbrer, papier, sacs, ficelle, cire à cacheter et autres fournitures de bureau nécessaires au service.
L'encre à timbrer doit être achetée exclusivement chez le fournisseur de l'Administration (art. 84).

— Examiner si l'approvisionnement d'imprimés ne dépasse pas les besoins du bureau et faire renvoyer, le cas échéant, l'excédent à la Direction.

CHAPITRE XVI

ÉTABLISSEMENTS DE FACTEUR-RECEVEUR

Écritures.

— Les facteurs-receveurs ne sont pas comptables ; ils rendent compte, chaque jour, de leurs opérations, aux receveurs dont ils relèvent (art. 2386).

— Les dispositions de l'instruction générale, relatives à la tenue de la caisse et des écritures dans les recettes, sont applicables aux établissements de facteur-receveur, notamment en ce qui concerne le numéraire admis dans la caisse, l'obligation de représenter les fonds de la caisse, à toute réquisition, les cas de vol de caisse, enfin les règles à observer pour la tenue des écritures, sous réserve de l'emploi d'un seul livre de comptabilité (art. 2393). (*Voir pages 5 à 7 du Guide-Memento.*)

— Les opérations de recettes et de dépenses sont enregistrées sur un livre récapitulatif n° 1264.

A la fin de chaque journée, après la clôture des opérations, le facteur-receveur y totalise les recettes et les dépenses, et fait ressortir, dans la colonne spéciale, l'excédent des recettes sur les dépenses.

Cet excédent est repris en charge, le lendemain, dans la colonne des recettes intitulée : « *Report de l'excédent de la veille* ».

Les totaux journaliers sont additionnés avec les totaux antérieurs du même mois ; les totaux mensuels sont reportés à la récapitulation ménagée à la fin du registre (art. 2387).

— Le facteur-receveur rend compte de ses opérations à son bureau postal d'attache, au moyen de l'extrait journalier n° 1264 *bis*. Le verso de cet extrait n'est rempli que quand il est fait une demande de figurines (art. 2390-2396).

— L'extrait n° 1264 *bis* vérifié et, le cas échéant, rectifié, est renvoyé au facteur-receveur qui le conserve dans ses archives. Le receveur accuse réception, sur l'extrait, des fonds qui lui sont envoyés. Si l'envoi ne comporte pas de versement, la mention relative à l'accusé de réception est barrée en croix par deux forts traits de plume et le timbre à date est seul apposé (art. 2399).

— Les facteurs-receveurs adressent, le 1er de chaque mois, à leur bureau d'attache, un état récapitulatif n° 1272 de leurs recettes et de leurs dépenses pendant le mois précédent, d'après le registre n° 1264.

Le mois courant est cumulé avec les mois antérieurs (art. 2398).

— L'inspecteur en vérification s'assure qu'une concordance parfaite existe entre le livre n° 1264 et les extraits journaliers n° 1264 *bis* visés par le receveur du bureau d'attache et conservés par le facteur-receveur (art. 6468).

Avances.

— Les facteurs-receveurs sont pourvus, par leur bureau d'attache, le jour de l'ouverture de leur établissement, d'une avance en numéraire, en timbres-poste, cartes-lettres, etc., chiffres-taxes, timbres de quittance et autres valeurs fiduciaires, dont l'importance est fixée par le directeur départemental (art. 2388-155-190).

Le montant de ces avances est inscrit dans les colonnes 2-3-5 du livre n° 1264.

— L'avance en numéraire ne peut pas être inférieure à 300 francs (art. 2032).

— L'avance, qui varie chaque jour et qui est constituée par l'excédent des recettes sur les dépenses, ressort à la colonne 23 (dépenses) du livre n° 1264. Quand elle excède de 100 francs au moins, le chiffre fixé, un versement est effectué ; si, au contraire, elle est inférieure de plus de 100 francs à ce chiffre, il est fait une demande de fonds n° 1114 *bis*. — Le montant des versements et des demandes de fonds doit toujours être un multiple de 50 francs (art. 2388 *bis*).

— L'approvisionnement en timbres-poste, etc... doit être en rapport avec les besoins à satisfaire. Une demande est faite chaque fois que la vente des figurines atteint 50 francs ou que, pour certaines catégories, le nombre de ces figurines restant en caisse est insuffisant. La demande est détaillée au verso de l'extrait n° 1264 *bis* ; elle est accompagnée d'une demande de fonds n° 1114 *bis* dont le montant représente la valeur des figurines demandées, diminuée de la remise 1 °/₀ (art. 2388 *ter*-156).

— En cas de présentation de mandats dont le montant dépasse celui de l'avance autorisée, des fonds sont demandés au bureau d'attache, par formule n° 1114 *bis* accompagnée d'un bordereau n° 1436 indiquant le montant des mandats à payer.

Les fonds transmis par les bureaux d'attache sont accompagnés d'un bordereau d'envoi n° 1120 (art. 2389).

— L'approvisionnement en timbres-poste et chiffres-taxes comprend des figurines de toutes les catégories, à l'exception des timbres à 5 francs et des livrets d'identité (art. 6463-139).

— Les facteurs-receveurs qui sont tenus de vendre des feuilles de papier timbré à 60 centimes, reçoivent de leur bureau d'attache une avance de 20 feuilles (art. 190).

— Les facteurs receveurs doivent conserver, à part, la remise sur la vente des timbres-poste, etc., qui est égale au 1 °/₀ du montant des timbres-poste, cartes postales, etc..., et timbres de quittance existant au bureau (art. 165-192).

— Les facteurs-receveurs sont chargés d'approvisionner en timbres-poste et en timbres de quittance, en leur tenant compte de la remise, les facteurs attachés à leur établissement, ainsi que les débitants de tabac de la circonscription de leur bureau (art. 162-189).

— Ils inscrivent, chaque soir, sur le carnet n° 1344, dans les colonnes *ad hoc*, le produit de la vente des timbres-poste, des chiffres-taxes et des timbres de quittance (art. 166).

Mandats d'articles d'argent.

— Les facteurs-receveurs participent à l'émission et au payement des mandats français ordinaires, cartes et d'abonnement aux journaux, ainsi que des bons de poste, dans les mêmes conditions que les recettes (*voir pages 22 à 30 du Guide-Memento*).

— Ils émettent également des mandats-cartes internationaux n° 1405 à destination de l'Allemagne, de la Belgique, de l'Italie, du Grand Duché du Luxembourg et de la Suisse (*art. 76 du Tarif international des Postes*) et cela dans les mêmes conditions que les recettes (*Voir page 33 du Guide-Memento. — Ces mandats sont acheminés exclusivement sur le bureau d'attache (art. 1413 *bis*).

— Ils assurent aussi le payement des mandats-cartes internationaux, dans les mêmes conditions que les recettes (*voir page 34 du Guide-Memento*). — En principe, ces mandats leur parviennent par l'intermédiaire de leur bureau d'attache qui doit s'assurer de leur régularité. Ils sont inscrits en nombre sur la feuille d'avis, dans le tableau des dépêches entrantes (art. 1451).

— Le facteur-receveur examine, au point de vue de la régularité, tout mandat-carte international qui lui parvient directement. Si ce titre n'est pas en état de payement, ou s'il y a doute à cet égard, le facteur-receveur le transmet, par le plus prochain courrier, au bureau d'attache, pour qu'il soit procédé à sa régularisation (art. 1452).

— Le facteur-receveur transmet au bureau d'attache, avec une note explicative, tout mandat-carte refusé, ou dont le destinataire est inconnu, a changé de résidence ou est parti sans laisser d'adresse (art. 1453).

— Si à l'expiration du délai de validité, un mandat-carte n'a pas été payé au bénéficiaire dûment prévenu (*voir page 29 du Guide-Memento*), le facteur-receveur envoie le titre au bureau d'attache, avec les explications utiles (art. 1454).

— Les facteurs-receveurs participent à l'émission et au payement des mandats télégraphiques français et internationaux, de 1.000 francs au maximum.

*(Les règles à appliquer sont indiquées à l'inst*on *n° 670 insérée au bulletin mensuel de juillet 1910 ; elles varient selon le cas où le bureau est pourvu ou non d'un appareil télégraphique.)*

En ce qui concerne les mandats internationaux, les articles n°s 1501, 1502, 1508, 1509 de l'Inst°n générale indiquent les pays pour lesquels ils peuvent être établis, le maximum admis par chaque pays, les droits à percevoir et la monnaie en laquelle ils sont établis.

(Voir également pour l'exécution du service, les pages 30 à 33 et 35 à 36 du Guide-Memento.)

— Les facteurs-receveurs adressent au bureau d'attache, 15 jours après la date du dernier mandat, les souches de tous les registres épuisés (art. 207).

-- Ils tiennent, comme dans les recettes, le registre n° 1540 de la comptabilité-matières des formules de mandats n°s 1401, 1402 et 1405 (art. 211-212).

— Ils frappent des timbres horizontaux de leur bureau, les formules des registres de mandats n°s 1401, 1402 et 1405 que leur bureau d'attache leur envoie et en prennent charge sur le registre n° 1540. — Ne devant posséder, dans leur établissement, qu'un seul registre de chaque catégorie, celui en cours, ils renvoient les autres, immédiatement, à leur recette d'attache qui est chargée de les approvisionner, au fur et à mesure de leurs besoins (art. 205).

— En fin de journée, le facteur-receveur décrit, d'après ses registres d'émission et de payement des mandats d'articles d'argent, sur un état n° 1423, d'une part, les mandats et bons de poste émis, d'autre part, les mandats et bons de poste payés pendant la journée.

Les mandats internationaux émis et payés sont décrits à la suite des mandats et bons de poste français et totalisés à part.

L'état n° 1423 adressé au bureau d'attache est accompagné des mandats-cartes internationaux émis, des titres payés, des formules de mandats annulées dans la journée et des déclarations de versement correspondantes, des mandats-cartes français annulés après enregistrement, ainsi que des mandats-cartes internationaux annulés accompagnés de leur déclaration de versement, (art. 2391).

— Les mandats et les bons de poste français émis sont relevés, chaque jour, sur un état n° 1421 *bis* et les mandats internationaux sur un état n° 1422.

Les mandats français payés sont décrits également, chaque jour, sur un état n° 1427 *bis* et les mandats internationaux payés sur un état n° 1428.

Les bons de poste payés ne sont pas inscrits par le facteur-receveur; ils sont envoyés, chaque soir, à l'appui de l'état n° 1423, au bureau d'attache qui les inscrit, en fin de quinzaine, groupés avec les siens, sur son état n° 1427 (art. 2392).

— Les états n⁰ˢ 1421 *bis*, 1422, 1427 *bis* et 1428 sont arrêtés à la fin de chaque quinzaine et envoyés au bureau d'attache par la première dépêche qui suit la clôture des opérations (art. 2397).

— A la fin de chaque quinzaine, les facteurs-receveurs joignent à leur état n⁰ 1421 *bis*, un état n⁰ 1541 de la situation de leur approvisionnement en formules de mandats n⁰ˢ 1401, 1402 et 1403.

En envoyant cet état n⁰ 1541 à la Direction, le receveur y joint, le cas échéant, les formules annulées que le facteur-receveur lui a adressées, pendant la quinzaine (art. 212).

Recouvrements français.

— Les facteurs-receveurs participent, dans les mêmes conditions que les recettes, au service des recouvrements français. (*Voir pages 61 à 71 du Guide-Memento.*)

— A l'occasion de ce service, nous avons constaté, assez souvent, que les facteurs-receveurs, sous prétexte qu'ils sont seuls responsables, négligent d'inscrire, sur des bordereaux n⁰ 1494, les valeurs à recouvrer qu'ils emportent en distribution.

Il importe que ces bordereaux soient régulièrement établis, afin qu'il soit toujours possible d'examiner si les valeurs sont présentées, en temps utile, et si leur règlement n'est pas différé.

— Les facteurs-receveurs tiennent un bordereau des remises sur les recouvrements n⁰ 1496, qu'ils émargent, au jour le jour, et qu'ils adressent au bureau d'attache, le 1ᵉʳ de chaque mois (art. 2398).

— Ils perçoivent, à leur profit, le montant des deux prélèvements pour remise, s'ils ont effectué personnellement le recouvrement (art. 1566).

— Cas où une valeur à recouvrer originaire de l'Étranger parvient accidentellement à un établissement de facteur-receveur (art. 1661 *bis*).

Détaxes. — Réexpéditions d'objets taxés. — Rebuts.

— Les facteurs-receveurs se font donner décharge, sur des bulletins de remboursement n⁰ 1267, du montant des détaxes ou des réductions de taxes qu'ils peuvent avoir à opérer. Ils joignent ces bulletins à l'extrait n⁰ 1264 *bis*, pour justifier la dépense (art. 837).

— Les chiffres-taxes apposés sur les objets taxés réexpédiés, sont barrés en croix par deux forts traits de plume (art. 851).

— Les objets taxés réexpédiés par une recette sur un établissement de facteur-receveur en relevant, sont inscrits sur une feuille de réexpédition n⁰ 1251 qui est jointe à l'objet et dont il est fait mention sur la feuille d'avis (art. 852).

— Les objets taxés réexpédiés par un établissement de facteur-receveur et destinés à son bureau d'attache ne sont pas accompagnés de la feuille n° 1251; ils sont portés en dépense au livre n° 1264 et au relevé journalier n° 1264 *bis* (art. 854).

— Quand un facteur-receveur réexpédie un objet taxé destiné à un bureau autre que celui d'attache, il l'accompagne d'une feuille n° 1251 ; il signale cette réexpédition à son bureau d'attache, à l'aide d'une feuille n° 1255 dont il remplit les colonnes 3-4-5 et 6. Le montant de la taxe est inscrit en dépense (art. 855).

— Les facteurs-receveurs dirigent sur leur bureau d'attache les correspondances à verser en rebut.

Autres opérations.

— Les facteurs-receveurs sont assujettis aux mêmes règlements que les recettes, en ce qui concerne le service des chargements et des envois contre remboursement (service intérieur), celui de l'expédition et de la distribution des correspondances, le service intérieur, le matériel et le mobilier.

— Cas où un envoi contre remboursement, originaire de l'étranger parvient accidentellement à un facteur-receveur (art. 1707).

Caisse d'épargne.

(Les articles cités ci-après sont ceux de l'instruction spéciale n°87).
(*Au point de vue du service de la caisse d'épargne, nous nous bornons à indiquer les opérations qui sont spéciales aux établissements de facteur-receveur.*)

— Les facteurs-receveurs participent au service de la caisse nationale d'épargne, à titre d'intermédiaires entre les déposants et les bureaux d'attache dont ils relèvent (art. 1).

— Ils reçoivent et transmettent au bureau d'attache : 1° les sommes qui leur sont remises à titre de *premiers versements* ou de *versements ultérieurs* ; 2° les *autorisations de remboursement* à payer.
Ils reçoivent et adressent les *livrets à régler* au directeur de la succursale détentrice du compte courant (art. 2).

— Ils délivrent, immédiatement, un *récépissé extrait d'un carnet à souche n° 50*, à toute personne qui dépose entre leurs mains, soit une somme à verser, soit une autorisation de remboursement à payer.
Le dépôt d'un livret à régler donne lieu à la délivrance d'un bulletin de dépôt n° 21 (art. 4).

— Il ne doit jamais être délivré de duplicata de récépissé n° 50, ni de duplicata de bulletin n° 21. — Si l'une de ces pièces se trouve perdue, le facteur-receveur fait remplir et signer par le déposant une déclaration de perte n° 32.

Cette déclaration est adressée au directeur qui la renvoie directement au déposant.

Le livret est remis contre reçu donné sur cette déclaration qui est rattachée à la souche du carnet n° 21, si elle remplace un bulletin extrait de ce carnet, ou envoyée au bureau d'attache si elle remplace un récépissé n° 50 (art. 89).

— Les sommes versées par l'entremise des facteurs-receveurs, entrent dans la caisse de ces préposés; elles sont portées sur les registres ou états de comptabilité du service postal (art. 6-37 *bis*).

— Celles remboursées ne doivent, en aucun cas, être prélevées sur la caisse; elles ne figurent pas sur les registres ou états de comptabilité du service postal (art. 7).

— Il est formellement interdit aux facteurs-receveurs de porter aucune opération sur les livrets et de conserver les livrets au delà du délai de huit jours (art. 8-35).

— Le facteur-receveur accompagne, *obligatoirement*, tout envoi de fonds ou de pièces au bureau d'attache, d'un bordereau n° 51 sur lequel il décrit : au tableau I, les premiers versements et les versements ultérieurs ; au tableau II, les autorisations de remboursement à payer; au tableau III, les récépissés n° 50 retirés des mains des déposants et les livrets qui n'ont pu être remis.

Les tableaux du bordereau, non utilisés, sont barrés (art. 69-70-74).

— De son côté, le receveur du bureau d'attache accompagne tout envoi de fonds ou de pièces, d'un bordereau n° 76 sur lequel il décrit, d'une part, les sommes destinées à des remboursements, d'autre part, les livrets à remettre aux déposants, après inscription d'un premier versement ou d'un versement ultérieur (art. 110).

— Les bordereaux n° 51, de même que les bordereaux n° 76, sont numérotés suivant une série commençant le 1er janvier et finissant le 31 décembre de chaque année (art. 75-112).

— Au moment de chaque envoi, le facteur-receveur reporte sur un relevé n° 77, d'après le bordereau n° 51, le nombre des premiers versements, celui des versements ultérieurs et le montant total des versements.

Lorsqu'un bordereau n° 51 ne fait mention d'aucun versement, des guillemets sont portés sur la ligne correspondante du relevé n° 77 (art. 76).

— De même, dès l'arrivée d'un bordereau n° 76 envoyé par le bureau d'attache, le facteur-receveur reporte sur le relevé n° 77, d'après ce bordereau, le nombre des remboursements et le montant des sommes à rembourser.

Lorsque le bordereau n° 76 ne mentionne aucun remboursement, des guillemets sont portés sur la ligne correspondante du relevé n° 77.

Le facteur-receveur doit classer dans ses archives, et dans leur ordre numérique, les bordereaux n° 76 ; il doit réclamer au receveur tout bordereau manquant à son ordre (art. 66).

— A l'expiration de chaque mois, le facteur-receveur totalise les colonnes du relevé n° 77 ; au-dessous des totaux, il reporte les totaux des mois antérieurs depuis le commencement de l'année. Puis il communique son relevé au receveur qui le lui renvoie, après l'avoir vérifié (art. 99).

— Le 15 janvier de chaque année, il adresse au directeur un relevé indiquant, pour l'année écoulée, le nombre des premiers versements, celui des versements ultérieurs, le montant total des versements de toute nature, le nombre et le montant des remboursements, et enfin le chiffre des remises touchées (art. 100).

— Les envois de fonds sont soumis à la formalité du chargement en franchise.

L'envoi de ces chargements, comme celui des pièces, est signalé par la mention « Caisse d'épargne » portée sur la feuille d'avis, près du cadre destiné à l'empreinte du timbre « Chargé » (art. 73).

— Les carnets n° 21 et n° 50 épuisés sont conservés pendant un mois ; passé ce délai, ils sont envoyés au bureau d'attache (art. 120).

— Les demandes de livrets, les livrets sur lesquels des versements doivent être inscrits par le receveur et les bulletins d'épargne sont compris, avec les pièces de comptabilité du service postal, dans la première dépêche expédiée au bureau d'attache, après la clôture des opérations de la journée (art. 68).

PREMIERS VERSEMENTS

— Le facteur-receveur s'assure que la demande de livret a été correctement établie ; il ne doit pas appliquer les timbres de son bureau sur les demandes de livret.

Il remplit, séance tenante, un récépissé du carnet à souche n° 50, sur lequel il énonce, en toutes lettres, la somme versée, et le remet à la partie versante (art. 29).

— Si la partie versante exprime l'intention de retirer le livret au bureau, mention en est faite à la souche du carnet n° 50 (art. 79).

— Les deux expéditions de la demande de livret et le montant du premier versement sont adressés au bureau d'attache, accompagnés d'un bordereau n° 51 ; ce bordereau est enregistré sur le relevé n° 77 (art. 30).

— A la réception du livret qui parvient accompagné d'un bordereau n° 76, le facteur-receveur s'assure que ce livret a reçu l'inscription exacte de la somme versée et, notamment, que les nombres marginaux de la page 3 du livret correspondent bien au montant du dépôt. Le numéro du livret est inscrit à la souche correspondante du carnet n° 50.

Il inscrit le bordereau n° 76 sur le relevé n° 77 (art. 77-78-66).

— Le livret est remis, *obligatoirement*, à domicile, à moins que la partie versante n'ait exprimé l'intention de venir le retirer au bureau.

Il est remis au porteur, quel qu'il soit, du récépissé n° 50, contre un accusé de réception daté et signé par ce porteur. — Si celui-ci ne sait pas signer, le facteur-receveur inscrit, sur le récépissé, la mention qu'il signe, « *a déclaré ne savoir signer* » (art. 79).

— Le facteur-receveur adresse le récépissé n° 50 au bureau d'attache, par la plus prochaine dépêche directe ; il l'accompagne d'un bordereau n° 51 qu'il inscrit sur le relevé n° 77 (art. 80).

— Il transmet au bureau d'attache, les livrets qu'il n'a pu rendre aux déposants dans un délai de 8 jours. — Note de l'envoi est prise à la souche correspondante du carnet n° 50 (art. 81).

VERSEMENTS ULTÉRIEURS

— Le facteur-receveur se fait remettre le livret en même temps que les fonds. Il remplit, séance tenante, un récépissé du carnet à souche n° 50, sur lequel il énonce, *en toutes lettres*, la somme versée. Il remet ce récépissé à la partie versante, que ce soit ou non le titulaire du livret (art. 31-36).

— Si la partie versante exprime le désir de retirer le livret au bureau, mention en est faite à la souche du carnet n° 50 (art. 79).

— La somme versée et le livret sont transmis au bureau d'attache, accompagnés d'un bordereau n° 51 qui est enregistré sur le relevé n° 77 (art. 37).

— Au retour du livret qui rentre accompagné d'un bordereau n° 76, le facteur-receveur s'assure que ce livret a reçu l'inscription exacte de la somme versée et, notamment, que le receveur y a collé le *timbre-épargne* réglementaire, muni des chiffres latéraux représentant la somme versée.

Il inscrit le bordereau n° 76 sur le relevé n° 77 (art. 77-78-66).

— Le livret est remis à domicile ou conservé au bureau, dans les mêmes conditions qu'un livret émis à la suite d'un premier versement (art. 79).

— Le récépissé n° 50 est adressé au bureau d'attache, par la plus prochaine dépêche directe, accompagné d'un bordereau n° 51 qui est inscrit sur le relevé n° 77 (art. 80).

— Tout livret qui n'a pu être rendu au déposant dans le délai de 8 jours, est adressé au bureau d'attache. — Note de l'envoi est prise à la souche correspondante du carnet n° 50 (art. 81).

REMBOURSEMENTS

— Il est interdit aux facteurs-receveurs d'effectuer des remboursements sur les fonds de leur caisse ; le payement ne peut être fait qu'au moyen du numéraire envoyé, à cet effet, par le bureau d'attache.

. Il leur est interdit également d'inscrire aucun remboursement sur un livret (art. 38).

— Les demandes de remboursement sont adressées directement à la Direction centrale à Paris, ou aux sièges des succursales, suivant le cas. Le bureau d'attache doit y être indiqué comme bureau payeur (art. 42).

— Toute demande de remboursement intégral est accompagnée du livret, en échange duquel le facteur-receveur délivre au déposant, un bulletin de dépôt n° 21 (art. 43).

— Quand on lui présente une autorisation de remboursement, le facteur-receveur fait signer la quittance, *sans indication de lieu ni de date de payement* (art. 47).

— S'il connaît la partie prenante, le facteur-receveur inscrit sur l'autorisation le mot « *Connu* ». Dans le cas contraire, il indique les pièces d'identité qui lui ont été fournies. — Il contresigne l'une ou l'autre mention (art. 48).

— En même temps que l'autorisation dûment quittancée, il se fait remettre le livret et délivre immédiatement au déposant, un récépissé n° 50.

Si le déposant désire retirer les fonds au guichet, mention en est faite à la souche correspondante du carnet n° 50.

Lorsqu'il s'agit d'une autorisation de remboursement intégral, et que le livret a été mis à l'appui de la demande (art. 43), ou bien lorsque le livret a été envoyé en règlement (art. 62., le facteur-receveur réclame le bulletin n° 21 qu'il a délivré au moment du dépôt du livret (art. 52).

— L'avis d'émission d'une autorisation de payement est exclusivement réservé au bureau-payeur. Par conséquent, quand il reçoit un avis d'émission, le facteur-receveur doit le transmettre immédiatement au bureau d'attache (art. 54).

— Le facteur-receveur adresse au bureau d'attache, par la plus prochaine dépêche, l'autorisation de payement quittancée ainsi que le livret correspondant (ou à défaut le bulletin n° 21). — Il accompagne le tout, d'un bordereau n° 51 qui est enregistré sur le relevé n° 77 (art. 55).

— A l'arrivée de l'envoi du bureau d'attache, envoi qui est accompagné d'un bordereau n° 76, le facteur-receveur s'assure que les fonds envoyés par le receveur, correspondent bien à la somme annoncée sur le bordereau n° 76, et que cette somme est conforme à celle qui figure à la souche du carnet n° 50 (montant de l'autorisation).

Il inscrit le bordereau n° 76 sur le relevé n° 77 (art. 56-66).

— Le facteur-receveur porte les fonds à *domicile*, sauf le cas où le bénéficiaire a exprimé le désir de venir les retirer au guichet.

En même temps, il rend le livret au déposant, contre restitution du récépissé n° 50 revêtu, par ce dernier, d'un accusé de réception daté et signé.

Toutefois, dans le cas de remboursement intégral, le livret étant conservé par le bureau d'attache, la partie prenante se borne à restituer le récépissé, sans aucune signature de sa part (art. 57).

— Le récépissé n° 50 est adressé au bureau d'attache, par le plus prochain courrier, accompagné d'un bordereau n° 51 qui est inscrit sur le relevé n° 77 (art. 58).

— Lorsque le bénéficiaire refuse de recevoir les fonds, est décédé ou est parti sans faire connaître l'époque de son retour, le facteur-receveur renvoie au bureau d'attache, la somme que celui-ci a envoyée. Il la fait figurer, comme s'il s'agissait d'un versement ultérieur, sur un bordereau n° 51 auquel il annexe le livret et un récépissé n° 50 dûment annoté.

Le receveur inscrit la somme sur le livret comme s'il s'agissait d'un versement ultérieur, puis il renvoie le livret au facteur-receveur qui le rend au titulaire (art. 59-60).

— Bien entendu, si un déposant refuse d'accepter la somme qui lui est présentée, sous prétexte qu'elle est inférieure ou supérieure à celle qui lui est due, le facteur-receveur en réfère au bureau d'attache, avant d'accomplir les formalités indiquées ci-dessus (art. 61).

— Quand un remboursement est effectué sur un livret en règlement, le receveur inscrit l'opération sur le bulletin de dépôt n° 21, que le facteur-receveur lui a adressé, aux lieu et place du livret. Quand ce bulletin lui revient, le facteur-receveur le rend au déposant (art. 62).

Au retour du livret réglé, le facteur-receveur communique ce titre, avec une note explicative, au bureau d'attache qui y inscrit le remboursement. — Le facteur-receveur remet ensuite le livret au déposant, contre restitution du bulletin n° 21 dûment déchargé : ce bulletin est rattaché à la souche correspondante du carnet n° 21 (art. 63).

LIVRETS A RÉGLER

— Le facteur-receveur délivre un bulletin de dépôt n° 21 pour tout livret qui lui est remis pour être réglé (art. 82).

A la fin de chaque journée, il envoie les livrets à régler, à la succursale détentrice du compte courant. Chaque livret est accompagné d'un bulletin n° 157 sur lequel il est inscrit (art. 83).

— Les livrets rentrés, après règlement, sont remis en échange du bulletin de dépôt n° 21 dûment déchargé ; ce bulletin est rattaché à la souche correspondante du carnet n° 21.

Le bulletin n° 157 est classé dans les archives (art. 84).

— Les livrets non retirés dans le délai de huit jours sont adressés au bureau d'attache. Note de l'envoi est prise au carnet n° 21 (art. 85).

Pour permettre le contrôle de cette prescription, il est nécessaire que les facteurs-receveurs, comme le font les receveurs, en vertu des dispositions de l'art. 548 C. N. E., mentionnent, sur les souches du carnet n° 21, la date de rentrée des livrets envoyés pour règlement.

REMISES

— Les remises allouées aux facteurs-receveurs sont fixées comme suit :

1° 0 fr. 15 *par livret ouvert* à la suite d'une demande de livret, d'une demande de transfert ou d'une demande de changement de série ;

2° 0 fr. 25 par *1.000 francs*, sur le montant des dépôts (premiers versements et versements ultérieurs) ;

3° 0 fr. 025 pour chaque opération de *versement ultérieur* ou de *remboursement* (art. 101).

— Le décompte de ces remises est établi, trimestriellement, par le receveur du bureau d'attache, sur une formule n° 129, à l'aide des éléments fournis par le relevé n° 77.

Le receveur adresse au facteur-receveur la somme qui lui revient, ainsi que le décompte n° 129.

Après avoir vérifié l'exactitude du décompte, le facteur-receveur le revêt de son acquit et d'un timbre de quittance de 10 centimes, si la somme dépasse 10 francs, et il le renvoie au receveur (art. 102).

— Les facteurs ordinaires servent d'intermédiaires pour toutes les opérations de Caisse nationale d'épargne (art. 98). — Ils perçoivent à leur profit, sur les particuliers, les sommes fixées par l'art. 103.

Service télégraphique.

— Quand ils sont chargés du service télégraphique, quel que soit l'appareil, télégraphique ou téléphonique, mis à cet effet à leur disposition, les facteurs-receveurs sont soumis, en ce qui concerne l'exécution du service et la comptabilité, aux mêmes règles que les receveurs.

— Ils tiennent un registre A¹ n° 1393 pour l'inscription des taxes et un registre n° 1108 pour les recettes diverses et accidentelles (art. 2394).

— Toutes les transmissions de départ et d'arrivée sont inscrites sur un p. v. n° 670 *bis* (art. 513 T).

En regard de chaque télégramme de départ, on inscrit, dans la col. 8, le montant total de la taxe encaissée. La colonne des taxes est additionnée, en fin de journée, et le total reporté dans la col. « *Observations* » doit concorder avec celui des recettes de la journée inscrit au journal A¹ (art. 2394 *bis*).

— Le produit des taxes de la télégraphie est inscrit, en fin de journée, sur le registre n° 1264, dans la colonne *ad hoc*.

P. Fauque. — *Guide-Memento.*   11

Les originaux des télégrammes de départ, les reçus n° 1374 des frais d'exprès et d'affranchissement des télégrammes, les remboursements effectués d'office, les déclarations n° 1108 *bis* des recettes diverses et accidentelles, les autorisations acquittées de remboursements télégraphiques sont envoyés, chaque jour, au bureau d'attahe, joints à l'extrait journalier n° 1264 *bis* (art. 2396).

— En fin de quinzaine, le p. v. n° 670 *bis* est adressé au bureau d'attache (art. 2397). Il doit faire ressortir le total des taxes perçues pendant la quinzaine (art. 2394 *bis*).

— En fin de mois, le facteur-receveur adresse à son bureau d'attache, le décompte n° 1372 *bis* des remises télégraphiques et un relevé indiquant, par journée, le nombre des télégrammes de départ, d'arrivée et de passage (art. 2398).

— Les facteurs-receveurs qui, pour le service télégraphique, sont reliés à un bureau autre que leur bureau postal d'attache, conservent les originaux des télégrammes de départ; ils les adressent, en fin de quinzaine, joints au p. v. n° 670 *bis*, à leur bureau d'attache qui les fait parvenir à la Direction, pour contrôle (art. 2400 *bis*).

Service téléphonique.

— Les facteurs-receveurs sont soumis, pour l'exécution de ce service, aux mêmes règles que les recettes.

— Les communications téléphoniques échangées à partir d'une cabine publique, sont payées à l'aide de tickets qui sont mis à la disposition du public dans les bureaux (art. 318-319 0).

— Les facteurs-receveurs s'approvisionnent de tickets auprès de leur bureau d'attache, de la même manière que pour les timbres-poste. Ils ont droit à la remise du 1 °/₀ (art. 716 0).

— Toutes les communications échangées à partir de la cabine publique ou par les abonnés, sont inscrites sur un p. v. n° 1392-68 (*Voir pour le service de la cabine et la tenue du p. v. n° 1392-68 les pages 134 à 137 du Guide-memento*).

— Les établissements secondaires sièges d'un réseau adressent, chaque jour, à leur bureau d'attache, leur p. v. n° 1392-68 accompagné des tickets annulés; le cas échéant, le p. v. est remplacé par une fiche négative.

Ceux chargés exclusivement d'une cabine n'envoient leur p. v. n° 1392-68 et les tickets que le dernier jour de chaque quinzaine.

Le p. v. du dernier jour du mois ou celui de la 2ᵉ quinzaine est accompagné de l'état statistique n° 1392-67 *ter* (art. 739 0).

— Le bureau d'attache est seul chargé de poursuivre le recouvrement des sommes de toute nature, dues par les abonnés.

Les versements peuvent être acceptés par les facteurs-receveurs mais, en cette occurrence, ceux-ci ne servent que d'intermédiaires entre les abonnés et le bureau d'attache. Les sommes ainsi reçues sont envoyées, au bureau d'attache qui, seul, a qualité pour en donner quittance ; cette quittance est adressée au facteur-receveur par le retour du courrier (art. 742 0).

— Le facteur-receveur inscrit les recettes téléphoniques au registre nº 1108 et établit une déclaration nº 1108 *bis* qu'il adresse à son bureau d'attache, jointe à l'extrait journalier nº 1264 *bis*. Ces recettes sont également inscrites au registre nº 1264 (art. 2395-2396-2387).

— Les remboursements peuvent également être effectués par les facteurs-receveurs. Dans ce cas, le montant du remboursement est transmis par le bureau d'attache, en même temps que l'autorisation sur laquelle la quittance doit être donnée (art. 743 0).

— Les dépenses ainsi faites sont inscrites au registre nº 1264 (art. 2387) et les autorisations dûment quittancées sont renvoyées au bureau d'attache, jointes à l'extrait nº 1264 *bis* (art. 2396).

— A la fin de chaque trimestre, doit être fourni le décompte nº 1392-47 *bis* des remises pour le service téléphonique (art. 2398).

— Les provisions des abonnés des réseaux locaux des établissements de facteur-receveur, sont surveillées par le bureau d'attache qui tient, pour chacun de ces abonnés, les fiches nº 1392-64 et les relevés nº 1392-64 *bis* (art. 744 0).

— Les facteurs-receveurs sont soumis aux mêmes règlements que les recettes, en ce qui concerne le service des avis d'appel, des messages téléphonés et des télégrammes téléphonés. (*Voir pages 141 à 145 du Guide-Memento.*)

— Les comptes ouverts pour les télégrammes téléphonés sont également tenus par le bureau d'attache. — Le facteur-receveur lui adresse, chaque jour, d'après son registre nº 1398. le relevé modèle G des taxes télégraphiques nettes à porter au débit du compte nº 1392-64 *bis* des abonnés (art. 745 0).

CHAPITRE XVII

RECETTES AUXILIAIRES

De leur vérification.

— Les recettes auxiliaires urbaines sont soumises à la vérification des inspecteurs — Les recettes auxiliaires rurales et les distributions auxiliaires sont vérifiées par les brigadiers-facteurs. Toutefois il est recommandé aux inspecteurs de profiter des missions qui les appellent dans la commune où est établie une recette auxiliaire ou dans les communes voisines, pour vérifier le service de ce bureau.

— Dans les recettes auxiliaires gérées par des receveurs-buralistes, l'inspecteur établit, pour le service des contributions indirectes, une situation de caisse n° 86 D (à remplir seulement en ce qui concerne la constatation du numéraire en caisse).

Cette situation doit être adressée au directeur des contributions indirectes du département, aussitôt après la vérification (art. 6468).

Réserve en numéraire.

— Le jour de l'ouverture d'une recette auxiliaire, le bureau d'attache fait au gérant une avance en numéraire fixée à 300 francs. Mais cette avance n'est pas fixe et le bureau d'attache ne doit pas la compléter quand elle descend au-dessous de 300 francs.

— Le maximum de la réserve que les gérants sont autorisés à conserver en caisse, est fixé à 300 francs.

En cas d'insuffisance de fonds, les gérants peuvent en demander au bureau d'attache. Ils font usage, à cet effet, d'un registre à souche n° 1114 *bis* dont chaque formule comprend deux parties : la première comporte la demande, la deuxième tient lieu de récépissé et est remise au bureau d'attache, au moment de la réception des fonds.

Ces demandes ne peuvent être inférieures à 50 francs ou comporter une fraction de dizaines de francs, ni excéder 300 francs.

Cependant, en cas de besoins reconnus, le gérant d'une recette *urbaine* peut demander une somme supérieure à 300 francs, à la condition de joindre à la formule n° 1114 *bis*, une note justificative, et d'aller prendre les fonds lui-même, au bureau d'attache (art. 2410).

Articles d'argent.

— Les recettes auxiliaires participent à l'émission et au payement des mandats français ordinaires dont le montant n'excède pas 300 francs, à l'émission des mandats-cartes français n'excédant pas cette même somme, ainsi qu'à l'émission et au payement des bons de poste.

— Les recettes auxiliaires qui émettent, d'une façon régulière, plus de 25 mandats par jour, doivent être pourvues de registres de 200 formules. (Circul. du 7 mars 1903).

— A la réception d'un registre n° 1401, ou n° 1402, le gérant doit appliquer sur chacune des formules, au-dessous de la griffe horizontale du bureau d'attache, sa lettre distinctive (recette urbaine) ou sa griffe horizontale (recette rurale).

Il ne doit y avoir, dans le bureau, qu'un seul registre n° 1401 et un seul n° 1402, celui en cours (art. 205).

— Les registres sont renvoyés au bureau d'attache, aussitôt qu'ils sont terminés (art. 207).

— Les gérants tiennent un état de quinzaine n° 1421 *bis* des mandats et des bons de poste français émis ainsi qu'un état de quinzaine n° 1427 *bis* des mandats payés (art. 2406-2407).

— Les recettes auxiliaires urbaines et rurales peuvent être autorisées par l'Administration, à émettre des mandats internationaux, dans les conditions fixées pour les établissements de facteur-receveur (art. 1397).

Dans ce cas, les gérants tiennent un état n° 1422 des mandats internationaux émis (art. 2406).

— Dans les recettes urbaines, comme dans les recettes rurales, les mandats-cartes sont envoyés au bureau d'attache, à chaque passage du facteur, inscrits sur un bordereau n° 1406 *ter*.

Le gérant insère les mandats et le bordereau dans le paquet des chargements et annonce leur présence par l'inscription, sur la feuille n° 12 et sur le talon, des mots : « *Bordereau n° 1406 ter.* » (art. 1265).

— Les recettes auxiliaires rurales pourvues d'un appareil télégraphique peuvent être admises à participer au service des mandats télégraphiques (régime intérieur et régime international) n'excédant pas 1000 francs (*Inst*ᵒⁿ n° 670. *B. M. juillet 1910*).

Comptabilité.

— Les gérants rendent compte, chaque soir, au receveur dont ils relèvent, des opérations qu'ils ont effectuées dans la journée (art. 2401).

— Ils sont pourvus d'un livre de caisse n° 1103 *bis* sur lequel ils reportent, en fin de journée, le total des recettes et celui des dépenses, et dont ils remplissent les différents tableaux : détail des bons payés, par catégorie ; décomposition du versement effectué (art. 2403).

— La différence entre le montant des recettes et celui des dépenses donne le reste en caisse, qui forme le premier article à reporter à la journée du lendemain (art. 2404).

— Lorsque la comptabilité journalière a été définitivement arrêtée au livre de caisse, le gérant établit un extrait n° 1106 *bis* qu'il adresse au bureau d'attache, et auquel il joint :

S'il est gérant de recette urbaine,

1° l'état n° 1421 *bis* accompagné des registres n° 1401 et n° 1402 et des formules annulées, l'état n° 1422 accompagné du registre n° 1405 ;

2° l'état n° 1427 *bis* accompagné des mandats payés ;

3° les bons payés ;

4° le montant du versement enfermé dans un petit sac en toile.

S'il est gérant de recette rurale,

1º un état nº 1423 *bis* sur lequel sont décrits, au recto, les mandats et les bons émis et, au verso, les mandats et les bons payés (ces derniers sont joints à l'état ainsi que les formules annulées) ;

2º les bons payés ;

3º le montant du versement enfermé dans un petit sac en toile.

Il est formé du tout un paquet spécial sous papier, ficelé et cacheté à la cire, qui est inscrit sur la feuille nº 12, sous la désignation : « *Comptabilité journalière* » (art. 2408).

— Quand une recette auxiliaire urbaine est tellement éloignée de son bureau d'attache, que les registres de mandats et les bons de poste ne peuvent être rentrés, le lendemain matin, avant l'heure d'ouverture, elle peut, sur l'autorisation de l'Administration, être dispensée de l'envoi de ces registres et être assimilée, à ce point de vue, à une recette rurale art. 2408).

Timbres-poste. — Timbres de quittance.

— L'approvisionnement en timbres-poste, qui est à la charge des gérants, doit être en rapport avec les besoins du public, sans pouvoir descendre, au-dessous de 100 francs dans les recettes urbaines, et de 25 francs dans les recettes rurales.

Il comprend : dans les recettes urbaines, des figurines de toutes les catégories, comme dans les bureaux simples ; dans les recettes rurales, des figurines à 1, 2, 5, 10, 15 et 25 centimes, des cartes postales à 10 cent., des cartes-lettres à 10 cent., des enveloppes timbrées à 11 cent. et des bandes timbrées à 1 c. $\frac{1}{3}$ et à 2 c. $\frac{1}{3}$ art. 160).

— Les gérants s'approvisionnent à leur bureau d'attache : directement au guichet et dans les mêmes conditions que les débitants de tabac, pour les recettes urbaines ; par l'intermédiaire des facteurs ruraux, pour les recettes rurales (art. 163-164).

— Les bureaux d'attache approvisionnent les recettes auxiliaires, de timbres de quittance à 10 cent., en leur tenant compte de la remise, sauf quand ces recettes sont situées dans des communes sièges de bureaux de l'enregistrement. — Dans ce cas, les gérants s'approvisionnent directement au bureau de l'enregistrement (art. 189).

— Le numéraire provenant de la vente des timbres-poste, cartes postales, timbres de quittance, etc., ne doit pas être confondu avec les fonds du Trésor (art. 2411).

— Les gérants des recettes auxiliaires peuvent être autorisés à vendre les papiers timbrés de toute nature (art. 193 *bis* à 193 quinquiès).

Avance en chiffres-taxes.

— Les gérants qui assurent, exceptionnellement, l'expédition et la distribution des correspondances, reçoivent, à titre d'avance

fixe, une provision de chiffres-taxes s'élevant à la somme de
5 francs, et composée comme suit : 50 chiffres-taxes à 1 centime,
10 à 5 centimes, 10 à 10 centimes et 15 à 20 centimes. Ils donnent
reçu de cette avance sur une formule nº 1343 conservée par le
bureau d'attache (art. 160).

— Le gérant fait figurer cette avance sur son livre de caisse, à
l'article *Recettes*, sous la rubrique : « *Avance en chiffres-taxes* ».

Quand des chiffres-taxes sont utilisés, leur valeur entre dans
le versement quotidien fait au bureau d'attache. Ces chiffres-
taxes sont détaillés, par catégorie, en marge du livre de caisse
nº 1103 *bis* et de l'extrait nº 1106 *bis*.

Le bureau d'attache reconstitue l'avance fixe, le lendemain. —
Le montant de cet envoi partiel est passé en écritures, par le
gérant, sous le titre : « *Complément d'avance en chiffres-taxes* »
(art. 164 *bis*).

Objets recommandés.

— Les recettes auxiliaires reçoivent en dépôt et expédient au
bureau d'attache, tous les objets (lettres — imprimés — journaux
— échantillons) soumis à la formalité de la recommandation
ainsi que les enveloppes de valeur à recouvrer.

Ils sont munis, à cet effet, de registres nº 510, nº 510 *bis* et de
carnets d'étiquettes gommées nº 518 et nº 519.

— Les objets recommandés et les valeurs à recouvrer sont
inscrits sur une feuille nº 12, dans la forme ordinaire ; il est
formé, du tout, un paquet cacheté qui est remis au facteur, à son
passage, et dont celui-ci donne décharge sur le talon de la feuille
nº 12, qui est conservé (art. 550-551).

— Si, au moment du passage du facteur, il n'y a pas d'objets
recommandés ou de valeurs à recouvrer, le gérant remet à ce
sous-agent la partie principale de la feuille 12, sur laquelle il
porte la mention « *Néant* ». — Cette mention est reproduite également sur le talon qui est classé avec les autres (art. 552).

— Les registres nºs 510 et 510 *bis* sont envoyés au bureau
d'attache, le jour même où ils sont terminés.

Les talons des feuilles nº 12 sont classés, par envoi et par journée. — A la fin de chaque mois, ils sont envoyés au bureau
d'attache (art. 553).

Expédition et distribution des correspondances.

— La boîte aux lettres des recettes auxiliaires doit s'ouvrir à
l'extérieur (art. 69).

— Tout gérant assurant, exceptionnellement, le service de
l'expédition et de la réception des correspondances, doit effectuer la levée de la boîte aux lettres de son bureau, ainsi que

celle des boîtes supplémentaires de la localité ; le sac de relevage doit être fourni par la commune (art. 461).

— Les correspondances à expédier sont insérées dans des enveloppes-dépêches n° 8. Toutefois, celles du maire et des fonctionnaires sont transmises, au bureau d'attache, avec les objets recommandés (art. 534).

— Les enveloppes n° 8 reçues des bureaux correspondants sont transmises, en fin de mois, au bureau d'attache, avec les bulletins négatifs n° 9 (art. 625).

— Les objets taxés réexpédiés sont accompagnés d'une feuille n° 1251. Les gérants font parvenir ces feuilles à leur bureau d'attache, dès qu'elles leur sont renvoyées par les bureaux correspondants (art. 855).

— Les recettes auxiliaires ne participent pas au service de la poste restante. Les gérants renvoient au bureau d'attache, les objets adressés « *Poste restante* » qui leur parviennent directement (art 723 *bis*).

Service télégraphique

— Les recettes *urbaines* chargées du service télégraphique taxent et transmettent les télégrammes privés du régime intérieur et du régime international, à l'exclusion des télégrammes-mandats.

Elles sont munies, pour les opérations de départ, d'un journal A¹ et d'un journal A⁴.

Les télégrammes sont inscrits, au fur et à mesure des transmissions, sur un p. v. n° 670 *bis*.

— Les recettes auxiliaires *rurales* pourvues d'un *appareil télégraphique* sont soumises aux mêmes règles que les bureaux télégraphiques secondaires (*voir pages 169 à 170 du Guide memento*). Elles peuvent être admises à participer au service des mandats télégraphiques français et internationaux.

— Celles pourvues d'un *appareil téléphonique* pour le service de la transmission et de la réception des télégrammes, sont soumises aux mêmes règles que les bureaux téléphoniques municipaux (*Voir pages 172 à 173 du Guide-Memento*).

Service téléphonique.

Quand elles sont dotées d'un réseau local d'abonnés ou simplement d'une cabine téléphonique publique, les recettes auxiliaires sont soumises, au point de vue du service téléphonique, aux mêmes règlements que les facteurs-receveurs. (*Voir pages 162 à 163 du Guide-Memento.*)

— Les gérants ne peuvent faire des opérations en nombre que sur autorisation du directeur, qui indique notamment les personnes ou établissements déterminés qui doivent avoir leur domicile ou leur siège dans la circonscription de la recette auxiliaire.

Les receveurs des bureaux d'attache doivent tenir la main à la rigoureuse application de ces prescriptions. De leur côté, les inspecteurs ont à exercer leur contrôle sur ce point et doivent s'assurer tout spécialement que les gérants ne divisent pas les opérations en nombre supérieur à 10, en intercalant entre elles des opérations effectuées isolément.

CHAPITRE XVIII

BUREAUX TÉLÉGRAPHIQUES SECONDAIRES NON FUSIONNÉS

Service télégraphique

— Ces bureaux sont soumis aux mêmes règles que les recettes, en ce qui concerne l'exécution du service, la tenue du journal A[1], du carnet et de l'état D, de l'état n° 1380 des remboursements, de l'état n° 1373 des frais d'exprès et de poste, etc...

Toutefois, les non valeurs sont considérées comme numéraire en caisse et non comme avances autorisées (art. 2419).

— Les bureaux secondaires ne possèdent ni livre de caisse, ni sommier ; ils sont pourvus d'un registre récapitulatif n° 1391 destiné à l'inscription des recettes et des dépenses de toute nature (art. 2421).

— En fin de journée, le gérant, après avoir additionné les opérations de recette et de dépense constatées sur les registres et états auxiliaires, reporte les totaux obtenus, aux articles correspondants du registre n° 1391. — Il totalise ensuite les divers articles de recette et de dépense, et fait ressortir, selon le cas, l'excédent des recettes sur les dépenses ou des dépenses sur les recettes, dans l'une ou l'autre des colonnes à ce destinées.

Les opérations sont cumulées sur ce registre, de jour en jour, jusqu'à la fin du mois, de manière à présenter, à la fin de chaque journée, les résultats depuis le commencement du mois ou, le cas échéant, depuis le commencement de la gestion.

La situation de caisse de chaque journée est portée dans la dernière colonne du registre (art. 2423).

— Le dernier jour de chaque mois, après avoir arrêté les écritures comme d'habitude, le gérant déduit du produit brut, au
registre n° 1391, le montant des non-valeurs constatées pendant
le mois, et qui ne doivent plus, dès lors, être comprises dans
l'encaisse. Il fait ainsi ressortir l'excédent vrai des recettes
sur les dépenses ou des dépenses sur les recettes, à reprendre en
écritures, le 1er du mois suivant.

Il reporte ensuite à la récapitulation générale et mensuelle,
ménagée à la fin du registre n° 1391, les totaux par article, des
recettes et des dépenses de toute nature, effectuées pendant la
période mensuelle.

Ces totaux sont cumulés de mois en mois, sans qu'il soit tenu
compte des changements de gestion (art. 2424).

— Les gérants établissent un bordereau mensuel n° 1105 auquel
sont applicables les dispositions qui concernent le bordereau
mensuel n° 1104 établi par les receveurs (art. 2425 à 2427).

— Les versements sont faits, le dernier jour non férié de chaque
mois, aux caisses des bureaux de poste ; ils sont décrits sur le
carnet n° 1120.

Quand leur bureau n'est pas à proximité de la recette des postes,
les gérants peuvent recourir, sous leur responsabilité personnelle,
à l'intermédiaire des facteurs des postes auxquels ils remettent,
en même temps que les fonds, un bulletin extrait du carnet
n° 1120.

Le versement est décrit sur le part n° 747 du facteur qui rapporte, le lendemain, la formule n° 1114 (récépissé) (art. 2428).

— Les gérants peuvent, en cas de besoin, demander des fonds
de subvention (art. 2430).

Avance en timbres-poste..... timbres de quittance.

— Les bureaux secondaires reçoivent, des bureaux de poste
dont ils relèvent, une avance fixe en timbres-poste, cartes postales,
etc..., qui n'est pas inférieure à 50 francs, et une avance fixe de
150 timbres de quittance.

Le montant de ces avances est inscrit, par le gérant, à l'angle
supérieur droit du registre récapitulatif n° 1391 (art. 157-190).

— Le montant de la vente journalière est inscrit, en fin de journée, sur le registre n° 1391 et au verso du compte journalier
n° 1390 (art. 157-190).

Dans les localités possédant un bureau de poste, il est versé,
chaque soir, au bureau de poste d'attache qui, le lendemain,
envoie au gérant, sur ses indications, une valeur équivalente en
timbres-poste, cartes postales, timbres de quittance, de manière
à reconstituer l'avance fixe. Cet envoi est accompagné de la
remise (art. 158-190).

Les gérants des bureaux télégraphiques situés dans des localités non pourvues d'un bureau de poste, s'approvisionnent, par l'intermédiaire des facteurs ruraux, dans les mêmes conditions que les débitants de tabac des communes rurales (art. 164).

— Les gérants inscrivent également, chaque jour, pour ordre, au carnet n° 1344, le montant des timbres-poste et des timbres de quittance vendus pendant la journée (art. 166-191).

— Ils doivent toujours être en mesure de justifier du montant de leur avance fixe, soit en numéraire, soit en figurines, et, si le complément d'avance ne leur est pas encore parvenu, en versement au receveur des postes dont ils relèvent (art. 159).

— Les gérants doivent conserver, à part, la remise sur la vente des timbres-poste, cartes postales, etc..., timbres de quittance, tickets téléphoniques existant au bureau (art. 165-192).

Mandats télégraphiques.

— Dans les localités où il existe une recette de poste, les bureaux télégraphiques secondaires participent à l'émission des mandats télégraphiques français et internationaux (art. 2422).

Les mandats émis sont décrits sur un état journalier n° 1424 dressé en double expédition. Ces deux expéditions sont envoyées au receveur des postes, avec le montant des mandats, les avis d'émission nos 1452 et 1452 bis et, s'il y a lieu, les formules des mandats remboursés avant transmission.

Une expédition de l'état n° 1424, signée par le receveur, est renvoyée au gérant qui la classe dans ses archives (art. 2431-2432).

— Chaque jour, les gérants rendent compte, sur formule n° 1390, aux receveurs dont ils relèvent, des opérations postales de la journée (produit de la vente des timbres-poste, montant des mandats télégraphiques encaissés, droit postal compris) et versent l'excédent des recettes sur les dépenses.

Le receveur accuse réception de la somme versée, au tableau n° 1 du recto de la formule n° 1390, et le gérant accuse réception, à son tour, au bas du tableau n° 3 du verso, des timbres-poste, cartes postales, etc..., timbres de quittance, tickets téléphoniques, qui lui sont transmis en complément d'avance (art. 2433).

Service téléphonique.

— Au point de vue de l'exécution du service téléphonique, les gérants des bureaux télégraphiques secondaires sont entièrement assimilés aux facteurs receveurs. (*Voir pages 162 à 163 du Guide-Memento*).

CHAPITRE XIX

BUREAUX TÉLÉPHONIQUES MUNICIPAUX

Service télégraphique.

— La comptabilité des bureaux téléphoniques municipaux est comprise dans celle des bureaux télégraphiques d'attache, si le gérant du bureau téléphonique n'est pas receveur des postes ou facteur-receveur (art. 2446).

— Le gérant tient un procès-verbal nº 670 *bis* sur lequel il inscrit, au fur et à mesure de leur dépôt, les télégrammes à téléphoner et la taxe perçue sur chacun d'eux.

En fin de journée, il ajoute le montant des bons de réponse payée délivrés au guichet, les frais d'exprès perçus sur les destinataires et déduit du montant global ainsi obtenu, les frais d'exprès payés par lui (art. 2447).

— Le numéro de chaque télégramme transmis est donné au gérant, par le bureau d'attache, au moment même de la transmission. Ce numéro est celui sous lequel le receveur du bureau d'attache inscrit le télégramme à son journal A [1]; le gérant le porte sur son procès-verbal nº 670 *bis*.

— Comme les gérants des bureaux télégraphiques secondaires, les gérants des bureaux téléphoniques sont pourvus d'un registre nº 1391 dans les colonnes respectives duquel ils inscrivent, en fin de journée, le montant des taxes télégraphiques.

Le montant des bons de réponse délivrés au guichet et celui des frais d'exprès perçus sur les destinataires sont ajoutés au total du produit des taxes de la télégraphie; celui des frais d'exprès payés est reporté à la colonne *ad hoc* du registre nº 1391.

Le gérant inscrit en dépense, sur ce registre, le montant du versement qu'il fait chaque jour au bureau d'attache. Le cas échéant, il inscrit dans la colonne *ad hoc*, l'excédent des dépenses sur les recettes dont il doit lui être tenu compte le lendemain (art. 2448).

— En fin de journée, le gérant réunit en un paquet solidement ficelé et scellé à la cire :

les originaux des télégrammes reçus au guichet, dans la journée ;

le montant, en espèces, de la taxe de ces télégrammes ;

le procès-verbal nº 670 *bis*, les autorisations de remboursement et les reçus délivrés, le cas échéant, par les porteurs d'exprès.

Ce paquet est envoyé, dès le lendemain matin, au receveur du bureau télégraphique d'attache, par l'intermédiaire du facteur rural ; il est signalé sur le part de ce sous-agent (art. 2449).

— Le receveur du bureau télégraphique d'attache s'assure que les taxes afférentes à chaque télégramme correspondent bien aux sommes qu'il a portées en recette. sur son journal A[1] ; il vérifie ensuite si le versement effectué représente exactement le total des taxes détaillées au p. v. n° 670 bis (art. 2450).

— Le p. v. n° 670 bis portant reçu du receveur du bureau d'attache est renvoyé au gérant, comme pièce de décharge (art. 802 T).

— En fin de mois, le gérant adresse au bureau d'attache un relevé indiquant, pour chaque journée du mois, le nombre de télégrammes expédiés ou reçus. Ce relevé est, après contrôlé, transmis à la Direction, en même temps que la comptabilité télégraphique du bureau d'attache (art. 805 T).

— Au point de vue de l'approvisionnement en timbres-poste, cartes postales, etc., timbres de quittance, les gérants sont soumis aux mêmes règles que ceux des bureaux télégraphiques secondaires.

— Tout télégramme déposé dans un bureau téléphonique ou à destination d'un bureau téléphonique, doit être rédigé en français, en langage clair, et ne pas contenir plus de 50 mots (art. 10 bis T).

— Pour les télégrammes à distribuer par exprès, l'état n° 1373 correspondant est tenu par le bureau d'atttache. Le gérant fait donner décharge sur un reçu n° 1374, par le distributeur, du prix de la course qui a été payé ; ce reçu est envoyé en fin de journée au bureau d'attache.
A la clôture de la journée, les dépenses ainsi faites sont défalquées, sur le p. v. n° 670 bis, des recettes de la journée (art. 726 bis T).

— Quand la somme payée à l'exprès excède 10 francs, un timbre de quittance de 10 centimes est apposé sur le reçu n° 1374 (art. 730 T).

— Quand les frais d'exprès sont perçus à l'arrivée, le gérant en fait recette sur son p. v. n° 670 bis. Le récépissé y relatif est envoyé, le lendemain, par le bureau d'attache (art. 731 bis T).

Service téléphonique.

— Au point de vue de l'exécution du service téléphonique, les gérants des bureaux téléphoniques municipaux sont entièrement assimilés aux facteurs-receveurs. (*Voir pages 162 à 163 du Guide-Memento*).

CHAPITRE XX

BUREAUX-GARES. —
ENTREPOTS DES DÉPÊCHES. — COURRIERS
CONVOYEURS ET AUXILIAIRES

— Les bureaux-gares et les entrepôts doivent être l'objet de deux vérifications complètes, par an, l'une en hiver, l'autre en été.

Les résultats de la vérification sont consignés sur un p. v. n° 915 qui, après avoir reçu les observations du directeur départemental, est transmis à l'Administration, sous le timbre de la Direction de l'Exploitation postale (2e bureau).

Une copie de ce rapport est conservée dans les archives de la Direction.

Dans les entrepôts, l'inspecteur doit suivre le service, heure par heure, *aussi bien la nuit que le jour*, et pendant une période de 24 heures.

— Il doit indiquer, dans son rapport, si toutes les parties du service peuvent être assurées sans danger pour la sécurité des dépêches; il examine si cette sécurité existe, même lorsque les préposés sont obligés de quitter leurs locaux pour aller lever les boîtes placées dans les cours extérieures des gares, ou pour procéder à l'échange des dépêches avec les trains, et il propose, s'il y a lieu, les mesures propres à remédier aux inconvénients qu'il remarque.

Il voit si l'échange des dépêches avec les bureaux ambulants et les courriers est effectué dans les conditions réglementaires, si les wagons-poste sont toujours d'un accès commode, si leur place dans les trains n'oblige pas les préposés à pousser les chariots en dehors des trottoirs, etc...

Il porte aussi son attention sur l'acheminement donné aux dépêches en transit et signale, le cas échéant, celles qui lui paraissent devoir être supprimées et celles pour lesquelles un autre acheminement est de nature à accélérer la transmission.

Il signale enfin tout ce qui lui paraît susceptible d'intéresser l'Administration.

— Il doit faire mention, dans son rapport, du nombre et de la durée des vacations fournies par les entreposeurs, chargeurs, gardiens d'entrepôt et aides préposés au service du transbordement.

— L'inspecteur vérifie les boîtes nécessaires des courriers-convoyeurs et des courriers auxiliaires qui se présentent à l'entrepôt.

Il s'assure que les couronnes de timbre à date, en leur possession, portent l'inscription correspondant à la dénomination officielle des parcours qu'ils effectuent.

Par l'examen des correspondances apportées à l'entrepôt, il voit si les courriers emploient bien les blocs 1er, 2e, 3e, etc..., selon qu'ils assurent le 1er, le 2e ou le 3e ordinaire d'un service. Quand un service ne comporte qu'un seul ordinaire, il est fait usage d'un bloc-étoile.

— Les courriers doivent posséder une plaque indicatrice, un timbre « Exprès », un carnet indicateur n° 126 des dépêches à recevoir et à livrer, des enveloppes n° 8, des bulletins négatifs n° 9, des enveloppes n° 817 pour l'insertion des correspondances à distribuer par exprès et des parts n° 116 destinés à mentionner les dépêches supplémentaires et les dépêches marquantes (art. 597-598-576).

— Quand un courrier est appelé à occuper deux compartiments contigus, en raison du grand nombre de dépêches à accompagner, il doit être muni de chaînettes avec cadenas, ainsi que de coins en bois, pour assurer la fermeture du compartiment qu'il n'occupe pas (art. 599).

— Les courriers possèdent une instruction spéciale ; les receveurs de leurs bureaux d'attache leur fournissent l'encre à timbrer, la ficelle, les bougies, les imprimés ; ils se pourvoient, à leurs frais, de crayons (I. G., appendice n° 4).

— En dehors de ces vérifications complètes du contrôle départemental, les entrepôts sont soumis à la surveillance des directeurs et inspecteurs du service ambulant, ainsi qu'à celle des brigadiers-facteurs.

Enfin les receveurs, sous les ordres desquels les entreposeurs et les gardiens d'entrepôt sont placés, doivent, par des visites inopinées, tenir constamment en éveil la vigilance de ces sous-agents, notamment pendant les nuits qui précèdent les dates d'échéance (art. 604).

— Les entrepôts situés sur la voie ferrée sont installés, après entente avec les Compagnies de chemin de fer, soit dans les bâtiments des gares, soit dans des pavillons spéciaux construits sur le terrain des Compagnies, soit dans des guérites appartenant à l'Administration ou mises à sa disposition.

Ils doivent être placés aussi près que possible du point où s'effectue le transbordement des dépêches, et présenter toutes les conditions de clôture nécessaires pour en assurer la sécurité.

Les ouvertures vitrées doivent être protégées par des barreaux en fer ; chaque porte doit être munie d'un verrou et d'une serrure de sûreté.

Les entrepôts sont munis de coffres en chêne, de capacité suffisante pour contenir toutes les dépêches en dépôt, et fermant à l'aide de serrures de sûreté.

Le chauffage et l'éclairage sont à la charge des entreposeurs et des gardiens d'entrepôt ; il est interdit à ces sous-agents de faire modifier ou de faire réparer, sans l'autorisation du directeur, les locaux qu'ils occupent (art. 67).

— Des entrepôts fonctionnent aussi sur des routes de terre, dans des locaux loués spécialement ou, le plus souvent, dans ceux habités par des gardiens d'entrepôt (art. 67).

Dans ces entrepôts, le coffre à dépêches est fourni par le gardien d'entrepôt (art. 88).

— Le mobilier des entrepôts est fourni par l'Administration. Il est interdit aux entreposeurs et aux gardiens d'entrepôt, de le modifier ou de le faire réparer, sans autorisation du directeur (art. 88).

— Les entrepôts gérés par des entreposeurs possèdent une balance pèse-lettres avec série de poids et un timbre T (appendice n° 4 I. G.),

— Les dépêches devant séjourner dans un entrepôt, sont placées dans un coffre ou armoire fermant à clef. — Lorsque le préposé quitte momentanément l'entrepôt, il est tenu d'en fermer les portes à clef et au verrou de sûreté (art. 600).

— Les correspondances recueillies, soit dans les boîtes des gares, soit dans les boîtes mobiles des courriers d'entreprise, sont acheminées, après avoir été timbrées, au moyen d'enveloppes-dépêches n° 8 (art. 601).

— Les entreposeurs et les gardiens d'entrepôt n'ont pas qualité pour rendre les lettres aux expéditeurs, pour retrait ou changement d'adresse (art. 602).

— Ils inscrivent, nominativement, sur un part n° 115, toutes les dépêches qu'ils livrent à un courrier (art. 603).

— Les entrepôts sont pourvus d'un tableau n° 235, à tenir au courant, indiquant les dépêches à recevoir et à expédier (art. 524).

— Les entreposeurs doivent toujours être porteurs d'un approvisionnement de 10 francs de timbres-poste. — Pour les gardiens d'entrepôt, le chiffre de cet approvisionnement est réduit à 5 francs (art. 161).

— Les entreposeurs et les gardiens d'entrepôt sont pourvus, par les soins de la Direction, d'une instruction spéciale dont la durée est fixée à 3 ans (art. 91).

CHAPITRE XXI

SERVICE TÉLÉGRAPHIQUE DES GARES

— Les inspecteurs du service électrique doivent vérifier, au moins une fois chaque année, les bureaux télégraphiques des gares importantes (notamment des gares de bifurcation et de frontière) et la gare du chef-lieu du département.

— Ils doivent s'abstenir de faire, verbalement, aucune observation critique ; ils n'ont pas d'instructions à donner au personnel. Leur rôle se borne à prendre note des irrégularités qu'ils constatent et à les consigner dans leur rapport.

— Ils ont le droit de requérir, sur place, communication de tous les documents télégraphiques : originaux, copies, reçus, bandes, et du registre sur lequel sont inscrites, *in extenso*, avec numéro d'ordre et par date, tant au départ qu'à l'arrivée et en transit, toutes les transmissions télégraphiques échangées.

Ils relèvent sur ce registre, et transcrivent sur leur rapport de vérification, les télégrammes abusifs transmis par les agents des Compagnies, dans un but personnel et privé, soit sur leur initiative, soit sur celle du public.

— Les Compagnies concessionnaires et leurs agents autorisés ont le droit de transmettre, *gratuitement*, par leurs fils, à l'exclusion des télégrammes privés proprement dits, toutes les correspondances se rapportant au service desdites compagnies et concernant non seulement *la sûreté des voyageurs, la sécurité de l'exploitation, la marche et la composition des trains, les services de la voie, du matériel, du personnel, des marchandises, les réclamations relatives aux marchandises enregistrées ou non, mais encore leurs affaires administratives ou contentieuses de tout ordre, les commandes de repas ou de voitures pour voyageurs* (Arrêté ministériel du 16 octobre 1891).

— Doivent être relevés comme abusifs, *les télégrammes relatifs aux demandes de congé ou de permis, ceux émis, soit d'office, soit sur la demande du voyageur intéressé, pour rechercher et réclamer des objets oubliés ou perdus dans les trains, dans les salles d'attente ou ailleurs, ceux ayant pour objet de prévenir des tiers de l'arrivée tardive d'un voyageur, ceux échangés par les agents de la Cie internationale des wagons-lits, soit directement entre eux, soit par l'intermédiaire des chefs de gare* (Circulaire n° 877 G du 5 juillet 1894).

— Le rapport de vérification n'est pas soumis au chef de gare, pour recevoir ses explications. Il est remis au directeur départemental qui, après en avoir fait prendre une copie pour les archives de la Direction, l'adresse à l'Administration (Direction de l'exploitation télégraphique, 1er bureau).

— Les inspecteurs ne doivent pas se borner à procéder aux vérifications annuelles prescrites par l'inst. nº 437. Ils doivent profiter de leur passage ou de leur séjour dans les gares de leur circonscription, pour s'assurer inopinément, mais avec tout le tact désirable, soit par l'inspection rapide des bandes, soit par la lecture au son, que toutes les transmissions échangées figurent bien sur le registre d'inscription des télégrammes et n'ont aucun caractère de correspondance abusive (Circ. nº 24 du 3 septembre 1900).

CHAPITRE XXII

OUVERTURE DE BUREAUX

Recette.

— Avant de quitter la Direction, pour aller procéder à l'installation d'un comptable, dans une recette de nouvelle création, l'inspecteur doit inviter le receveur principal, ou le receveur du chef-lieu d'arrondissement, à expédier, sous chargement, au nouveau bureau, et de manière que l'envoi y parvienne le matin même du jour de l'ouverture, la somme en numéraire représentant le minimum de la réserve autorisée.

Les figurines d'affranchissement, le matériel, les registres de mandats et de bons de poste sont envoyés d'office par l'Administration (art. 6495).

— Avant de procéder à l'installation du receveur, l'inspecteur s'assure que ce dernier a satisfait aux conditions réglementaires, en ce qui concerne la nomination, le serment et le cautionnement (art. 6498).

— Il fait ensuite régulariser, par demande de fonds de subvention, l'envoi qui lui a été fait pour constituer sa réserve en numéraire.

Le receveur se charge en recette de cette somme ainsi que des figurines d'affranchissement qui lui ont été adressées. L'inspecteur lui fait prendre charge aussi des registres de mandats et de bons de poste et reconnaître les documents, registres et objets de matériel.

Le p. v. d'installation nº 895 est établi en cinq expéditions (art. 6504).

Les valeurs en caisse à faire figurer dans le p. v. d'installation n° 895, comprennent donc : le numéraire et la valeur des figurines d'affranchissement.

Le tableau de la situation ne doit recevoir aucune inscription, tant aux recettes qu'aux dépenses; il est barré en croix.

Dans le bas de la page du recto, on biffe les mots : « *1° du bordereau établi contradictoirement* », ainsi que tous ceux à partir des mots : « *et dont a donné quittance* », jusqu'à la fin.

— L'inspecteur dresse également, en trois expéditions, un inventaire n° 985 des registres, imprimés ou objets de matériel remis au receveur entrant.

— Le receveur est pourvu d'office, par l'Administration, d'une balance et d'une boîte de poids dont il doit rembourser le prix, au moyen d'un mandat-poste au nom du fabricant (art. 84).

— Les pièces relatives au cautionnement du nouveau receveur sont rapportées, le jour même, à la Direction, ou y sont adressées immédiatement, sous recommandation d'office (art. 6503).

Transformation d'un établissement de facteur-receveur en recette.

— L'avance en numéraire et en figurines est rendue au receveur dont relevait l'établissement de facteur-receveur.

La réserve en numéraire et l'approvisionnement en figurines d'affranchissement sont constitués comme pour les recettes créées.

— Le receveur prend charge sur le registre n° 1540, des formules de mandats et de bons de poste restant à utiliser, sauf si le bureau change de nom ; dans ce dernier cas, elles sont annulées. L'ancien bureau d'attache retranche sur son registre n° 1540, les formules restant entre les mains du facteur-receveur (art. 6505).

— L'inspecteur procède pour l'installation, comme pour une recette de nouvelle création.

— Le facteur-receveur adresse à son bureau d'attache, les états des mandats émis et payés, ainsi que l'état n° 1541 de l'approvisionnement des formules de mandats. Le cas échéant, il y joint les p. v. n° 670 *bis* et n° 1392-68.

— Le receveur du bureau d'attache doit établir les décomptes des remises télégraphiques, téléphoniques et de Caisse d'épargne, dues au facteur-receveur, pour la portion de trimestre écoulée, et faire parvenir à ce préposé la somme qui lui revient.

— Si le facteur-receveur sortant n'est pas nommé receveur dans son bureau, il est fait application des dispositions indiquées plus loin, aux changements de gestion des receveurs, en ce qui concerne la reprise du mobilier, la mise au courant des documents de service et l'état des lieux.

Établissement de facteur-receveur.

— Le receveur du bureau d'attache reçoit l'ordre d'expédier, sous chargement, au facteur-receveur, de manière que l'envoi parvienne le matin du jour de l'ouverture, l'avance en numéraire, en timbres-poste, chiffres-taxes et timbres de quittance.

— Les objets de matériel et les imprimés ainsi que les registres de mandats et de bons de poste sont transmis, par la Direction, au bureau d'attache qui est invité à les faire parvenir à l'établissement créé, de manière qu'ils s'y trouvent à la date fixée pour l'ouverture.

— Il est établi un procès-verbal d'installation nº 898 en quatre expéditions (art. 6508).

— Le facteur-receveur donne reçu de l'avance fixe lui est faite, sur un récépissé nº 1114 bis qui est adressé au bureau d'attache.

— L'inspecteur vise le registre nº 1264 sur lequel il fait prendre en charge les avances reçues; il fait prendre en charge également, sur le registre nº 1540, les formules de mandats et de bons de poste.

— Un inventaire nº 985 des instructions, registres et objets de matériel, reçus de l'Administration, est établi en trois expéditions (art. 6508).

— Le local étant donné à bail à l'Administration, — sauf quand l'établissement créé est municipal, — l'inspecteur dresse, contradictoirement avec le propriétaire, un état des lieux sur formule nº 1562.

Cet état est établi en quatre expéditions (une pour l'Administration — une pour la Direction — une pour le propriétaire et une pour les archives du bureau).

On remet aussi au facteur-receveur entrant, une copie du bail et un plan du local.

— Le facteur-receveur est pourvu d'office, par l'Administration, d'une balance et d'une boîte de poids dont il doit rembourser le prix, au moyen d'un mandat-poste au nom du fournisseur (art. 84).

Transformation d'une recette auxiliaire en établissement de facteur-receveur.

On procède comme pour une création d'établissement de facteur-receveur. Le numéraire existant à la recette auxiliaire et l'avance en chiffres-taxes, s'il en existe une, sont rendus au bureau d'attache (art. 6506).

— Le bureau d'attache fait parvenir au facteur-receveur, le jour de l'ouverture de l'établissement, l'avance en numéraire, timbres-poste, etc., les registres de mandats et de bons de poste.

— Les formules de mandats et de bons de poste portant la griffe de la recette auxiliaire sont annulées.

Bureau télégraphique secondaire.

— Le bureau de poste auquel ressortit le bureau créé, reçoit l'ordre d'expédier sous chargement, au gérant, de manière que l'envoi parvienne le matin même du jour de l'ouverture, une avance fixe de 50 fr. de timbres-poste, cartes postales, etc..., et de 150 timbres de quittance.

— L'inspecteur établit un p. v. d'installation n° 895, en cinq expéditions.

— Le gérant donne un reçu de l'avance en timbres-poste et en timbres de quittance, qui lui est faite ; ce reçu est envoyé au bureau d'attache.

Recette auxiliaire.

— L'Administration fournit gratuitement tous les objets de matériel nécessaires pour l'exécution du service, y compris une balance pèse-lettres avec poids, une balance Roberval avec poids, un tampon et un décilitre d'encre à timbrer.

Ces objets, ainsi que les registres et imprimés, sont expédiés par la Direction, de manière qu'ils se trouvent tous à la recette auxiliaire, le matin du jour fixé pour l'ouverture.

— Le gérant reçoit l'ordre de se rendre, la veille, au bureau d'attache, pour y recevoir la première avance de 300 fr. qui lui est faite, y prendre les registres de mandats et de bons de poste, et s'y pourvoir, à ses frais, d'un approvisionnement en timbres-poste, cartes postales, etc..., et timbres de quittance.

Cet approvisionnement ne peut être inférieur à 100 fr. dans les recettes urbaines, à 25 fr. dans les recettes rurales.

— Il n'est pas établi de p. v. d'installation. — La mission de l'inspecteur consiste essentiellement à s'assurer que le gérant est pourvu de tout ce qui lui est nécessaire, et à lui donner toutes les indications utiles pour l'exécution du service.

— Un inventaire n° 985 des registres, documents, objets de matériel fourni par l'Administration, est établi en trois expéditions.

— L'inspecteur fait régulariser, par demande de fonds de subvention n° 1114 bis, l'avance en numéraire faite par le bureau d'attache (art. 6509).

— Si la recette auxiliaire assure exceptionnellement l'expédition et la distribution des correspondances, une avance de 5 francs en chiffres-taxes lui est faite (art. 160).

— En cas d'empêchement, l'inspecteur peut être remplacé, dans sa mission, par le receveur du bureau d'attache.

CHAPITRE XXIII

CHANGEMENTS DE GESTION

Recette.

— Nous conseillons aux inspecteurs d'adresser au receveur dont la gestion doit être close, quelques jours avant la date fixée pour la coupure de gestion, une lettre conçue dans les termes ci-après :

Monsieur le Receveur, l'installation de votre successeur est fixée au 11 décembre au matin. Votre gestion devra, en conséquence, être close la veille au soir.

En vue de faciliter les opérations qu'entraînera la remise du service au nouveau titulaire, je vous prie de vouloir bien préparer à l'avance, et avec le plus grand soin, sur la formule n° 985 ci-jointe, l'inventaire des objets de matériel, des documents et des archives que vous laisserez à votre successeur.

Je vous recommande de placer dans un endroit apparent, après les avoir fait épousseter, classés par catégorie, par ordre de date et dans l'ordre décrit sur la formule n° 985, tous les registres, documents et imprimés composant les archives de votre bureau, de manière que le 11 décembre au matin, je n'aie plus qu'à les reconnaître, sans avoir à effectuer des recherches pour les retrouver.

Vous voudrez bien, en outre, préparer, comme pour une fin de mois, toutes les pièces qui doivent être fournies à l'appui de la comptabilité mensuelle, en ayant soin, toutefois, de ne pas arrêter vos écritures **au chapitre des dépenses** *;*

1° sur le sommier des dépenses n° 1102,
2° sur le compte n° 1271,
3° sur le livre de caisse n° 1103,
4° sur les bordereaux mensuels n° 1104.

La dernière page de ce bordereau doit être barrée en croix, et aucune indication ne doit y être portée, les valeurs composant votre encaisse étant toutes remises au receveur entrant.

Ce ne sera que lorsque j'aurai déterminé exactement le montant des valeurs à remettre par vous à votre successeur, que ces divers documents seront complétés et que j'arrêterai définitivement vos écritures.

L'Inspecteur.

— Si un intérimaire est installé, il gère pour son propre compte jusqu'à l'installation du nouveau receveur ou d'un nouvel intérimaire.

Pour l'intérim d'une recette principale, le directeur doit provoquer auprès de l'Administration, la désignation de l'intérimaire (art. 2020).

— La gestion d'un receveur décédé, et immédiatement remplacé par un intérimaire désigné par le directeur, est close au jour du décès, les opérations de ce jour y comprises. — Si la désignation de l'intérimaire n'a pu être faite à temps, les opérations du gérant fonctionnant sans caractère officiel, sont au compte des héritiers qui en répondent (art. 2020 *bis*).

— Si aucun héritier ne représente le receveur décédé, l'assistance du maire ou de son suppléant doit être requise pour la rédaction et la signature du compte de séparation de gestion et des pièces relatives à l'installation (art. 6510).

— Mesures à prendre en cas d'apposition de scellés par le juge de paix (art. 2020 *ter*-6511).

— La coupure de gestion est effectuée, le matin du jour fixé pour l'installation du nouveau receveur, ou la veille, après la clôture des opérations de la journée.

— L'inspecteur s'assure que le receveur à installer a satisfait aux conditions règlementaires, en ce qui concerne la nomination, le cautionnement et le serment, puis il procède à la séparation de gestion.

Il procède à la vérification des écritures, dans les mêmes conditions que pour une vérification ordinaire, et effectue, le cas échéant, les rectifications utiles.

L'exactitude des écritures étant reconnue, il arrête le sommier des recettes, comme à la fin d'un mois, — si le receveur sortant ne l'a pas déjà fait, — en ayant soin de ne pas oublier d'y inscrire le montant du bordereau n° 1496 des remises sur les recouvrements, et de déduire, de leur produit brut respectif, les non-valeurs postales, télégraphiques et téléphoniques.

Il arrête également les recettes, au livre de caisse, et déduit, comme en fin de mois, les non-valeurs désignées ci-dessus qui cessent d'être comprises parmi les avances autorisées.

Il additionne ensuite les recettes, de manière à avoir leur situation générale depuis le commencement de l'année ou de la gestion. Le total obtenu doit être le même que celui qui figure sur le livre de caisse.

Il établit ensuite le total général des dépenses effectuées depuis le commencement de l'année ou de la gestion, en y comprenant le montant du bordereau n° 1496 des remises sur les recouvrements, ainsi que celui de l'état n° 1373, qui cessent d'être compris dans les avances autorisées.

La différence entre le total général des recettes et celui des dépenses représente le total des espèces et valeurs qui doivent exister au bureau et que le receveur sortant doit remettre au receveur entrant (art. 6498).

.— Ces valeurs ayant été reconnues contradictoirement, l'inspecteur en inscrit le montant au sommier des dépenses, à la décharge du receveur sortant, sous le titre : « *Fonds remis au receveur entrant* ».

Le montant de ces valeurs est ensuite inscrit au livre de caisse où les dépenses sont arrêtées.

Il doit y avoir harmonie parfaite, sur le livre de caisse, entre le total des recettes et celui des dépenses (art. 2019).

— Le livre de caisse et les deux sommiers sont alors arrêtés, au jour de la clôture de la gestion du receveur sortant, par l'inspecteur qui y porte la mention suivie de sa signature : « *Gestion de M......, close le......* ».

La même mention est reproduite sur tous les registres auxiliaires de comptabilité, qui sont arrêtés dans les mêmes conditions qu'à une fin de mois (art. 6500).

— Sur le journal A¹, le receveur entrant et le receveur sortant signent au tableau spécial placé à la deuxième page (art. 705 T).

— La situation des tickets téléphoniques est établie à la deuxième partie du registre n° 1392-3 (art. 712 0).

— Le receveur entrant donne quittance à son prédécesseur, sur une formule n° 1113 établie par l'inspecteur, des valeurs qui lui sont remises; il en forme le premier article de son compte au sommier des recettes, sous le titre : « *Espèces et valeurs remises par M...... receveur sortant* ». Le montant de ces espèces et valeurs est porté à l'article «*Fonds reçus des receveurs des Postes et Télégraphes* ».

Les recettes effectuées, dans la journée, par le nouveau comptable, sont inscrites sur le sommier n° 1101 à la deuxième ligne de la même journée (art. 2153).

— L'inspecteur établit alors, en six expéditions, le procès-verbal d'installation n° 895 (art. 6500).

— Le receveur sortant établit un bordereau n° 1104, comme si la période mensuelle était accomplie, et arrête les comptes spéciaux à l'appui, pour la portion du mois, écoulée jusqu'au jour de la remise de son service (art. 2279).

Toutes les valeurs composant l'encaisse étant remises au receveur entrant et portées en dépense, il n'y a pas d'excédent des recettes sur les dépenses, et la quatrième page du bordereau n° 1104 est barrée en croix.

Le receveur sortant met à l'appui de l'expédition du bordereau, destinée au receveur principal, la quittance n° 1113 signée par le receveur entrant.

— Bien entendu, si des établissements secondaires dépendent de la recette, ces établissements arrêtent leurs comptes de quinzaine.

— Le successeur, de son côté, doit établir un bordereau mensuel et fournir les comptes spéciaux, pour tous les faits postérieurs à son installation, jusqu'à la fin du mois, quand même sa gestion personnelle ne comprendrait que le dernier jour du mois (art. 2279).

— De même que sur son bordereau mensuel, le receveur entrant ne reprend pas, en fin de mois, sur les sommiers, les antérieurs depuis le commencement de l'année.

Ces antérieurs ne doivent être repris que sur le dépouillement de la taxe des lettres n° 1261, sur le carnet D, sur le dépouillement des recettes téléphoniques n° 1392-3 et sur les registres auxiliaires du service de la caisse d'épargne.

Bien entendu, les antérieurs depuis le commencement de l'année doivent être reportés également, comme s'il n'y avait pas eu de coupure de gestion, sur les états mensuels n° 1271 (taxe des lettres), D n° 1639 (taxes télégraphiques), n° 1392-82 (produits téléphoniques), n°s 23 et 24 (caisse d'épargne), que le nouveau receveur fournira ultérieurement.

— Le receveur sortant établit un relevé n° 1541, pour la portion de quinzaine écoulée jusqu'au moment de la remise de son service.

Le registre n° 1540 est arrêté au jour du changement de gestion, de manière à présenter distinctement les opérations concernant chaque gestion (art. 214).

— L'inspecteur établit, au verso du p. v. d'installation, la situation de l'approvisionnement des formules de mandats et de bons de poste existant au bureau.

Il indique également, au verso du p. v., le nombre des déclarations de versement de caisse d'épargne, remises au receveur entrant (art. 6498).

— Si la coupure de gestion a lieu dans le courant d'un trimestre, l'inspecteur établit, comme au dernier jour d'un trimestre, un décompte n° 127 des remises dues au receveur sortant, pour le service de la caisse d'épargne.

Le montant de ces remises est payé par le receveur entrant qui conserve, comme valeur en caisse, parmi les avances autorisées, jusqu'au jour de la liquidation des remises du trimestre, le décompte acquitté par le receveur sortant.

A la fin du trimestre, le nouveau receveur établit un décompte n° 127, comme s'il n'y avait pas eu de coupure. — Au moment où il le passe en dépenses, il ne retire de la caisse que la différence entre le montant total des remises et la somme avancée au receveur sortant, le jour de la coupure de gestion. — Il cesse de comprendre, à partir de ce jour, parmi les avances autorisées, le montant des remises payées au receveur sortant.

Il est procédé de même pour le payement des remises dues pour le service télégraphique (décompte n° 1372 *bis*) et pour le service téléphonique (décompte n° 1392-47 *bis*).

— L'inspecteur dresse en quatre expéditions, l'inventaire n° 985 des registres, imprimés et objets de matériel remis au receveur entrant. Il vise également le carnet n° 1037 (art. 6503).

— Le titulaire entrant n'est pas tenu d'acheter le mobilier qui est la propriété de son prédécesseur.

A défaut d'entente, l'inspecteur fait maintenir ces objets à la disposition du titulaire entrant, pendant un délai qui ne peut dépasser un mois.

A l'expiration de ce délai, le nouveau titulaire est tenu de renvoyer, à ses frais, à son propriétaire, le mobilier qui lui a été laissé, et de lui payer, à titre de droit d'usage, une indemnité à fixer par le directeur.

Quand le service est remis à un intérimaire, le matériel est laissé à la disposition de ce dernier, à charge par lui de payer le droit d'usage. — Si le nouveau titulaire ne prend pas le matériel, celui-ci est renvoyé au propriétaire, aux frais de l'Administration.

Quant au matériel fourni par l'Administration, les objets manquants, détériorés ou lacérés sont remplacés, ou réparés aux frais de l'agent qui ne les a pas représentés, ou qui les a représentés en mauvais état (art. 89).

— Si les documents de service ne sont pas intégralement au courant des corrections ou modifications prescrites, ce travail est exécuté aux frais du retardataire (art. 90).

— Quand le service est remis directement, de titulaire à titulaire, il n'est pas établi d'état des lieux. — La question des réparations locatives est réglée, séance tenante, par les intéressés qui, en cas de désaccord, prennent pour arbitre officieux, l'inspecteur qui a procédé à la séparation de gestion.

Au contraire, quand il y a intérim, l'inspecteur dresse l'état des lieux, de concert avec le titulaire sortant ou son représentant et avec l'intérimaire. Cet état des lieux est dressé en deux expéditions (Archives du bureau-Direction) (art. 64).

Établissement de facteur-receveur.

Le procès-verbal d'installation est établi, en quintuple expédition, sur formule n° 898.

— L'inspecteur porte, sur tous les registres, la mention « *Gestion de M..... close le....* »; il arrête le registre n° 1540 de la comptabilité-matières des formules de mandats, de la même manière que dans une recette (art. 6508).

Le livre récapitulatif n° 1264 n'est pas arrêté. Le facteur-receveur entrant le continue, sans tenir compte du changement de gestion.

— Si la coupure de gestion a lieu en cours de quinzaine, le facteur-receveur sortant arrête et transmet au bureau d'attache : les états des mandats émis et des mandats payés, le p. v. n° 670 bis du service télégraphique et le p. v. n° 1392-68 des communications téléphoniques. Un état n° 1541 est joint à l'état des mandats français émis.

— Le receveur du bureau d'attache établit un décompte n° 129 des remises de caisse d'épargne dues au facteur-receveur sortant. pour la portion de trimestre écoulée, et fait parvenir à ce préposé la somme qui lui revient.

— L'inspecteur établit sur formule n° 1372 bis, le décompte des remises télégraphiques et sur formule n° 1392-47 bis, le décompte des remises téléphoniques dues au facteur-receveur sortant. Le montant lui en est payé sur les fonds de la caisse ; il est porté en dépense par le facteur-receveur entrant qui, le soir même, envoie au bureau d'attache, joints à son extrait journalier n° 1264 bis, les décomptes correspondants dûment acquittés.

— Les dispositions indiquées, aux changements de gestion des receveurs, en ce qui concerne la reprise du mobilier, la mise au courant des documents de service, et l'état des lieux, sont entièrement applicables aux changements de gestion des facteurs-receveurs.

Bureau télégraphique secondaire.

— Il est établi un procès-verbal d'installation n° 895 en sextuple expédition.

— Le gérant entrant donne quittance, sur une formule n° 1113, des valeurs que lui remet le gérant sortant.
Il n'y a pas lieu de faire figurer, parmi ces valeurs, le montant des timbres-poste, attendu que ce montant constitue une avance dont le gérant sortant n'a pas pris charge dans ses écritures.

— Les valeurs remises au gérant entrant sont portées en dépense, par le gérant sortant, sur le registre n° 1391 qui est arrêté par l'inspecteur, et sur son bordereau mensuel n° 1105. — Il met, à l'appui de ce bordereau, la quittance n° 1113.

— Le gérant entrant se charge en recette, des valeurs qui lui sont remises, sur le même registre n° 1391 (art. 2421).

— L'avance en timbres-poste est simplement remise, par le gérant sortant au gérant entrant, en présence de l'inspecteur qui en reconnaît l'exactitude et en fait donner un reçu par le gérant entrant.

— Le gérant sortant reporte, à la récapitulation du registre n° 1391, les totaux des recettes et des dépenses effectuées pendant la portion de mois, écoulée jusqu'au moment où il remet le service.

A la fin du mois, le gérant entrant y reporte les totaux correspondants réalisés pendant la portion de mois, écoulée depuis son installation.

Ces différents totaux doivent être cumulés avec ceux des mois antérieurs, depuis le commencement de l'année, sans qu'il soit tenu compte du changement de gestion (art. 2424).

— Sur le carnet D qui est arrêté par l'inspecteur, de la même manière que dans une recette, le gérant entrant reporte, en fin de mois, les totaux antérieurs depuis le commencement de l'année.

— **Quand le bureau télégraphique est transféré à la poste**, il est établi, dans les mêmes conditions, un procès-verbal n° 895, en sextuple expédition.

— La quittance n° 1113 est signée par le receveur ou le facteur-receveur, à qui l'encaisse du gérant est remise.

— Comme pour les changements de gestion, le montant de l'avance en timbres-poste et timbres de quittance ne doit pas être mentionné sur la quittance n° 1113.

L'inspecteur doit faire rendre cette avance au receveur qui l'a faite et qui remet au gérant sortant, le reçu que celui-ci lui a délivré, le jour où l'avance lui a été faite.

Recette auxiliaire.

— La remise du service à un nouveau titulaire a lieu, en présence de l'inspecteur ou du receveur du bureau d'attache.

L'inspecteur s'assure que tous les objets de matériel sont en bon état; il porte sur les registres en cours, la mention « *Gestion de M.... close le....... »* et fait donner décharge par le gérant entrant, sur le livre de caisse, du numéraire remis par le gérant sortant (art. 6509).

— Il est établi un p. v. d'installation n° 898 en cinq expéditions et un inventaire du matériel n° 985 en quatre expéditions.

Si le changement de gestion a lieu, en cours de quinzaine, le gérant sortant arrête et adresse au bureau d'attache les états des mandats émis et des mandats payés.

Le gérant entrant commence de nouveaux états, pour la portion de quinzaine, suivant son installation.

L'inspecteur doit donner au nouveau gérant, toutes les indications utiles pour l'exécution de son service.

ERRATA

Les pages relatives aux mandats télégraphiques étaient imprimées au moment où a paru l'instruction n° 670 (*B. M. juillet 1910*), aux termes de laquelle tous les bureaux (recettes et établissements de facteur-receveur) participent au service des mandats télégraphiques français ou internationaux, qu'ils soient ou non dotés du service télégraphique.

Le maximum des mandats que peuvent émettre les facteurs-receveurs est élevé à 1.000 francs.

Page 19 : 3e alinéa, 2e ligne, *au lieu de :* une fois par mois, *il faut :* une fois par trimestre.

Page 29 : 1er alinéa, 2e ligne, *au lieu de :* au verso d'un bordereau n° 1491, *il faut :* sur un bordereau n° 1420.

Page 29 : 6e et 11e alinéas, *au lieu de :* n° 1491, *il faut :* n° 1420.

Page 35 : mandats télégraphiques internationaux, 6e alinéa, *au lieu de :* enveloppe n° 1416, *il faut :* enveloppe n° 1417.

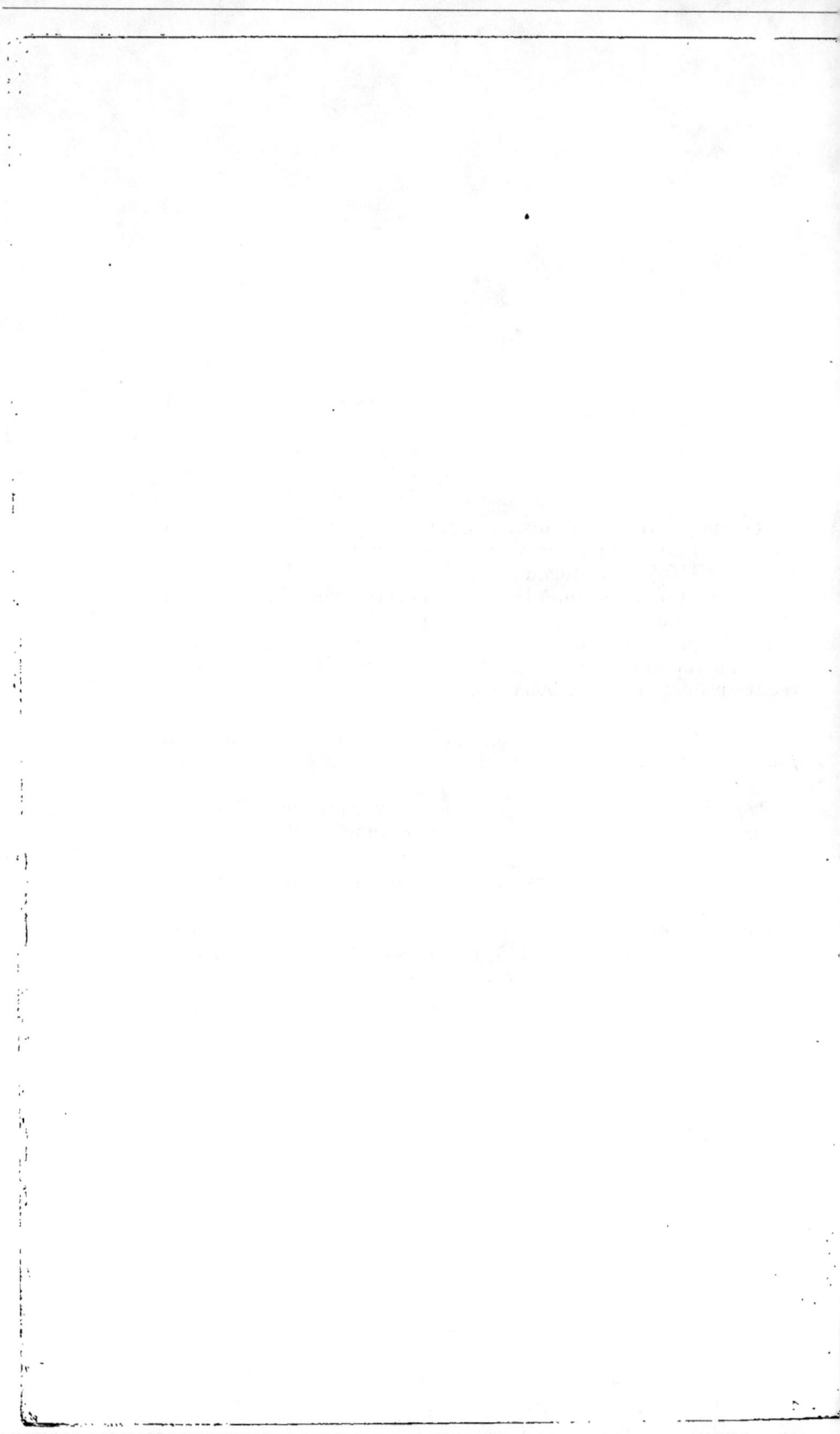

TABLE DES MATIÈRES

CHAPITRE XV

CHAPITRE XVI. — Facteurs-receveurs

CHAPITRE XVII. — Recettes auxiliaires

CHAPITRE XVIII. — Bureaux télégraphiques secondaires

CHAPITRE XIX. — Bureaux téléphoniques municipaux

CHAPITRE XX. — Bureaux-gares. — Entrepôts des dépêches,
.. — Courriers convoyeurs et auxiliaires ....

CHAPITRE XXI. — Service télégraphique des gares........

CHAPITRE XXII. — Ouverture de bureaux

CHAPITRE XXIII. — Changements de gestion

MACON, PROTAT FRÈRES, IMPRIMEURS

BIBLIOTHEQUE NATIONALE DE FRANCE

3 7502 01831748 9

www.ingramcontent.com/pod-product-compliance
Lightning Source LLC
Chambersburg PA
CBHW070538200326
41519CB00013B/3075